한국 고유한자의 구성법 연구

한국 고유한자의 구성법 연구

이 건 식

단국대학교출판부

머리말

저자는 2009년에 한국 고유한자에 대한 연구를 착수하여 2019년에 이르러서는 8편의 논문을 작성하게 되었다. 한국 고유한자에 대한 탐구 과정에서 한국 고유한자의 생성과 전개를 지배하는 근원적 원리를 조금이나마 이해하게 되어 연구자의 즐거움을 누릴 수 있었다.

저자의 보잘것없는 능력으로 지극히 초보적인 수준에서 한국 고유한자의 본질을 이해할 수밖에 없었으나 후일의 연구를 위하여 한국 고유한자에 대한 논문을 한 자리에 모아 놓는다. '한국 고유한자의 유형, 한국 고유한자의 구성법 분석, 한국 고유한자와 일본 국자의 차이' 등 세 가지 기준에서 8편의 논문을 분류하여 "한국 고유한자 구성법 연구"란 이름으로 책을 엮어 한국 고유한자에 대한 1단계 연구를 마무리하고자 한다. 아울러 한국 고유한자에 대한 앞으로 10년 동안의 연구에 대한 각오를 다진다.

40여 년 동안 저자가 걸어가야 했던 연구자의 길에서 많은 분들의 도움과 가르침이 있었다. 일일이 거론할 수 없지만 저자를 격려해 주시고, 연구자의 길로 인도해 주신 모든 분들께 감사의 말씀을 올린다. 저자의 은사님이시고 단국대학교 명예 교수이신 南豊鉉 선생님은 40여 년 동안 저자에게 고대 국어 차자 표기법의 진수를 보여 주시면서 저자를 학문 연구의 길로 인도해 주셨다. 단국대학교의 은사님이신 田光鉉 선생님과 洪允杓 선생님은 저자를 아낌없이 격려해 주셨다. 저자가 컴퓨터를 국어국문학 연구에 활용하는 문제를 탐구한 것이 인연이 되어 만나게 되었던 한국학중앙연구원 교수이신 金炳善 선생님은 한국학중앙연구원에서 저자가 학문 연구자의 소양을 쌓을 수 있는 기회를 만들어 주셨다. 한국학중앙연구원의 역사 분야 교수이셨던 辛鍾遠 선생님은 저자가 국어 연구자의 길을 포기해야 했던 그 시절에 저자를 다시 국어 연구자의 길로 인도해 주셨다. 한국학중앙연구원의 연구원으로 재직하고 계시는 金泰煥 선생님은 저자가 국어 연구자의 길을 다시 걸어가야 할 때, 학문 연구의 일류 검법을 저자에게 보여 주어 저자의 학술 능력이 발전되는 데에 도움을 주셨다. 단국대학교 영문과 교수이셨던 任永宰 선생님은 영어판 플라톤 저작집을 통해 저자에게 서구 학문의 진수를 깨우쳐 주셨다.

하루 24시간 모두 연구에만 전념할 수 있도록 저자를 배려해 준 아내에게 고맙다는 말을 전하고 싶다. 하지만 아내가 배려해 준 것에 비해 여러 면으로 부족한 성과를 내어 아내에게 미안할 뿐이다. 또 저자가 연구 활동에만 전념할 수 있도록 자신의 일을 스스로 해결해 나간 아들에게도 고맙다는 말을 전하고 싶다.

2021년 3월 31일

李 建 植

차례

제3부 한국 고유한자와 일본의 국자

제1부

한국 고유한자의 유형

제1장

『통합 漢韓大辭典』의 국자 처리에 대하여

1. 서언

『통합 漢韓大辭典』이란 임시적인 명칭으로 단국대학교 동양학연구소에서 2008년에 15권으로 완간한 『漢韓大辭典』과 1996년에 4권으로 완간한 『韓國漢字語辭典』을 내용상으로 통합한 사전을 말한다. 현재 두 사전의 내용 통합 작업을 데이터베이스 상에서 진행하고 있으며 2017년 말 완료를 목표로 하고 있다. 이 글은 『통합 漢韓大辭典』의 편찬 작업에서 고려해야 할 사항의 하나인 國字 처리 문제를 검토하고자 한다.

國字란 字形 上 한국 고유의 특성을 가진 漢字를 말한다. 이 國字에는 몇 가지 세부 유형이 있다. 水田의 두 글자가 하나의 글자로 합자된 畓과 같이 중국의 역대 字書나 韻書에서 전혀 동일한 자형을 발견할 수 없는 것, 大豆의 豆가 '之〉·'의 형태로 서사 되어 太의 자형을 형성한 것처럼 자형이 한자와 동일하나 자형의 형성 방법이 상이한 것, 우리말을 표기하기 위하여 ⿱口乙과 같이 음차 표기자 둘을 합자한 것, 구결자 '亽'와 같이 한자 羅에서 생획된 것, 약자 吅와 같이 한자 嚴에서 생획된 것 등이 있다.

이러한 國字는 字音이나 字義의 측면에서 한국 고유성을 가지는 한자와 더불어 오래전부터 주목을 받아 왔다. 한국 고유한자에 대한 그동안의 연구 성과를 간략하게 정리하여 제시하면 다음과 같다.[1] 이 글의 주안점이 字形 상 한국 고유의 특성을 가지는 固有漢字에 있으므로 아래 표에서 제시한 '글자 수'는 固有漢字를 중심으로 제시한다.

〈표 1〉 한국 고유한자 연구 문헌 목록과 글자 수

연구 문헌	한국 고유한자 명칭	글자 수
鄭東愈(1744~1808)의 『晝永編』	俗用雜字, 兩字合爲一(字)	43
李圭景(1788~?)의 『五洲衍文長箋散稿』	東國土俗字	100
池錫永의 『字典釋要』(1909)	(朝)鮮(字)	57
朝鮮光文會의 『新字典』(1915)	朝鮮俗字	106
鮎貝房之進의 『俗字考』(1931)	俗字	俗字 154
홍기문의 『이두연구』(1957)	리두자	새로 만든 자 39 표음하는 자 15
김종훈의 『한국고유한자연구』(1992)	韓國固有漢字	國字 138
南豊鉉(1989)의 「韓國의 固有漢字」	韓國 固有漢字	합자 21, 형성자 29, 회의자 3 생획자 61, 구결자 39 구결 이두 합자 9
『韓國漢字語辭典』(1996)	韓國漢字	國字 201
최동언의 『조선식 한문연구』(2000)	朝鮮式 漢字	음과 뜻을 모두 가진 글자 47 음만을 나타내는 글자 64 여러 소리마디로 된 글자 5
『異體字字典』(2000)	韓國特用漢字	241

1) 李睟光의 『芝峰類說』, 黃胤錫의 『頤齋亂藁』, 李德懋의 『靑莊館全書』 「盎葉記」에도 일부 한국 고유한자에 대해 논의를 하고 있다. 이에 대해서는 이건식(2012: 189-191)을 참조할 수 있다.

朝鮮光文會의 『新字典』(1915)에 이르기까지는 한국 고유한자의 세부 유형을 통합하여 연구했으나 鮎貝房之進(1931)부터 최동언(2000)에 이르기까지 한국 고유한자의 세부 유형을 고려하면서 한국 고유한자의 특성을 연구했다. 그런데 〈표 1〉을 통해 알 수 있듯이 연구 문헌마다 세부 유형의 명칭이 달랐다. 이것은 字形 상 고유성을 판단하는 기준이 연구 문헌마다 다른 것임을 암시해 준다. 이러한 사실은 박성종(2005)에서 논의된 바 있다. 연구 문헌마다 세부 유형의 명칭이 다른 것은 더 나아가서 字形 상 고유성이 없는 한자들도 國字로 처리했을 가능성을 암시해 준다.

『韓國漢字語辭典』은 방대한 한국 문헌 자료를 검토하여 편찬한 것이다. 그리하여 『韓國漢字語辭典』은 그동안 고유한자로 이해했던 한자를 한어의 한자로 판명하였으며, 새로운 고유한자를 다수 발굴하는 성과를 거두었다. 반면에 이유는 알 수 없지만, 기존의 한국 고유한자의 연구에서 제시된 고유한자 중 일부는 『韓國漢字語辭典』에 누락되어 있다.

『韓國漢字語辭典』이 발간된 1996년 이래로 한국은 물론 전 세계는 정보화 사회로 급속도로 진입하게 되고, 이에 따라 동아시아 삼국의 문헌 자료도 대규모로 디지털화되기에 이르렀다. 이러한 연구 환경의 비약적인 개선에 힘입어, 이 연구에서는 『통합 漢韓大辭典』 편찬 작업의 國字 처리의 측면에서 두 가지 주요 문제를 논의하도록 한다. 즉 제2장에서는 『韓國漢字語辭典』의 국자 처리 기준에 대한 문제점을 검토하고, 제3장에서는 통합 『漢韓大辭典』 편찬에서 보완해야 할 固有漢字에 대해 논의하기로 한다.

2. 『韓國漢字語辭典』 국자 처리 실태 검토

2.1. 국자의 판단 기준

2.1.1. 『韓國漢字語辭典』 국자의 개념

『韓國漢字語辭典』은 「일러두기」 제8항에서 한국 고유의 특성을 가진 한자를 '國字, 國義, 吏讀' 등으로 다음과 같이 구분했다.

(1) 우리나라에서 만들어 써 온 고유문자와 동일한 한자이면서 우리나라에서만 쓰이는 音·訓이 있는 글자는 한글로 적시한 음 앞에 부호 *를 써서 명시하고 그 글자 아래에 [國字], [字源], [國義], [吏讀]의 난을 두어 간단히 해설하였다.

(2) 가. 乫 *갈 [國字] 음은 갈, 뜻은 없다. [字源] 우리말의 '갈'음을 표기하기 위하여 加와 乙을 결합하여 만든 글자. 加의 음 '가'에 乙의 음 '을'의 종성 'ㄹ'을 결합하여 '갈'이 된다.

나. 叔 아제비 숙 [國義] 아주버니. 남편의 형

다. 乙 새 을 [吏讀] 을. 를. 목적격 조사로 쓰인다.

(1)은 한국 고유의 특성을 가진 한자로 '[國字], [國義], [吏讀]' 등 세 종류가 있음을 말한 것이다. 그리고 (2)는 '[國字], [國義], [吏讀]' 등의 사례를 예시한 것이다.

(2가)의 [字源]은 乫의 자형 형성 방법을 설명하고 있다. 乫은 소위 '구결 이두 합자[2)]'로 부를 수 있는 것으로 『康熙字典』과 같은 한자 字典에는 실려 있지 않은 것이다. 따라서 『韓國漢字語辭典』에

서 규정한 國字는 자형이 한국 고유의 것임을 말한 것이다. 叔은 漢字로는 '작은아버지'의 뜻이나 (2나)는 叔이 한국에서는 '큰 아버지'의 뜻으로 쓰인 것임을 보인 것이다. 따라서 『韓國漢字語辭典』에서 규정한 國義란 한자의 의미가 한국 고유의 것임을 말한 것이다. (2다)의 乙은 吏讀의 吐 표기에 사용될 때의 의미를 기술한 것이다. 따라서 『韓國漢字語辭典』에서 규정한 吏讀란 한자를 빌어와 우리말을 표기한 것을 말한다.

2.1.2. 국자에 대한 기존 연구의 판단 기준 분석

'鮎貝房之進(1931), 홍기문(1957), 김종훈(1983), 『韓國漢字語辭典』' 등에서 한국 고유한자의 세부 유형을 논의하였다. 관련된 해당 한자를 일부 제시하면서 이 연구들에서 정한 한국 고유한자 세부 유형 간의 개념적 차이를 대조하면 다음과 같다.

〈표 2〉 관련 연구별 한국 고유한자 세부 유형

기준	한자	鮎貝房之進(1931)	홍기문(1957)	김종훈(1983)	韓國漢字語辭典(1996)
形	⿺辶上	俗字	새로 만든 자(음과 뜻이 서로 다른 자)	國字	國字
	⿰氵伐	俗字	새로 만든 자(음과 뜻이 일치하는 자)	國字	國字
	⿺辶亍	俗字	새로 만든 자(음만 있는 자)	國字	國字
	迲	俗字	새로 만든 자(뜻만 있는 자)	國字	國字
	특	俗字	표음하는 자	國字	國字

2) '구결 이두 합자'는 남풍현(1989)의 것이다. 특과 같이 종성 한글 표기 'ㄱ'이 있어 특을 '구결 이두 합자'로 부르는 것에는 다소 무리가 있다. 그러나 '구결 이두 합자' 중 특과 같은 것은 일부이고, 또 이러한 방식이 차자 표기 체계로부터 발달한 것을 고려하여 '구결 이두 합자'로 부르도록 한다.

기준	힌자	鮎貝房之進(1931)	홍기문(1957)	김종훈(1983)	韓國漢字語辭典(1996)
音	媤	俗字	변해 쓰는 자(뜻과 음이 함께 변하는 자)	國音字	國義字
	岾	俗音字	※ 언급하지 않았음	國音字	國義字
意	串	俗訓字	변해 쓰는 자(뜻만 변하는 자)	國音字	國義字
	縛	俗訓字	변해 쓰는 자(뜻만 변하는 자)	國義字	國義字

〈표 2〉에서 보는 바와 같이 鮎貝房之進(1931)의 俗字는 字形 상의 한국 고유성, 俗音字는 字音 상의 한국 고유성, 俗訓字는 字義 상의 한국 고유성을 지칭한 것이다. 결국 鮎貝房之進(1931)의 속자는 중국 역대 자서나 운서에 실려 있지 않은 것을 말한 것이고, 속음자와 속훈자는 중국 역대 자서나 운서에 해당 한자가 실려 있으나 각각 자음과 字形 상 한국 고유성을 가진 것임을 말한 것이다.

'迲, 洑, 逴, 㕦, 乭' 등에 대해서 鮎貝房之進(1931)은 속자, 홍기문(1957: 62-89)은 '새로 만든 자', 김종훈(1983)은 국자, 『韓國漢字語辭典』(1996)은 국자로 규정하였다. 이것은 이들이 중국 역대 자서나 운서에 실려 있지 않은 사실을 지적한 것이다.

한편, 〈표 2〉에서 보는 바와 같이 鮎貝房之進(1931)은 媤를 속자로 규정하고 있다. 이러한 규정의 근거는 媤가 중국 역대 자서나 운서에 실려 있지 않은 것이었다. 그런데 사실 媤는 『集韻』과 『字彙』에 실려 있다.[3] 이러한 사실을 반영하여, 홍기문(1957)은 媤를 '변해 쓰는 자(뜻과 음이 함께 변하는 자)'로 규정하였고, 『韓國漢字語辭典』(1996)에서는 國義字로 규정하였다. 그런데 김종훈(1983)은 媤를 國音字로 처리하고 있다. 이것은 김종훈(1983)이 媤를 한

3) 『漢韓大辭典』, 媤, "사(시) 之 ○平 『集韻』 新玆切 sī 여자 이름에 쓰는 글자. 『集韻』, 「之韻」 媤, 女字. 『字彙』, 「女部」 媤, 女名."

자의 관점에서 파악하지 않고, 차자 표기의 관점에서 파악한 것임을 말하는 것이다. 즉 媤는 '남편'을 뜻하는 우리말 '시'를 표기한 사실을 중시한 것이다. 그리하여 김종훈(1983)은 帖와 串을 차자 표기의 관점에서 바라보아 이들을 國音字로 규정하고 있다.

『韓國漢字語辭典』에서 帖의 훈과 음을 '체지 체'로 제시하고,[4] '체지(관아에서 이속을 채용할 때에 쓰는 임명장)'가 한국 고유 의미임을 들어 帖을 國義字로 규정하였다. 그러나 鮎貝房之進(1931)은 帖이 가진 字義 상의 고유성을 인정하지 않고, 帖이 가진 字音 상의 고유성만을 인정하여 帖을 俗音字로 규정하였다. 串은 차자 표기에서 우리말 '곶'을 표기하는 데에 쓰인 차자이다. 그런데 김종훈(1983)은 串이 차자 표기인 점을 고려하여 이를 國音字로 처리하였으나, '鮎貝房之進(1931), 『韓國漢字語辭典』' 등은 '한자'라는 단일 관점에서 串이 가지는 字義 상 고유성에 주목하여 串을 鮎貝房之進(1931)은 俗訓字, 『韓國漢字語辭典』은 國義字로 규정하였다. 그런데 '리두자'의 단일 관점에서 홍기문(1957)은 串을 '변해 쓰는 자(뜻만 변하는 자)'로 규정하였다.

결국 김종훈이 한자와 차자 표기라는 두 관점에서 字形 상 고유성을 파악하고 있는 것에 반해, '鮎貝房之進(1931), 『韓國漢字語辭典』' 등은 '한자'라는 단일 관점에서 '乷, 洑, 迲, 㳓, 乭' 등의 字形 상 고유성을 파악하고 있다.

鮎貝房之進(1931)에서 제시한 속자의 개념과 김종훈(1983)에서 제시한 국자와 『韓國漢字語辭典』에서 제시한 국자의 개념 간에는 큰 차이가 있다. 鮎貝房之進(1931)이 속자로 규정한 것 중에서 일

4) 『韓國漢字語辭典』, 帖, "접을 첩, 체지 *체, 國義 一 체지. 관아에서 이속을 채용할 때에 쓰는 임명장. (중략) 二 관아에서 발행한 공문서.(하략)"

부를 『韓國漢字語辭典』에서는 국의자로 규정하였고, 김종훈(1983)에서는 '國字, 國音字, 國義字' 등으로 규정하고 있기 때문이다.

(3) 가. 迲, 菁, 鐥
　　나. 杻, 洑, 卜, 喬, 栔, 夕, 釗, 媤, 茸, 苫
　　다. 椵, 棵, 藿, 娚, 橽, 糖, 迆, 堗, 棟, 垌, 柶, 莎, 䑋, 椳, 襦, 矣, 橞, 太, 把, 味, 楦, 樸

鮎貝房之進(1931)은 (3)의 한자를 모두 字形 상 한국 고유성을 가지는 것으로 파악하여 속자로 규정하였다. 그러나 『韓國漢字語辭典』은 (3)의 것을 모두 國義字로 규정하였고, 김종훈(1983)은 (3가)를 국자로, (3나)를 國音字로, (3다)를 국의자로 규정하였다.

이러한 차이는 '鮎貝房之進(1931), 김종훈(1983), 『韓國漢字語辭典』' 등에서 적용한 자형 고유성의 판단 기준이 다른 것에서 발생한 것이다. 즉 鮎貝房之進(1931)이 중국 역대 자서나 운서의 수록 여부는 물론, 자형 발생의 고유성 여부까지도 字形 상 고유성을 판단하는 기준으로 삼고 있음에 반해, 『韓國漢字語辭典』은 오로지 중국 역대 자서나 운서의 수록 여부만으로 字形 상 고유성을 판단하는 기준으로 삼고 있기 때문이다. 한편 김종훈(1983) 역시 중국 역대 자서나 운서의 수록 여부만으로 字形 상 고유성을 판단하는 기준으로 삼고 있으나 『韓國漢字語辭典』과는 다르게 (3나)와 같이 우리말을 차자 표기한 것을 별도로 國音字라 규정하고 있다.

예컨대 한국 고유한자 (3다)의 太는 한자 太와 자형 구성 방법이 상이한 것에 근거하여 鮎貝房之進(1931)은 (3다)의 太를 속자로 규정하였다. 즉 鮎貝房之進(1931)은 太[콩]의 '점' 획이 '콩'을 상형한 것이라는 종래의 견해에 기반하여, 太[콩]를 상형에 의한 한국 고유한자로 파악한 것이다. 한편 남풍현(1989: 98-99)에서는 일본 正倉院에 보존된 신라의 出納帳에 한 번은 大豆로 나오고, 한 번은 大之로 기입된 것에 착안하여 太[콩]의 '점'획이 豆에서 온 것임을 밝혔다. 이것은 한국 고유한자 太의 자형이 '大豆'에서 기원한 것임을 말한 것이다. 그런데 김종훈(1983)과 『韓國漢字語辭典』은 '콩'을 의미하는 太가 한자 太와 자형이 동일하다는 점에서 太를 국의자로 규정하였다.

또한 (3나)의 卜은 차자 표기에서 '짐[負]'의 의미로 사용되었는데, 鮎貝房之進(1931)은 卜을 負의 俗字로 파악하고, (3나)에 제시된 卜에 대하여 자형 발생의 고유성을 감안하여 이를 俗字로 규정하였다. 그러나 『韓國漢字語辭典』에서는 (3나)의 卜이 漢字 卜과 자형이 일치한다는 점에서 (3나)의 卜을 국의자로 규정하였다. 또 김종훈(1983)은 (3나)의 卜이 차자 표기에 쓰인 점을 감안하여 國音字로 규정하였다.

지금까지 논의한 내용을 바탕으로 한국 고유한자에 관한 기존 연구에서 적용한 國字 판단 기준과 한국 고유한자의 인식 체계를 간략하게 표로 제시하면 다음과 같다. 편의상 아래 표에서 鮎貝房之進(1931)을 A, 홍기문(1957)을 B, 김종훈(1983)을 C, 『韓國漢字語辭典』을 D로 제시한다.

〈표 3〉 국자 판단 기준과 한국 고유한자 인식 체계

기 준		A	B	C	D
국자 판단 기준	중국 역대 자서나 운서의 수록 여부	○	○	○	○
	자형 상 고유성의 근거		○		
한국 고유한자 인식 체계	한자와 차자 표기의 두 관점	○			
	한자의 단일 관점		○	○	
	리두자의 단일 관점				○

2.2. 국자의 세부 유형

『韓國漢字語辭典』의 「일러두기」에서는 國字의 세부 유형이 명시적으로 기술되어 있지 않다. 그런데 『韓國漢字語辭典』의 뜻풀이와 字源에는 세부 유형의 명칭이 제시되어 있다. 즉 『韓國漢字語辭典』의 해당 字源에서 '무엇과 무엇을 결합하여 만든 글자'로 풀이하고 있는 것과 해당 글자의 뜻풀이에서 각각 '구결자, 악보 기호, 속자, 약자, 동자' 등의 말로 字形 상의 세부 유형의 특성을 기술하고 있다. 『韓國漢字語辭典』의 뜻풀이와 字源에 기술된 이러한 용어에 따라 『韓國漢字語辭典』에 수록된 201자의 國字를 세부 유형별로 제시하면 다음과 같다. '무엇과 무엇을 결합하여 만든 글자'로 풀이한 것은 '구결 이두 합자'와 '합자'로 나누어 제시한다. 그리고 '속자, 약자, 동자' 등의 경우에는 오른쪽 '( )' 속에 本字가 되는 한자를 함께 제시한다.

(4) 가. 口訣 吏讀 合字(53자)

고유어 종성 ㄱ 표시 : 㐎, 乶, 㖌

고유어 종성 ㄴ 표시 : 斜, 爲/卩

고유어 종성 ㄹ 표시 : 乫, 乬, 乭, 乮, 乯, 乲, 乷, 乺, 乼, 乽,
乿, 乧, 㐇, 乤, 乻,
乥, 乨, 乪, 乭, 乯, 乷, 乺, 乼, 乽, 乿,
乽, 乭, 乫, 乧

고유어 종성 ㅁ 표시 : 䂖

고유어 종성 ㅅ 표시 : 㖨, 廤, 茬, 邉, 㖙, 㖛, 㖡, 㖢, 㖥, 㖦,
㖧, 㖨, 㖩, 㖪, 㖫, 㖬

경음 표기 : 㕦, 㕫

나. 合字(8자) : 朶, 畓, 柰, 巭, 哭, 巭, 巭, 艹[菩薩]

다. 俗字(30자) : 建[결필자](建), 㤼(怯), 任(擊), 苦(桔), 㙈(壇), 弥(旀), 旀(彌), 夛(夢),
旀(彌), 敀(歸), 覀(覆), 㫍(時), 仗(儒), 曺(曹), 柒(漆), 呑(吳), 湏(須),
匜(匜), 秋(稱), 喙(喙), 㗄(銜), 囗(因), 旀(彌), 㲪(毹), 与(與), 帒(玳),
鸞(鸑), 蹲(蹲), 軸(軸), 迚(風)

라. 同字(3자) : 尒(尒), 啣(銜), 丁(ケ),

마. 略字(4자) : 帍(幕), 合(暮)[5], 戔(錢), 吅(嚴)

바. 口訣字(3자) : 亽, 阝, 卩

사. 악보 기호(9자) : ム, ㇖, 么, 亻, ク, ㇗, ㇆, ㇀, ㇓

아. 기타(91자) : 倨, 侤, 狁, 檶, 怾, 垈, 襶, 獤, 㸌, 碶, 辶, 浛,
饍, 仐, 鱗, ケ, 魟, 䋞, 棆, 䪪, 溎, 檄, 洑, 栿,
宋, 枇, 裀, 棫, 櫛, 韊, 杫, 闇, 縇, 澘, 乭, 蟯,
迲, 稤, 㴑, 篬, 欕, 篡, 韞, 琓, 頔, 啫, 檪, 欌,
胖, 硴, 猠, 岾, 魟, 櫺, 棖, 熥, 鍽, 鐗, 亨, 猴,

5) 『韓國漢字語辭典』에서 帍를 '幕의 약자', 合를 '暮의 속자'로 풀이하고 있다. 帍이 '幕의 약자'라면, 合도 '暮의 약자'일 것이다.

㷞, 𨖸, 㖯, 𠰏, 惱, 乽, 𣘚, 㵠, 畯, 橙, 𪎌, 𦁟,
繽, 纈, 罡, 聣, 菻, 蒈, 蜷, 諊, 鵢, 轠, 銈, 鏲,
鎒, 鐵, 鐪, 𨳲, 騇, 鰪, 麮

(4가)의 '구결 이두 합자'란 용어는 남풍현(1989)에서 가져온 것임을 앞에서 설명하였다. 鮎貝房之進(1931)은 假借 造字, 홍기문(1957)은 '표음하는 자', 박성종(2005: 67)은 '표음 국조자'로 부르고 있다. 이 유형에 속하는 글자의 字形 상 고유성은 의심할 바 없다. 고유어 종성 'ㄴ, ㄹ, ㅅ' 등을 표기하기 위하여 차자 표기에 사용된 '卩, 乙, 叱' 등이 사용되었으나 고유어 종성 'ㄱ, ㅁ'을 표기하기 위하여 한글 자모 'ㄱ, ㅁ'이 사용된 것이 이채롭다. 兺과 叱分에서 보는 것처럼 경음을 표기하기 위한 叱이 分의 아래 공간과 위 공간에 표기된 점도 이채롭다.

(4나)의 합자는 두 글자가 하나의 글자를 형성한 것이다. 예컨대 乺의 경우 신라의 관직명인 乃末의 두 글자가 합자되어 형성된 자형이다. 鮎貝房之進(1931)과 남풍현(1989)에서 合字의 용어를 사용하고 있다. 이 유형에 속하는 글자의 字形 상 고유성은 의심할 바 없다.

(4다)의 속자와 (4라)의 동자는 '( )' 속에 제시한 정자의 이체자이다. 이 유형에 속하는 한자를 『韓國漢字語辭典』에서는 國字로 규정하였으나 다른 연구에서는 일부 한자의 경우에만 國字로 규정하였다. 즉 畓의 경우 鮎貝房之進(1931), 김종훈(1983) 등도 字形 상 고유성을 인정하여 속자 또는 國字라 규정하였고, 朩의 경우 김종훈(1983)도 국자라 규정하였고, '仟, 坍, 旀, 粟, 仗' 등의 경우에는 鮎貝房之進(1931)에서 속자로 규정하였다.

(4다)와 (4라)에 속한 글자들을 字形 상 한국 고유성을 가진 것으로 규정한 것은 이 자형들이 중국 역대 자서나 운서에 수록되지 않은 것에 근거한 것으로 생각된다. 그런데 이러한 근거만으로는 (4다)와 (4라)에 속한 글자들이 字形 상 한국 고유성을 가지는 것으로 판단하기에는 충분치 않다. (4다)와 (4라)에 속한 글자들이 중국에서 사용되었을 가능성이 있기 때문이다. 예컨대 (4다)의 [⺈灬]를 들 수 있다. 『한국한자어사전』에 따르면 [⺈灬]는 『東國正韻』과 『鄕藥救急方』에 사용된 것이다.[6] 그런데 대만의 『異體字字典』(http://dict2.variants.moe.edu.tw)에서는 [⺈灬]가 「後晉聖字山崆峒巖記」에 사용[7]되었음을 말하고 있다. 따라서 [⺈灬]는 字形 상 한국 고유성을 가진 글자가 아닐 가능성도 있다. 결국 (4다)와 (4라)에 속한 자형들은 字形 상 한국 고유성을 가지지 못할 가능성이 높다.

(4마)의 약자 '帀, 旨, 戔, 吅' 등은 정자 '幕, 暮, 錢, 嚴' 등의 일부를 생획한 것이다. 생획자와 정자의 관계는 중국 문헌에서 현재 발견할 수 없긴 하지만 앞으로 발견될 가능성도 있다. 한편 (4바)의 구결자 '亽, 阝, 卩' 등도 정자 '羅, 隱, 隱' 등의 일부를 생획한 것이다. 구결자의 경우 자형 상 고유성은 의심할 여지가 없다.

(4사)의 악보 기호 중 'ㅿ, ㄱ, 厶, 亻, ㇰ, ㄴ, ㅢ, ㇾ' 등은 『악학궤범』에서 설명된 것이고, '㇆'은 『林園十六志』, 遊藝志 6, 房中樂譜에서 설명된 것이다. 이들은 중국의 역대 자서나 운서에 수록되지 않았다. 그러나 이 악보 기호가 한국에서 만들어졌다는 증거는 현재 제시되어 있지 않다. 이 악보 기호 중 일부는 오히려 중국

6) 『韓國漢字語辭典』, [⺈灬], "國字. 與의 속자. 『東國正韻』 6, 26 予(又居韻)·[⺈灬](上同). 『鄕藥救急方』 中, 19 膽, 鄕名[⺈灬]老."

7) 『異體字字典』, [⺈灬], "≪金石文字辨異 . 上聲 . 語韻 . 与字≫ 引 〈後晉聖字山崆峒巖記〉"

문헌에서 그 근거를 찾을 수 있다. 이에 대해서는 뒤에서 자세히 논하기로 한다.

(4아)의 한자들은 『韓國漢字語辭典』에서 중국의 역대 자서나 운서에 수록되지 않았다는 점에서 國字로 처리된 것들이다. 그러나 字形 상 고유성을 입증하지 않고 이들을 國字로 규정하는 것에는 문제가 있다. 후일에 중국 문헌에서 발견될 가능성이 있기 때문이다. 이러한 점을 고려하여 鮎貝房之進(1931)은 字形 상 한국 고유성을 입증하고자 하였다. 이에 대해서는 이건식(2012: 191-193)에서 검토되었다. 鮎貝房之進(1931)이 나름대로 자형 형성의 방법을 뚜렷이 제시한 것은 다음과 같다.

(5) 가. 合字 : 襨

나. 諧聲 : 怾, 垈, 栍, 桄, 椺, 胖 欌, 鞰, 緋, 鱇, 啫, 椺, 沎, 魟, 鮰

다. 會意兼 諧聲 : 檝, 閪

라. 會意 : 岾, 棚, 欟, 迲, 硴, 椴

鮎貝房之進(1931)이 (5)와 같이 제시한 논거는 명백한 것도 있지만 그렇지 않은 것도 있다. 예컨대 (5가)의 襨 자형 형성 방법이 이건식(2012: 197-198)에서 형성에 의해 자형이 형성되었을 가능성이 제시되었다. 한편 (5다) 閪의 경우에는 '회의 겸 해성'인 근거가 뚜렷하지 않다.

2.3. 국자의 신규 목록과 누락 목록

2.3.1. 신규 목록

박찬규(2012: 27-34)에 따르면 『韓國漢字語辭典』은 227종의 문헌을 조사하여 '구결, 이두, 차자어' 등을 찾아 수록하였다고 한다. 이와 같이 『韓國漢字語辭典』이 방대한 한국 문헌 자료를 검토하였기 때문에 鮎貝房之進(1931)과 김종훈(1983)에서 논의되지 못한 國字를 새로이 발굴하게 되었다. 그 목록은 다음과 같다. 물론 새로이 발굴하여 국자로 규정한 것 중에는 오류가 있지만 아래에는 모두 제시한다.

(6) 가. 口訣 吏讀 合字([illegible], [illegible], [illegible], [illegible], [illegible], [illegible], [illegible], [illegible], [illegible], [illegible], [illegible])
나. 口訣字(亽, 阝, 卩)
다. 合字([illegible], [illegible], [illegible], [illegible])
라. 形聲(啹, 碶, 纗, 䄫, 呿, 鰖, 蜷)
마. 漢語(皫)
바. 異體字(建[결필자], 菩, 弥, 尒, 於, 攸, 辱, 戔, 㳒, 啣, 湏, 吅, 丁, 匜, 籴, 喙, 嗬, 囯, 旀, 㲦, 灬, 帆, 竇, 跐, 軜, 迚)
사. 악보 기호(厶, 乛, 幺, 亻, 𠂊, 𠃊, 𠃍, 丄, ㇄)
아. 성씨명(㔛), 인명(㷰, 榑, 諗, 鎛, 鐿), 지명(㝋, 琓, 㥕, 㕘, 灋), 개념어 및 물명(䛧, 啹, 纇, 騇, 睖, 㹤, 熯, 熥, 㢥, 橙, 糕, 罡, 䌀, 鷝, 轠, 鍷, 鏈, 鐵, 麬)

(6가) 구결 이두 합자의 字形 상 고유성은 의심할 여지가 없다. (6나)의 구결자와 (6다)의 합자의 경우도 자형 상 한국 고유성이 분명하다.

(6라)의 경우는 字形 상 고유성의 증거를 제시할 필요가 있다. 䄎에 대해서는 이미 이건식(2012: 196)에서 형성의 방식으로 자형이 형성된 근거를 제시하였다.

(6라)의 纀 자형이 한국에서 발생했을 가능성을 열어주는 근거가 있다.

(7) 가. 子藩復相, 纀縫調護, 欲使王父子, 慈孝如初 〈高麗史 권105, 洪子藩傳〉

나. 彌縫 분규를 중재함. 알선함. 〈漢韓大辭典〉

(7가)의 纀縫調護에서 調護는 '조정하고 보호하다'의 뜻이다. 뒤의 문맥을 고려할 때, 이것의 대상은 왕의 부자 관계가 된다. 纀縫은 調護의 의미를 한정한 것으로 판단된다. 즉 '조정하고 보호하다'를 한정하는 (7나)의 뜻이 적절하다. 이것은 纀縫이 (7나)의 彌縫에서 발달했을 것을 암시한다. 따라서 纀은 彌에다 意符 糸를 추가한 형성자가 된다. 彌縫은 한어이나 纀縫은 우리 문헌에서만 발견된다는 점에서 纀는 한국에서 형성된 형성자일 가능성이 크다.

앞의 (6라) 蛘의 경우에도 형성의 방식으로 자형이 형성된 근거를 제시할 수 있다.

(8) 가. 小人伏蒙下恤之澤, 將老無蛘, 伏幸何達 〈儒胥必知, 告目, 吏輩歲時問安告目〉

나. 將老無恙 〈日省錄 1822년(순조 22) 7월 17일〉

다. 將老無恙 〈公車文(19世紀) 권77, 初廣州留守 李書九 上疏〉

라. 무양-하다01(無恙--), 몸에 병이나 탈이 없다. 〈표준국어대사전〉

『韓國漢字語辭典』에서는 (8가) 𧍠의 뜻을 '병, 탈'로 풀이하고 있다. 그런데 (8나)와 (8다)와 같이 將老無恙이 발견되어 주목된다. 將老無恙의 無恙은 (8라)의 의미로 이해된다. 따라서 (8가)의 無𧍠과 '(8나), (8다)' 등의 無恙은 동일한 의미를 지칭한 것이라 할 수 있다. 이것은 결국 𧍠이 恙에다 意符 虫을 첨가하여 형성된 자형임을 말하는 것이다. 𧍠은 한국에서 발생한 자형으로 생각된다.

(6마)의 䫋이 한자인 근거가 있다.

(9) 가. 𪇆拏䫋(名庚切)賀之一十万偈, 復興於身篇 〈大華嚴首座圓通兩重大師均如傳幷序〉

나. 答 若舊梵云摩訶毗佛略勃陀健拏驃呵欲底修多羅 此訛略也 若就正者 應云摩訶尾沒[里也](里也反) 沒馱𪇆拏䫋(名庚反)賀素怛[口覽](二合) 摩訶云大 尾沒[里也]云方廣 沒馱云覺者 𪇆拏云雜華 䫋賀云嚴飾 素怛 素怛嚂云契經 〈宗密(780~840) 大方廣佛華嚴經普賢行願品別行疏鈔 語譯 卷一〉[8]

(9가)의 자료를 근거로 『韓國漢字語辭典』에서 䫋를 國字로 규정했으나 (9나)의 중국 문헌 자료를 고려할 때, 䫋는 한자가 된다. (9가)의 𪇆拏䫋賀는 gandavyūha를 음역한 것이다(최철·안대회, 1986: 26). (9나)에서는 𪇆拏를 한어 雜華로 풀이하였고, 䫋賀를 한어 嚴飾으로 풀이하였다. 이로 보아 䫋는 한자가 된다.

앞의 (6바)는 한자의 정자에 대한 이체자이다. 이러한 이체자가 한국 고유의 특성을 담고 있는지를 정밀하게 논의할 필요가 있다. 한국 문헌에 이러한 이체자가 나타난다는 이유만으로 字形 상 한국

---

8) 이 자료는 http://tclotus.net/tcbl/ppmove/read.wajung/f/07/pdf/03.pdf 에서 가져온 것이다.

고유의 특성을 가지는 것으로 규정하는 것에는 무리가 따른다. 이러한 실례로 앞에서 與의 이체자인 (6바) 与가 중국 문헌에도 사용되었음을 언급하였다.

(6사) 악보 기호는 『韓國漢字語辭典』에서만 國字라 하여 자형 상 한국 고유의 특성을 가지는 것으로 규정했으나 중국에서 기원했을 가능성이 있다. 『韓國漢字語辭典』은 9개의 악보 기호를 國字로 처리했고, 15개의 악보 기호를 國義字로 처리했다. 이들은 대체로 『악학궤범』에 소개된 것이다. 그런데 일부의 악보 기호는 宋代 자료인 『事林廣記』에 나오는 것과 일치한다.

(10) 가. 無名指作夕〈樂學軌範, 권7, 鄕部樂器圖說, 玄琴〉
　　나. 夕 名指也〈新編群書類要事林廣記, 권4, 左手字譜〉
(11) 가. 仲宮爲上字 俗作么〈樂學軌範, 권1, 十二律配俗呼〉
　　나. 仲呂 巳月 么〈新編群書類要事林廣記 권9, 樂星圖譜 律呂隔八相生圖〉
(12) 가. 黃鍾全聲 爲合字 俗作ム〈樂學軌範, 권1, 十二律配俗呼〉
　　나. 黃鍾 子月 ム〈新編群書類要事林廣記, 권9, 樂星圖譜 律呂隔八相生圖〉

『漢韓大辭典』에서 名指를 '약손가락' 곧 無名指로 풀이하고 있다. 따라서 (10가) 악보 기호 夕와 (10나)의 夕는 형태도 동일하며 의미도 동일한 것임을 알 수 있다. (11가)의 仲宮은 仲呂宮의 줄임말로 12율 중에서 여섯째 율명을 가리킨다.[9] (11나)에서 仲呂를 巳月로 풀이했다. 巳月은 天干地支에서 여섯 번째 달이다. 따라서 (11가)의 仲宮과 (11나)의 仲呂는 같은 의미를 가진다. 결국 (11가)의

9) 宋芳松(2010: 322)의 설명을 참조할 수 있다.

么와 (11나)의 么는 자형도 동일하고 의미도 동일한 것이 된다. (12가) 黃鍾은 12율의 첫째율을 가리킨다.[10] (12가)에서는 黃鍾을 子月로 풀이했다. 따라서 (12가)와 (12나)의 黃鍾은 같은 말이다. 결국 (12가)와 (12나)의 厶는 동일한 기원을 가진 것이다. 결국 『韓國漢字語辭典』에서 夕는 국의자로 么와 厶는 國字로 했으나 이는 잘못된 것이다.

(6아)의 성씨명 한자 㛃, 인명의 한자 '焞, 榑, 諺, 鋢, 鐻', 지명의 한자 '宊, 琓, 惱, 烝, 瀉' 등은 字形 상 한국 고유의 특성을 가질 가능성이 매우 크다. 그런데 개념어 및 物名에 속한 한자의 경우 字形 상 고유성을 입증하는 근거가 제시될 필요가 있다.

(6아)의 개념어 및 物名에 속한 한자 중 纐과 騚의 경우는 字形 상 고유성을 입증하는 근거를 제시할 수 있다.

먼저 纐를 검토하도록 한다.

(13) 가. 五頭品女……褙·襠, 禁罽繡錦·野草羅·布紡羅·金銀泥纐纈 〈三國史記 卷33, 色服志〉

나. 纐纈 문양을 도려낸 얇은 판자 두 장 사이에 천을 단단히 물리고 그 도려낸 부분에만 염료나 拔染劑를 칠하여 무늬를 올리는 방법이다. (중략) 纐纈은 당대에 이미 행하여진 방법으로 신라에서는 褙襠, 短衣, 表裳, 內裳을 제외하고는 대체로 6두품 여자까지 이러한 무늬를 낸 비단으로 옷을 입을 수 있었다. 〈정구복 외(2012), 120-121〉

다. 【三纈】 﨟纈(ろうけち)·夾纈(きょうけち)·纐纈(こうけち) の総称 〈大辞林 第三版〉

라. 古時唐三纈即是「藹纈、絞纈、頰纈」都是植物染 〈黃喜玫

10) 宋芳松(2010: 414)의 설명을 참조할 수 있다.

2003: 第一章緖論〉

纐纈에 대한 (13나)의 설명은 纐纈가 (13다)의 夾纈과 (13라)의 頰纈과 동일한 명칭임을 알려 준다. 따라서 纐纈은 頰纈에서 발달한 것이라 할 수 있다. 결국 纐은 형성에 의하여 자형이 형성된 것임을 알 수 있다. 우리 문헌인 『三國史記』에서만 纐이 발견된다는 점에서 纐이 字形 상 한국 고유성을 가질 가능성이 크나 자세치 않다.

다음에는 䭲을 검토하도록 한다.

(14) 가. 退一步, 作䭲劒勢 〈武藝圖譜通志, 권1, 長槍〉
나. ᄒᆞᆫ 거ᄅᆷ 물너가 엄검셰ᄅᆞᆯ ᄒᆞ고 〈武藝圖譜通志諺解, 長槍後譜〉
다. 1. 夜叉探海, 2. 四夷賓服中平槍, 3. 指南針勢(上平槍), 4. 十面埋伏下平槍, 5. 青龍獻爪勢, 6. 邊欄勢, 7. 鉄幡竿勢, 8. 跨劍勢, 9. 鋪地錦勢, 10. 朝天勢, 11. 鐵牛耕地勢, 12. 滴水勢, 13. 騎龍勢, 14. 白猿拖刀勢, 15. 琵琶勢, 16. 靈猫捉鼠勢, 17. 泰山壓卵勢, 18. 美人認針勢, 19. 蒼龍擺尾勢, 20. 闖鴻門勢, 21. 伏虎勢, 22. 推山塞海勢, 23. 鷂子撲鵪鶉勢, 24. 太公釣魚勢 〈戚繼光 紀效新書 二十四槍勢〉
라. 跨劍勢 [乃裙攔槍法 大開門戶 , 誘他來逐 我中途拏剁 他虛我實搖花槍 我實他虛棚退救] 〈戚繼光 紀效新書 二十四槍勢〉

(14가)가 䭲의 유일한 용례이다. (14나)는 䭲의 音이 '엄'임을 보여준다. (14다)의 자료는 䭲이 한국 고유의 것임을 말하여 준다. (14가)의 䭲劒勢가 (14다)의 跨劍勢에 정확하게 대응하고 있기 때문이다. 『무예도보통지』의 長槍 조에 24개의 劍勢가 제시되었는데,

23개의 劍勢 명칭이 (14다)의 劍勢 명칭과 일치하고, 騝劒勢만 (14다)에 없다. 이것은 騝劒勢가 跨劍勢와 일치되는 것임을 말하여 준다.

跨劍勢[11]를 얼른 해석하면 '칼을 걸터앉는 검세'로 생각할 수 있다. 그런데 金山(2008: 148-149)에서 騝劒勢와 跨劍勢를 설명하면서 이들이 '기마자세'를 취하고 있음을 말하고 있다. 따라서 跨劍勢는 跨(馬之)劍勢의 뜻으로 풀이할 수 있다. 결국 跨馬는 '기마자세'를 말하는 것이므로 騝의 의미도 '기마자세'인 것으로 추정된다. 奄이 '가리다'의 뜻이므로 騝의 의미를 '말을 걸터타는 자세', 즉 '기마자세'로 추정할 수 있다. 이러한 추정에서는 騝은 會意字가 된다.

2.3.2. 누락 목록

鮎貝房之進(1931)과 김종훈(1983)에서 속자 또는 國字로 제시했으나 『韓國漢字語辭典』에서 누락된 것은 다음과 같다.

(15) 가. 萲, 董, 柞, 柀, 櫝, 磚, 礻卜, 抓, 边, 丅, 褉, 岁, 栦, 秽, 远, 犹, 犭玉, 少/土, 王/[王王], 正[윗점], 人天, 嚬, 碶, 炑, 枩, 絲木絲/金

나. 䂖, 乫, 加乙, 企乙, 去乙, 亐, 畺, 莻, 㐙, 者, 巪, 乫, 訖, 乶, 哻, 䍃, 㐐, 𠂱, 於乙, 乼, 乷, 煮乙, 乭, 乼, 昆乙, 恵乙

다. 蘁, 钃, 沽, 絆, 橾, 伲, 栚, 闖

(15가)는 鮎貝房之進(1931)에서 속자로 규정된 것이고, (15나)와

11) 跨劍勢를 '칼을 걸터앉는 검세'로 파악했으나 어떤 심사자가 '말을 걸터타는 자세'로 파악해야 함을 지적해 주었다. 심사자의 견해를 따르며 좋은 지적을 해주신 심사자께 감사드린다.

(15다)는 김종훈(1983)에서 國字로 규정된 것이다. (15나)는 소위 구결 이두 합자로 이들의 字形 상 고유성은 의심할 바 없다. 또 (15가) 夻은 신라 관직명 上大等의 大等이 합자된 것으로 이것의 字形 상 고유성은 의심할 바 없다.

夻를 제외한 (15가)의 글자와 (15다) 글자의 경우에는 字形 상 고유성을 입증할 수 있는 근거의 제시가 필요하다. 단순히 중국 역대 자서나 운서의 수록 여부만을 가지고 字形 상 고유성을 판단하는 것은 오류를 범하기가 쉽다. (15가)의 炑를 속자로 파악하고 (15다)의 絆를 國字로 파악한 것이 이러한 오류의 사례가 된다.

炑이 출현한 문헌 자료는 다음과 같다. 다음 자료는 鮎貝房之進(1931)에서 가져온 것이다.

(16) 比自炑 〈日本 神功記〉

(16)의 比自炑은 『삼국사기』에 나오는 지명 比自火郡을 말하는 것이다. 우리 문헌에서는 이 炑이 발견되지 않아 이 글자를 처음 소개한 鮎貝房之進(1931)조차도 한국 고유한자일 가능성만을 암시하고 있다. 이러한 문제에 대한 검토 없이 김종훈(1983)에서는 炑를 한국 고유한자로 소개하고 있으며, 『異體字字典』도 炑를 한국 특용한자로 소개하고 있다.

絆는 문헌의 전사 과정에서 오기된 자형이다.

(17) 가. 絆【音牛 麗史 高麗忠烈王時 元賜金方慶絆襖二百】〈李圭景, 東國土俗字辨證說〉

나. 元賜絆襖于合浦軍馱用驛馬百四十三匹 〈高麗史 28卷 世家 28 忠烈王1〉

이규경의 「東國土俗字辨證說」에는 (17가)의 𥿠가 絆처럼 보이도록 기사되어 있다. 그런데 絆이 『康熙字典』에 수록되어 있는 것을 고려해 보면 𥿠를 서사한 것으로 믿어진다. 그러나 『고려사』에는 분명 𥿠로 기입되어 있다. 김종훈(1983)에서만 𥿠를 國字로 소개했는데, 이는 원전을 제대로 확인하지 못한 것이다. 『異體字字典』도 김종훈(1983)의 견해를 받아 들여 𥿠를 한국 특용한자로 소개하고 있다.

2.4. 국의자 처리 목록

鮎貝房之進(1931)에서 속자로 규정하였으나 『韓國漢字語辭典』(1996)에서 國義字로 규정한 목록은 다음과 같다.

(18) 가. 迲, 鐥, 蒈
나. 杻, 堗, 旀, 洑, 卜, 喬, 栔, 夕, 釗, 媤, 茸, 頉, 苦
다. 椵, 棵, 藿, 娚, 橽, 糖, 迆, 棟, 垌, 柶, 莎, 䑋, 椳, 襦, 矣, 橞, 太, 把, 咊, 楦, 楪

김종훈(1983)은 (18가)를 國字로, (18나)를 國音字로, (18다)를 國義字로 규정하였다. 그러나 『韓國漢字語辭典』에서는 (18)을 모두 국의자로 규정하였다. (18)의 한자들이 모두 중국 역대 자서나 운서에 수록된 것을 근거로 『韓國漢字語辭典』에서는 (18)의 한자들을 국의자로 규정하였다.

(18나)의 卜이 가지는 字形 상 고유성에 대해서는 이미 앞에서 논의하였다. (18가)의 迲와 (18다)의 '迆, 矣, 太, 咊' 등의 경우에는 字形 상 고유성을 입증할 수 있는 근거가 있다.

『漢語大詞典』에서 迲을 “漢 시대 「司農劉夫人碑文」에 나오지만 음과 뜻은 미상이다”라고 풀이하고 있는데, 『韓國漢字語辭典』에서는 迲[ᄌᆞ래]의 자형 형성 방법에 대한 고증 없이 편하게 字義 상 한국 고유성을 가지는 國意字로 판단하였다. 이건식(2013: 121-128)에서는 ‘ᄌᆞ래’를 뜻하는 迲이 ‘辶[邊]’을 기반으로 한 會意字임을 밝힌 바 있다. 咊는 ‘섭새김질을 함’의 뜻을 가지는데, 이 글자의 字形 상 고유성은 이건식(2011: 343-352)에서 논의된 바 있다.

(18나)의 茸는 한어 松耳에서 意符를 첨기한 형성자로 파악하는 것이 좋을 듯하다. 한편, 㙞은 鮎貝房之進(1931)에서 차자 표기 자료에 근거하여 諧聲 造字, 즉 형성자로 파악된 바 있다.

『韓國漢字語辭典』의 國義字 처리는 긍정적 결과도 가져 왔다. 다음의 것들은 鮎貝房之進(1931)에서 字形 상 고유성을 가지는 속자로 규정되었으나 『韓國漢字語辭典』에서 한자로 규정한 것들이다.

(19) 艍, 䱋, 錁, 鰱, 褓, 枈, 靸, 椊, 䑸, 楸, 評, 蔈, 槥, 蒿, 鮰

(19) 중에서 한자인 사례로 䑸을 들 수 있다. 鮎貝房之進(1931)의 연구 당시에는 䑸이 쓰인 용례가 중국의 문헌에서 채집되지 않았으나 『漢語大詞典』에 이르러서는 䑸이 쓰인 사례가 ‘且宜修飭海舟, 大小相比, 或百或五十聯爲一䑸’와 같이 『明史』에서 채집되었다.

2.5. 국자와 한자의 관계

앞에서 『韓國漢字語辭典』에서는 國字의 개념을 ‘口訣 吏讀 合字, 合字, 俗字, 同字, 略字, 口訣字, 악보 기호, 字書나 韻書에 실리지

않은 글자' 등으로 규정하고 있음을 살펴보았다.

'속자, 동자, 약자' 등은 한자임에 틀림없다. '구결 이두 합자, 합자, 구결자' 등은 우리말을 표기한 것이므로 借字의 범주로 다루어야 한다. 그러나 '구결 이두 합자, 합자' 등은 남풍현(1989: 108-109)에 따르면 한문 문맥에 쓰이는 우리말을 표기하기 위하여 만들어진 것이므로 넓은 의미에서는 한자의 범주에서 다룰 수 있다. 특히 畓과 같이 會意에 의한 합자 방식의 國字와 垈와 같이 형성에 의한 國字들은 漢字의 면모를 가지고자 했으므로 한자의 범주에서 다룰 수 있다.

한편 구결자는 우리말의 문법 형태소를 표기하기 위한 것이므로 차자의 범주에 속한다. 하지만 한글과 한자의 양분 체계인 현대의 문자 생활을 고려하면 구결자를 한자의 범주로 다룰 수밖에 없음을 남풍현(1989: 108-109)은 말하고 있다.

『韓國漢字語辭典』에서 악보 기호를 國字로 규정한 것은 문제가 있다. 이것은 文字가 아니라 부호에 불과한 것이기 때문이다.

『韓國漢字語辭典』에서 字書나 韻書에 실리지 않은 글자를 명백한 근거 없이 國字로 규정한 것도 문제이다. 자형 형성의 원리를 규명하여 國字로 다루어야 할 것이다. 이 글에서 이러한 글자들 몇 개에 대해서 그 고유성을 입증하는 근거를 제시했으나 근거가 없는 글자들의 경우 그 근거를 보완할 필요가 있다.

3. 『통합 漢韓大辭典』의 국자 보완

3.1. 남풍현(1989)에서 논의된 한국 고유한자의 추가

남풍현(1989: 98-101)은 다음과 같이 신라 시대와 통일 신라 시대에 合字된 한국 고유한자를 기술하고 있다.

(20) 가. [大/舍](大舍), [小/舍](小舍) [上/干](上干) [一/伐](一伐), [一/尺](一尺), [大/烏](大烏) [小/烏](小烏) [上/人](上人) 〈南山新城碑(591)〉

나. [大/舍](大舍) 〈新羅華嚴經寫經造成記(755)〉

다. 朶(乃末), 巭(功夫) 〈永川菁堤碑貞元銘(798)〉

라. 奈(大等) 柰(大末) 〈興法寺眞空大師塔碑陰記(940)〉

마. 奈(大等) 柰(大末) 〈龍頭寺幢竿記(962)〉

『韓國漢字語辭典』에서는 '大舍, 小舍' 등과 같이 어휘로 비록 등재하고 있으나 (20)에 제시된 것들은 2개의 글자가 합자되어 1글자를 형성한 것이다. 또 남풍현(1989)에서 기술되었듯이 어떤 글자들은 합자될 때에 글자의 획에 변형이 가해졌으므로 이들을 하나의 글자로 취급해야 할 것이다. 무엇보다도 金石文 자료에서 발견되는 자형이라는 점에서 가치가 있다.

또 남풍현(1989, 2014: 583-585)은 생획에 의한 고유한자로 다음과 같은 유형을 제시하고 있다.

(21) 가. 정자의 뒷부분을 생획한 것

音(章), 宗(寂), 徧(徧), 機(機), 權(權), 亠, 亠(音), 疑(疑), 惑(惑), 显(顯), 吅(嚴), 屯(頓), 豆(頭), 角(解), 加(迦)

나. 정자의 앞부분을 생획한 것.

能(能), 修(修), 釋(釋), 經(經), 識(識), 寸(尊), 緣(緣), 彔(錄), 胃(謂), 失(实, 實), 里(理), 舍(捨), 吉(結), 枼(葉), 全(詮), 勿(物), 辰(震), 帝(諦), 吾(悟), 票(標), 㝵(碍), 悤(總), 过, 辻(邊), 还(還)

다. 정자의 중간 부분을 생획한 것

謂(謂), 枋(榜), 氵, 汏(滅), 槃(槃), 扌(提)

라. 其他

罗(羅), 吐(国, 國), 众(衆), 朩(等), 刂(行), 彳(衍)

남풍현(1989, 2014ㄱ: 583)은 (21)에 제시된 생획자를 17세기 이후의 승려가 개인의 備忘을 위하여 佛書에 기입한 주석들에서 수집한 것임을 말하고 있다. (21)에 제시된 생획자들은 자형 상 한국 고유성을 가지는 것으로 생각된다.12)

3.2. 한국역사정보통합시스템에서 채집된 구결 이두 합자의 검토

한국역사정보통합시스템 구축 사업은 1999년부터 약 10여 년간 진행되었는데, 전국 주요 국학 연구기관이 소장한 漢籍 자료를 디지털화하였다. 이 과정에서 EXT_B까지의 유니코드 영역에 포함되지 않는 新出字 6,000여자를 발굴하였다. 이 신출자는 한국역사정보시스템(http://www.koreanhistory.or.kr)에서 열람할 수 있

12) 그러나 부분적으로는 중국에서 기원한 자형인 경우도 있을 수 있다. 예컨대 众의 경우『漢韓大辭典』에 실려 있는데, 衆立의 의미로 풀이되어 있다.

다.

한국역사정보통합시스템에서 채집된 新出字에 대한 검토는 신상현(2005)에서 이루어졌다. 신상현(2005)은 인명용 한자를 주로 논의하고 있다. 신상현(2005)은 인명용 한자의 두 가지 유형을 논의하고 있다. 하나는 口訣 吏讀 합자 유형이고, 다른 하나는 한자를 변형하여 새로운 한자를 만든 유형이다. 신상현(2005: 159)은 후자의 유형이 1,262자의 글자임을 보고하고 있다. 한편 신상현(2005: 159)은 전자의 유형으로 134자를 보고하고 있다.

신상현(2005: 159) 이후로 한국역사정보통합시스템에서 신출자를 더 채집하였는데, 구결 이두자의 합자 유형으로 새로이 추가된 글자는 다음과 같다.

〈표 4〉 한국역사정보시스템 정리 구결 이두 합자 신출 목록

상부 구성소	하부 구성소	글자수
近, 里, 磨, 買, 木, 史, 石, 昭, 阿, 曰, 自, 住, 太, 禾	ㄱ(ㄱ)	14
古, 老, 訥, 愁, 自, 早, 主	卩(ㄴ)	7
[牛句], 介, 桀, 法, 高, 骨, 廛, 久, 仇, 求, 吉, 累, 代, 杜, 登, 麻, 旀, 勿, 夫, 省, 少, 束, 垂, 是, 身, 阿, 謁, 余, 如, 雲, 月, 玆, 條, 住, 朱, 註, 之, 知, 浦, 乎	乙(ㄹ)	40
瓜, 承	巴(ㅂ)	2
愁, 于, 眞	音(ㅁ)	3
禿, 後	邑(ㅂ)	2
/今[13], /知, 可, 具, 求, 丹, 帶, 刀, 陶, 來, 馬, 某, 沒, 毋, 無, 味, 尾, 米, 不, 富, 扶, 浮, 北, 分, 事, 山, 少, 昭, 束, 吾, 王, 仍, 曹, 主, 住, 朱, 酒, 卽, 只, 秋, 土, 何	叱(ㅅ)	42
합계		110

13) '/' 표시는 아래와 위의 구성소가 뒤바뀐 것을 표시한다.

3.3. 기타

3.3.1. 노명호 외(2000)에서 정리된 이체자

노명호 외(2000)는 한국의 고대와 중세의 고문서 자료를 다량으로 모아서 해설을 붙이고 정확한 판독을 제시하고 있다. 판독문의 제시 과정에서 이체자를 정리하고 있다. 다수의 약자, 속자, 동자 등의 이체자를 정리하고 있으나 대다수는 중국 기원의 근거가 발견되는 것들이다. 다만 다음의 이체자는 현재 출처를 알 수 없는 略字이다.

(22) 过 邊의 약자
妻父朴氏过〈尹光琠奴婢別給粘連文書(1354)〉 父过 〈辛氏姉妹奴婢分執文記(1404)〉, 父过 〈張戩妻辛氏宣德二年所志(1427)〉, 父过傳來 〈金務奴婢許與文記(1429)〉, 矣过奴小斤 〈權明利奴婢許與文記(1414)〉, 麻 壹过〈淨兜寺五層石塔造成形止記(1019)〉

(22)의 过는 한자에서는 過의 속자로 쓰인다.[14] 그런데 한국의 문헌에서 过은 邊의 속자로 쓰이는 점이 특이하다. 过과 邊이 이체 관계에 있음은 남풍현(1989)에서 언급되었으며, 이에 대해서는 이미 앞에서 설명하였다.

3.3.2. 노명호 외(2000)에서 정리된 國字

다음은 字形 상 한국 고유성이 파악되는 경우이다.

14) 『漢韓大辭典』, 过, "과, 過의 속자. ≪改併四聲篇海, 辵部≫ 俗字背篇 : 过, 與過同, 今列俗. ≪篇海類編, 人事類, 辵部≫ 过, 俗過字.

(23) 가. 石塔 五[言弁] 新造 〈傳密陽小臺里寺址堂塔造成記(1109)〉
나. 三寶 內 鑰[金瓫] 一 入 〈傳密陽小臺里寺址堂塔造成記(1109)〉

노명호 외(2000: 487)에서 (23가)의 [言弁]를 탑 상륜부의 寶輪이나 옥개석 끝의 風鐸으로 추정하고 있다. 이 글자는 이 자료에 유일하게 나온 것으로 더 이상의 사실을 알아내기가 어렵다. 다만 [言弁]이 風鐸이라면, 論의 이체자일 가능성이 있다. 『漢韓大辭典』에서 論의 뜻으로 "놀이나 운동에 쓰던 기구(氣球)의 일종"을 제시하고 있는데, [言弁]과 論의 연관성을 생각해 볼 수 없다. 그러나 두 글자 사이에 보이는 자형의 차이를 다른 예에서는 볼 수 없어서 현재로서는 미상이다.

(23나) [金瓫]는 노명호 외(2000: 486)에서 '쇠로 만든 항아리' 정도로 추정하고 있다. 이러한 해석은 [金瓫]을 會意字로 해석한 것이다. 중국에서 '佛骨舍利金瓫'과 같은 표현을 사용하는 것을 고려하면 [金瓫]을 '쇠로 만든 항아리'로 해석하는 것에 무리가 없다. 특히 (23나)는 鑰[金瓫]이 三寶堂 안에 안치된 것임을 말하고 있다. 이를 고려하면 鑰[金瓫]은 舍利를 보관하기 위하여 '놋쇠로 만든 쇠항아리'가 아닌가 한다. 이러한 추정은 단양의 구인사 삼보당의 기능과 관련하여 신빙성이 높아진다. 단양 구인사의 삼보당이 가진 기능을 구인사 홈페이지(http://www.cheontae.org)에서는 다음과 같이 설명하고 있다.

(24) 삼보당 안에는 상월 원각 대조사님의 존상을 비롯하여 천태종 제2대 종정 스님이신 남대충 스님의 진영(眞影)이 모셔져 있어 신도님들이 역대 종정 스님께서 남기신 큰 뜻을 마음깊이 새기는 자리이기도 합니다. 〈구인사 홈페이지, 전각안내, 삼보당〉

(24)는 '삼보당'이 불교 三寶의 하나인 僧을 존숭하는 공간임을 말하고 있다. 이것은 三寶堂에 안치된 (23나)의 鐱[金瓮]이 佛 또는 僧에 관계된 것임을 말하는 것이다. 그리고 이것은 鐱[金瓮]이 佛 또는 僧의 舍利를 모셔 두는 항아리임을 암시한다. 결국 鐱[金瓮]의 [金瓮]은 鐱瓮의 瓮에 意符 金을 첨가하여 형성된 형성자임을 추측게 한다. 한국 문헌 자료에서만 발견되는 점에서 자형 상 고유성을 가지는 國字일 가능성이 매우 높다.

3.3.3. 신라어 '*깁'을 표기한 한자 䋊

신라어 '*깁'을 표기한 한자가 중국 운서나 자서에 실려 있어 주목된다. 다음 자료들은 『康熙字典』에서 가져온 것이다.

(25) 가. 䋊 新羅謂絹曰䋊 〈集韻 入聲 二十六緝, 極入切〉
나. 䋊 訖立切 新羅謂絹曰䋊 〈類篇〉
다. 䋊 其立切, 音及【五音集韻】新羅謂絹曰䋊 〈字彙補〉

(25가)에서 '新羅謂絹曰䋊'이라 설명한 것이 주목된다. 『訓蒙字會』 中:15a에서 絹의 훈을 '깁'이라 한 것에서 보듯이 후기 중세국어에서 한어 絹에 대응하는 우리말이 '깁'이기 때문이다.

陳彭年이 1008년에 편찬한 『大宋重修廣韻』에는 26,194자가 표제자로 수록되어 있다. 그런데 1037년에 丁度가 편찬한 『集韻』에 이르러 표제자의 대폭적인 추가가 있었다. 즉 『集韻』에는 53,525자가 수록되어 있다. 『大宋重修廣韻』과 비교하면 무려 17,331자의 증가가 있었다. 그런데 사실은 이중으로 제시된 표제자를 제외하더라도 5,125자[15]의 증가가 있었다. 이러한 글자 수의 대폭적인 증가는『集韻』이 다양한 문헌을 조사하여 표제자 수를 확대한 것임을 말하여 준다. 이러한 과정에서 䌖도 채집된 것으로 생각된다. 이 표기가 신라인에 의한 표기일 가능성이 있다.

『倭語類解』 下:9a에 '깁 빅 帛'이 있어 䌖의 자형 형성 방법을 帛[*깁]+及[*급]의 구성으로 파악할 수 있다. 이 경우 帛[*깁]이 의미를 표시하고, 及[*급]은 음을 표시하는데, 이는 形聲에 의한 자형 형성 방법이 된다.

후기 중세국어 어형은 '깁'이고, 이것의 선대형인 신라어의 음상이 '及'으로 표기된 사실은 후기 중세국어 '깁'의 신라 시대 음상은 '*긥' 정도였을 가능성을 열어준다. 이것은 이기문(1961, 1998: 86)이 말한바, 고대 국어 단계에는 'ㅣ'가 둘(i, ï)이 있었을 가능성이 있다는 추정을 뒷받침해 주는 것이다. 즉 이기문(1961, 1998: 86)이 말한 처용가의 明期[볼긔]의 '긔'와 같은 존재임을 말하는 것이다.

이기문(1991: 248)은 우리말 '깁'의 의미와 관련하여 다음과 같은 진술을 하고 있다.

(26) 한국어의 깁(絹)과 同義의 몽고어 단어 kiib이 있다. 이 kiib은 몽고어 단어로서는 그 音相이 특이하여 차용어일 가능성을 보여주고 있다. 더욱이, 중세 한국어의 '깁'이 上聲이었음을 생각하면 이것이 몽고어에서 들어가 長母音으로 반영되었다고 볼 수 있는 것이다.

---

15) 이것은 司馬光이 1006년 편찬한『類篇』의 서문에서 53,525자를 분석하여 文 31,319자, 重音 21,846자 , 僅 53,165자, 較 360자 등으로 설명한 것에 근거한 것이다.

(26)의 진술에 착안하여 몽고어 자료에서 '깁'의 의미와 관련한 자료를 찾을 수 있다.

(27) 가. (몽) gkiib 包頭 (만) Sufari, Sufa 〈蒙文倒綱〉
나. (몽) gkib(=kiib) 包頭(婦人所用者) (만) Sufari 〈蒙文總彙〉

(27)에 제시된 몽고어 'gkiib, gkib, kiib' 등은 (26)의 kiib과 관련이 있는 어휘이다. 그런데 (27)은 몽고어 'kiib, gkib, kiib' 등의 의미를 包頭로 풀이하고 있다. 『譯語類解』 上:43b에 包頭를 '마리 ᄡᆞᄂᆞᆫ 것'으로 풀이하는 것으로 보아 몽고어 'kiib, gkib, kiib' 등의 중심적 의미는 '물건을 싸다'의 의미임을 확인할 수 있다. 이러한 사실의 확인으로 명사 '깁'과 파생 관계에 있는 동사 '깁다'의 의미 중 하나로 '싸다'의 의미를 가지고 있음을 확인할 수 있다. 결국 누에가 자신의 몸을 '깁'으로 둘러싼 것이 '누에고치'가 아닌가 한다.

이상의 논의를 통하여 우리는 𦂇의 자형이 한국 고유의 특성을 가진 형성자임을 이해할 수 있다.

3.3.4. 『異體字字典』의 [麥喬] 검토

『異體字字典』에서 유일하게 [麥喬]을 한국 특용한자로 소개하였다.

(28) 가. [麥喬],「麵者麥末也……有豆麵、[麥喬]麵，有菉豆麵、胡麻麵。(與猶堂全書 雅言覺非) 〈이체자사전〉
나. 村店賣[麥喬]麪 村店賣蕎麪 〈陸游(1125~1209) 詩〉

『異體字字典』에서 (28가)를 근거로 [麥喬]를 한국 특용한자로 소개했으나 (28나)와 같은 중국 문헌 자료를 고려할 때, [麥喬]는 한자일 가능성이 크다.16)

4. 결언

이 글은 『韓國漢字語辭典』의 國字 처리 실태를 검토하고, 『통합한한대사전』에서 보완해야 할 國字에 대해 논의하였다.

國字 처리 실태의 측면에서 『韓國漢字語辭典』 등의 國字 판단 기준이 중국 역대 자서나 운서의 수록 여부에 있음을 밝혔고, 鮎貝房之進(1931)의 경우에는 자형 형성 방법의 고유성도 國字 판단 기준으로 삼고 있음을 밝혔다. 아울러 자형 형성 방법의 고유성이 國字 판단의 중요한 기준임을 강조하였다.

『韓國漢字語辭典』의 國字 세부 유형으로 '구결 이두 합자, 합자, 속자, 동자, 약자, 구결자, 악보 기호' 등이 있음을 확인하였고 세부 유형이 제시되지 않은 國字도 다수 있음을 언급하였다. '구결 이두 합자, 합자, 구결자' 등의 경우에는 字形 상 고유성이 확실하며, '속

---

16) 『訓蒙字會』의 표제자에는 異體字가 더러 있다. 이 이체자가 자형 그대로 한자 사전류에 실려 있지 않다. 이것으로 인해 『訓蒙字會』의 이체자들이 사전에 실리지 않은 것으로 판단할 가능성이 있다. 예컨대 『訓蒙字會』 하: 8a에는 '[illegible] 괴올 뎜'이 실려 있다. 그런데 『訓蒙字會』에 서사된 자형은 [illegible]와는 자형이 다르다. [illegible]에서는 瓦가 하단 중앙에 서사되어 있으나 『訓蒙字會』에서는 瓦가 하단 우측에 치우쳐 서사되어 있다. 그러나 두 글자의 의미가 같으므로 두 글자는 다른 글자가 아니라 이체자 관계에 있다.

자, 동자, 약자' 등의 경우에는 字形 상 고유성을 더 자세히 검토해야 함을 언급하였다. 그리고 악보 기호의 일부가 중국에서 기원한 것임을 밝혔다. 세부 유형이 제시되지 않은 國字의 경우 字形 상 고유성을 검토해야 할 것을 언급하였다.

『韓國漢字語辭典』에서 새로이 國字로 규정한 것이 다수 있음을 밝혔고, 일부의 國字에 대해서는 字形 상 고유성을 가지는 근거를 제시하였으며, 일부의 國字는 한자로 규정해야 할 근거를 제시하였다. 한편 누락한 國字도 다수 있음을 밝혔다.

鮎貝房之進(1931)에서 俗字 즉 國字로 규정한 것들의 일부를 『韓國漢字語辭典』에서 國義字로 규정하여 일부는 부정적인 결과를 초래했으나 일부는 긍정적 결과를 가져왔음을 밝혔다. 字形 상 고유성이 있는 것조차 國義字로 규정한 것은 부정적 결과이며, 國字로 규정한 것을 국의자로 규정한 것은 긍정적 결과임을 언급하였다.

『통합 漢韓大辭典』의 國字 보완 측면에서 새로이 추가되어야 할 國字의 목록을 제시하였다. 남풍현(1989)에서 논의된 합자, 한국역사정보통합시스템에서 채집된 구결 이두 합자, 노명호 외(2000)에서 정리된 이체자와 國字, 신라어 '*긥'을 표기한 한자 𥿔 등을 새로이 國字로 규정해야 함을 언급하였다.

이상의 논의를 통해 『통합 漢韓大辭典』에서는 자형 상의 고유성을 입증할 수 있는 것만을 國字로 처리해야 함을 제안하였다. 한편, 우리말을 표기하기 위한 借字는 오늘날 차자 표기 체계가 운용되지 않는 사실을 고려하여 한자에 포함해야 함을 제안하였다. 借字는 자형 상 한국 고유성을 지니고 있으므로 國字가 된다. 또 악보 기호는 글자가 아니므로 國字에서 제외할 것을 제안하였다.

이 글에서는 㐲와 같이 차자 표기 경험을 가진 것은 國字임에 틀림없음을 밝혔고, 이러한 원리가 國字 판단의 기준이 되어야 함을 주장하였다.

〈참고 문헌〉

1. 資料

『康熙字典』(http://tool.httpcn.com/KangXi)

『高麗史』(아세아문화사, 1972)

『公車文』(서울대규장각한국학연구원, http://e-kyujanggak.snu.ac.kr/search/e-kyu.jsp)

『大宋增修廣韻』(陳彭年等 奉勅撰, 字典彙編編委會 編, 國際文化出版公司, 1993)

『武藝圖譜通志』(홍문각, 1990)

『武藝圖譜通志諺解』(홍문각, 1990)

『紀效新書』(戚繼光, 國防軍史硏究所, 1998)

『事林廣記』(宋 陳元[靑見] 撰, 中華書局, 1991)

『三國史記』(대제각, 1987)

『新字典』(朝鮮光文會, 1915)

『譯註高麗史』(東亞大學校 古典硏究室編, 東亞大學校出版社, 1966)

『五洲衍文長箋散稿』(李圭景, 한국고전번역원, http://db.itkc.or.kr)

『倭語類解』(대제각, 1985)

『類篇』(司馬光等 奉勅撰, 字典彙編編委會 編, 國際文化出版公司, 1993)

『頤齋亂藁』(黃胤錫, 한국학중앙연구원, 장서각디지털아카이브, http://yoksa.aks.ac.kr)

『集韻』(丁度等 奉勅撰, 字典彙編編委會 編, 國際文化出版公司, 1993)

『日省錄』(서울대규장각한국학연구원, http://e-kyujanggak.snu.ac.kr/search/e-kyu.jsp)

『字典釋要』(池錫永, 1909)

『書永編』(鄭東愈, 국립중앙도서관, 古091-7)
『芝峯類說』(李睟光, 한국고전번역원, http://db.itkc.or.kr)
『震覽』(서울대 규장각, 가람古903 J563)
『異體字字典』(대만, http://dic2.variants.more.edu.tvy)
「盎葉記」(李德懋, 『靑莊館全書』, 한국고전번역원, http://db.itkc.or.kr)
『표준국어대사전』(국립국어연구원, http://www.korean.go.kr)
『訓蒙字會』(단국대학교출판부, 1983. 재판 영인본)

2. 논저

金山(2009), 「武藝圖譜通志 長兵武藝 復原의 實際와 批判」, 전북대학교 대학원 박사학위논문.
金鍾塤(1983), 『韓國固有漢字研究』, 集文堂.
南豊鉉(1981), 『借字表記法研究』, 檀大出版部.
南豊鉉(1989), 「韓國의 固有漢字」, 『국어생활』 17, 국어연구소, 96-109.
南豊鉉(2000), 『吏讀研究』, 태학사.
南豊鉉(2014ㄱ), 『韓國語와 漢字·漢文의 만남』, 도서출판 월인.
南豊鉉(2014ㄴ), 「密陽小台里 五層石塔 造成緣由記의 판독과 해독」, 『구결연구』 33, 구결학회, 229-248.
盧明鎬 외(2000), 『韓國古代中世古文書研究(上)』, 서울대학교출판부.
檀國大東洋學研究所 編(1992~1996), 『韓國漢字語辭典』, 단국대학교 동양학연구소.
檀國大東洋學研究所 編(1999~2008), 『漢韓大辭典』, 단국대학교 동양학연구소.
柳在泳(1976), 「韓國漢字」, 『국어국문학』 30, 원광대학교 국어국문학과.
朴盛鍾(2005), 「韓國漢字의 一考察」, 『口訣研究』 14, 구결학회, 51-82.
박찬규(2012), 「韓國漢字語辭典에 수용된 이두·구결·차자어의 구성과 출전문헌」, 『동양학』 52, 단국대 동양학연구원, 213-261.
宋芳松(2010), 『악학궤범용어총람』, 보고사.
松村明 編(2006), 『大辞林 第三版』, 일본 東京: 三省堂.
신상현(2005), 「한국 고유한자 조사 연구: 인명용 고유한자를 중심으로」,

『民族文化研究』 43, 고려대학교 민족문화연구원, 155-203.
신상현(2008), 「조선시대 한자 자형 연구」, 고려대학교 박사학위논문.
栗林均 編(2010), 『蒙文総彙—モンゴル語ローマ字転写配列—』, 東東北アジア研究センター叢書 第37号, 東北大学東北アジア研究センター.
栗林均·斯欽巴図 編(2014), 『蒙文倒綱』, 東東北アジア研究センター叢書 第52号, 東北大学東北アジア研究センター.
이건식(1996), 「口訣字의 코드체계 定立을 위한 試論」, 『구결연구』 1, 구결학회, 235-265.
이건식(2009), 「한국 고유한자의 발달 - 지명의 후부 요소 표기를 중심으로 -」, 『구결연구』 22, 구결학회, 219-259.
이건식(2011), 「한국 고유한자 㖑의 시대별 용례와 시원적 의미」, 『국문학논집』 21, 단국대학교 국어국문학과, 327-355.
이건식(2012), 「한국 고유한자 자형 구성 방법 연구 二題 - 기존 연구의 비판적 검토와 形聲으로 만들어진 한국 고유한자의 몇 가지 사례」, 『東洋學』 52, 단국대 동양학연구원—, 187-211.
이건식(2013), 「한국 고유한자 구성 요소 辶의 의미와 특수성 형성 배경」, 『한민족문화연구』 42, 한민족문화학회, 101-139.
李基文(1961, 1998), 『國語史概說 改訂版』, 탑출판사.
이기문(1991), 『국어어휘사 연구』, 동아출판사.
李忠九(1983), 「書永編에 蒐集된 韓國漢字의 分析研究」, 『首善論集』 8, 成均館大學校 大學院 學生會, 65-96.
鮎貝房之進(1931), 『俗字攷』, 雜攷, 東京: 圖書刊行會.
정구복 외(2012), 『개정증보 역주삼국사기 주석편 4』, 한국학중앙연구원 출판부.
諸橋轍次(1985), 『大漢和辭典』, 大修館書店.
최동언(2001), 『조선식 한문 연구』, 북한 사회과학원.
하영삼(1999), 「한국 고유한자의 비교적 연구」, 『중국어문학』 33, 영남중국어문학회, 185-224.
漢語大詞典編輯委員會 編(1991~1993), 『漢語大詞典』, 漢語大詞典出版社.
홍기문(1957), 『리두연구』, 과학원출판사.

홍윤표(2013), 「고전을 이해하기 위한 어휘사전 편찬이 시급하다」, 인문공감칼럼.

黃喜玫(2003), 『天然媒染劑應用於植物染可行性之研究』, 臺灣: 樹德科技大學 석사학위논문.

제2장

한국 고유한자 자형 구성 방법 연구 二題

-기존 연구의 비판적 검토와 형성으로 만들어진 한국 고유한자의 몇 가지 사례-

1. 서언

中國 字書나 韻書에 수록되지 않았다는 점만으로 어떤 한자를 한국 고유한자로 규정하는 것은 오류의 가능성을 내포하고 있다. 한국 고유한자로 규정된 것이 중국의 失傳된 한자일 가능성이 있기 때문이다. 따라서 한자인 것을 한국 고유한자로 오해하는 것을 방지하기 위해서 한국 고유한자의 자형 구성 방법이 가진 고유성을 입증하는 일이 필요하다. 이러한 일은 한국 고유한자에 투영된 우리말 어형을 복원하는 일이 되기도 한다. 이러한 연구의 일환으로 이 글에서는 한국 고유한자의 자형 구성 방법에 관한 기존의 연구 성과를 비판적으로 검토하고, 형성의 방법으로 만들어진 한국 고유한자의 몇 가지 사례에 대해 논의하고자 한다.

한국 고유한자에 대한 그동안의 연구[1)]로 한국 고유한자의 목록에 포함된 글자 수는 비약적으로 증가하였다. 특히 김종훈(1992)과 『韓國漢字語辭典』의 연구로 한국 고유한자의 목록이 비약적으로 확대되었다. 그러나 이 연구들은 한국 고유한자에 대한 고유 의미를 풀이하고, 한국 고유한자를 '國字, 國義字, 國音字' 등으로 분류하는 것에만 주력하였다.[2] 이들의 연구는 한국 고유한자 판정의 객관적 기준을 가지고 있지 않아서 한국 고유한자로 규정된 일부는 후속 연구로 한국 고유한자가 아닌 것으로 판정되는 경우가 발생하게 되었다. 특히 『韓國漢字語辭典』에서 기존에 한국 고유한자로 취급하던 것들이 고유한자가 아닌 것으로 재규정되었다.

한편 鮎貝房之進(1931)은 한국 고유한자의 목록을 확대하면서도 한국 고유한자의 자형 구성 방법에 관심을 기울여 '合字, 象形, 諧聲, 會意, 會意 겸 諧聲, 假借 造字' 등으로 한국 고유 한자의 자형 구성 유형을 규정하고자 하였다. 남풍현(1989: 109)은 한자 표기와 차자 표기가 구별되는 체계이나 오늘날 차자 표기가 사라진 점을 고려하여 차자 표기 영역에 속하는 한국 고유한자도 한자 표기의 관점에서 파악할 수밖에 없다는 점을 지적하면서, 한국 고유한

---

1) 한국 고유한자에 관한 전통적인 연구에서 鄭東愈(1744~1808)가 『晝永編』에서 "俗用雜字, 兩字合爲一(字)"라 하여 한국 고유한자 43자, 李圭景(1788~1856)이 『五洲衍文長箋散稿』 東國土俗字辨證說에서 한국 고유한자 100자, 池錫永이 『字典釋要』(1909)에서 '(朝)鮮(字)'라 하여 한국 고유한자 57자, 朝鮮光文會가 편찬한 『新字典』(1915)에서 朝鮮俗字라 하여 한국 고유한자 106자에 대하여 그 의미를 풀이하였다. 한편 20세기 들어와서 근대적인 연구에서 鮎貝房之進의 『俗字考』(1931)에 이르러서는 한국 고유한자에 해당하는 俗字와 俗訓字의 목록이 196자로 확대되었다. 홍기문(1957)의 연구에 이어서 김종훈(1992)에서 國字 138자, 國音字 45자, 國義字 115자, 『韓國漢字語辭典』에서 國字 201자, 國義 401자, 모두 602자가 연구되었다. 하영삼(1999)의 연구가 있었으나 『韓國漢字語辭典』(1997)의 논의를 크게 벗어나는 것은 아니었다. 최동언(2000)은 '조선식 한자'라 하여 116자에 대해 논의하고 있다.

2) 물론 박성종(2005)의 경우는 한국 고유한자를 한자 표기와 借字 表記를 통합한 일원적인 관점에서 파악해야 한다는 주장을 발전시켜 한국 고유한자를 '國造字, 國義字, 國變字' 등으로 분류하여 파악해야 한다는 발전적인 주장을 내어놓았다.

자 畓을 포함하여 '太, 矣' 등이 合字에 의한 것임을 밝혔다.

鮎貝房之進(1931)과 남풍현(1989: 109)의 연구처럼 한국 고유한자가 가지는 고유성에 기반하여 한국 고유한자를 규정하는 일이 매우 필요하다. 따라서 이 연구에서는 한국 고유한자 자형 구성 방법에 대한 기존 연구를 비판적으로 검토하여 한국 고유한자의 자형 구성 방법에 관한 연구의 방향을 모색하고자 한다. 또한, 한국 고유한자 '𥞗, 䌟, 䉶' 등이 형성의 방식으로 만들어진 글자임을 재차 확인하고, 稤가 형성의 방식으로 만들어진 글자임을 새로이 주장하고자 한다.

2. 한국 고유한자 자형 구성 방법에 대한 기존 논의의 비판적 검토

2.1. 李睟光 『芝峯類說』의 文字部

李睟光의 『芝峯類說』 文字部에는 다음과 같이 몇 가지 한국 고유한자의 의미를 풀이하고 이들이 會意의 방식으로 구성된 글자임을 말하고 있다.

(1) 가. 金時習의 『遊金鰲錄』에, "北椧寺에서 모란을 본다는 시가 있다. 상고하여 보니 椧이란 글자는 韻書에는 보이지 않는다. 지금 세속에서 나무의 속을 파서 물을 끌어오는 것을 椧이라고 한

다. 즉 方言에 소위 홈[扈音]이라고 하는 것이다. 우리나라에서 만들어 쓰는 한자에는 水田을 畓이라 하고, 한 섬이 못 되는 곡식의 양을 迲라 하고, 묶음이 큰 땔나무를 逹이라고 한다. 모두 뜻으로 만든 것이다[意作].[3)4)] 〈芝峯類說 卷七 文字部 字義〉

나. 柳公 祖訒[5)]의 上疏에 말하기를, 東夷 · 西戎 · 南蠻 · 北狄이라고 한 글자에는 모두 뜻이 있습니다. 夷는 大弓, 즉 활이 크다는 뜻이고, 戎은 十戈, 즉 창이 열 개, 즉 싸움을 잘한다는 뜻이며, 蠻은 짐승[虫]이 변한 것이라는 뜻이고, 狄은 개[犭]가 화(化=火)한 것이란 뜻입니다. 倭는 人의 道를 버림[委棄] 하였다는 뜻입니다. 활이 크다[大弓]는 까닭에 우리나라 사람들은 활을 잘 쏘는 것입니다"라고 하였다. 이 말이 어디에서 나왔는지는 알 수 없다. 혹은 公이 창조한 말인가.[6)] 〈芝峯類說 卷七文字部 字義〉

(1나)는 (1가)의 연속된 내용으로 한자 '夷, 戎, 蠻, 狄, 倭' 등의 의미를 회의 방식으로 설명하고 있다. 따라서 (1가)에서 말한 意作에서의 意는 會意를 말한 것이 된다. 결국, 이수광은 (1가)에서 '椧,

3) 『芝峯類說』, 卷七, 文字部, 字義, "金時習遊金鰲錄 有北椧寺看牡丹詩 按椧字不見於韻書 今俗以刳木引水爲椧 卽方言所謂扈音也 我國用字 以水田爲畓 米穀未滿石者爲迲 柴束之大者爲逹 皆意作也"

4) 여기 『芝峯類說』의 번역문은 한국고전번역원(http://db.itkc.or.kr)에 제시된 것을 활용한 것임을 밝혀 둔다. 이하의 내용도 동일하다. 『日省錄』, 『青莊館全書』 등의 번역문도 한국고전번역원(http://db.itkc.or.kr)에 제시된 것을 활용한 것임을 밝혀 둔다. 또 이하의 내용에서 제시된 『朝鮮王朝實錄』의 번역문은 국사편찬위원회의 조선왕조실록(http://sillok.history.go.kr/main/main.jsp)에 제시된 것을 활용할 것임을 밝혀 둔다. 한편 『高麗史』의 경우에는 『譯註高麗史』의 번역을 활용하였음을 밝혀 둔다.

5) 柳祖訒(1522~1599)은 조선 중기의 문신이다.

6) 『芝峯類說』, 卷七, 文字部 字義, "柳公祖訒上疏 有曰東夷西戎南蠻北狄字皆有意 夷者大弓也 戎者十戈也 蠻者虫所變也 狄者犬所化也 倭者委棄人道也 以大弓故我國人善射云 未知此言出於何處 抑公創造語耶"

畓, 法' 등의 한국 고유한자가 會意로 만들어진 글자임을 말한 것이다.

그러나 그 논거는 제시하지 못하고 있다. 물론 畓의 경우 중국과 한국의 문헌에서 水田의 어휘가 쓰였고, 畓의 의미가 水와 田의 뜻을 모은 것과 일치하므로 한국 고유한자 畓이 會意의 방식으로 구성된 글자로도 파악할 수 있다. 그러나 椧과 法의 경우에는 어떠한 점에서 會意로 구성된 글자인지 설명될 필요가 있으나 (1가)에서는 그러한 설명이 빠져 있다.

2.2. 黃胤錫의 『頤齋亂藁』

黃胤錫(1729~1791)의 『頤齋亂藁』 1780년(정조 4) 4월 25일 기사에 '大豆'를 뜻하는 한국 고유한자 太의 자형 구성 방법에 관하여 기술한 내용[7]이 있어 주목 된다.

(2) 가. 豆字는 옛날 중국어이고 음은 '타'이다. 지금은 太 음으로 변해서 大豆를 太라고 한다. 또 어떤 사람은 말하기를 大[太]란 것은 大豆의 두 글자가 줄어든 것이다. 大[太]字의 아래 一点은 大豆의 형상이다. 一點이 大에 첨가되어 太字를 이룬 것이라고 말한다.[8] 〈頤齋亂藁, 권32, 1780년(정조 4) 4월 25일〉

나. 太는 黃豆를 속칭으로 太라 한다. 대개 黃豆는 콩 가운데에서 큰 것이므로 大字의 아래에 콩의 모양을 본뜬 점을 붙인 것이

---

7) 비슷한 내용의 기술이 黃胤錫의 『頤齋遺稿』 卷之二十五 雜著 華音方言字義解에 실려 있다. 내용 작성일이 밝혀진 『頤齋亂藁』의 내용을 활용한다.

8) 『頤齋亂藁』, 권32, 1780년(정조 4) 4월 25일, "豆字 古華語 有타音 而今轉太音 故呼大豆爲太 或曰 大者 大豆二字之省也 大字下一点 大豆之形 而因以一點 並于大成太字云"

다.[9] 〈震覽 行用吏文〉

黃胤錫은 (2가)에서 한국 고유한자 太의 자형 구성 방법에 관한 두 가지 설을 진술하고 있다. 하나는 자신의 견해이고, 다른 하나는 세속에 널리 유포된 속설이다.

太가 豆의 변화된 음을 표기한 것이라는 黃胤錫의 주장은 납득하기 어렵다. 大豆의 大에 대해서는 납득할 만한 설명을 하고 있지 않기 때문이다.

太의 자획에 있는 '점'획은 콩의 형상을 본뜨되 생략하여 표기한 것이라는 당시의 속설은 (2나)에서도 볼 수 있다. 그런데 이 속설은 부분적으로는 합리적으로 생각되지만, 부분적으로는 합리성이 결여된 것으로 생각된다. 이에 대해 남풍현(1989: 98-99)은 太의 점이 콩을 象形한 것이라는 견해는 후대인이 부회한 속설로 파악하면서, 일본 正創院에 보존된 第二新羅文書에 나오는 大豆의 豆가 𠀋자처럼 쓰인 것을 근거로 太는 大豆가 合字가 된 것이며 太의 점은 豆에서 온 것으로 파악하였다.

太의 자형 구성 방법에 대한 남풍현(1989)의 견해는 합리적으로 판단된다. 다만 𠀋의 획이 '·'로 변형되는 과정을 보여 주는 다른 전거[10]가 확보된다면 남풍현(1989)의 견해는 보다 확실해 질 것이

9) 『震覽』, 行用吏文, "太 太俗稱黃豆爲太 盖黃豆 豆之大者 故於大字下着一點如豆形 象以省文 ○콩 大豆古無此字"

10) '𠀋' 가 '·'로 변형되는 보충적인 자료는 최근 복원이 완료된 고려 시대(11세기) 「釋迦塔墨書紙片」에서 찾을 수 있다. 「釋迦塔墨書紙片」의 68과 73에는 大豆와 小豆가 표기되었는데, 大와 小 아래 豆가 흘려쓴 형태로 기입되어 있다. 豆의 '一'과 'ㅁ'의 획이 흘려 써져 'ㄱ'의 형태로 기입되어 있고 'ㅛ'는 '𠀋'의 형태로 기입되어 있다. 「釋迦塔墨書紙片」은 11세기에 작성된 것으로 알려져 있다. 「第二新羅文書」와 「釋迦塔墨書紙片」에 大豆가 쓰여진 형태를 비교해 보면, 「第二新羅文書」의 豆는 'ㅛ' 획만을 '𠀋' 형태로 쓴 것이어서 매우 이른 시기부터 생획의 과정을 밟

다.

2.3. 李德懋의『靑莊館全書』「盎葉記」

『靑莊館全書』「盎葉記」에도 한국 고유한자의 구성 방법과 관련된 언급이 있어 주목 된다.

> (3) 韻會[黃公紹가 지었다]에, 栿의 音은 伏인데, 들보[梁栿]이다 하였고, 正字通[張自烈이 지었다]에, 작은 나무를 큰 나무 위에 덧붙이는 것이 栿이다고 하였고, 舊唐書 裵延齡傳에, 德宗이 연령에게 浴堂院殿(욕당은 宮禁 안에 있는 욕실)의 栿 한 개가 좀[蠹]에 상한 것 같다고 하였는데, 우리나라에서도 廳事의 대들보를 輔木이라 하니, 이 栿을 말한 것이다. 실제로는 중국에서 쓰이는 어휘를 써 오면서도 지금 사람들에게 栿자를 보이면 도리어 까마득하게 모르고 있다.[11] 〈靑莊館全書 卷之六十 盎葉記 七 栿〉

이덕무는 (3)에서 우리 말 輔木[보목 또는 보나무]이 한어 栿[들보]와 같은 의미를 가지고 있음을 설명하고 있다. 이덕무의 이러한 진술은 비록 한국 고유한자의 자형 구성 방법을 논의한 것은 아니지만 '들보'를 뜻하는 한국 고유한자 樑의 형성 과정을 이해하는 데에 중요한 단서를 제공하고 있다. 이규경이『五洲衍文長箋散稿』「東國土俗字辨證說」에서 (3)을 인용하여 한국 고유한자 樑를 설명

앖던 것으로 생각된다.

11)『靑莊館全書』, 卷之六十 盎葉記[七] 栿, "韻會 黃公紹撰 栿音伏 梁栿也 正字通 張自烈撰 以小木附大木上 爲栿 舊唐書裵延齡傳 德宗謂延齡曰 浴堂院殿 一栿似有損蠹 我國以廳事大樑 爲輔木 盖栿也 宲從華語 而今示人栿字 反茫然不省"

한 것[12]이 그러한 증거가 된다.

輔木은 조선 후기 관문서 자료에서 保木으로도 표기된다.[13] 이는 輔木의 輔는 음차자로 우리 말 ‘보’ 정도를 표기한 것임을 말해주는 것이다. 輔[보]의 의미가 ‘들보’이므로 이 輔[보]를 15세기 어에서 ‘들보’를 의미하는 ‘봉[14]’와 연관 지을 수 있다. 한어 栿의 音이 ‘복’ 정도인 伏이라는 점에서, 또 이기문(1998: 88)이 말한 것처럼 봉(栿)도 ‘숑(俗), 용(褥), 뎡(笛), 봉(襆), 쟝(尺)’ 등과 동궤의 것으로 생각된다. 이를 근거로 15세기어 우리말 ‘봉’는 한어 栿에서 오래 전에 차용된 것임을 추정할 수 있다.

한어 栿에서 차용된 15세기어 ‘봉’는 ‘복>봉>보’ 라는 음의 변화를 보여 주고, 15세기에 한글로 표기된 점에서 우리 말에 완전히 정착된 차용어로 볼 수 있다. 따라서 한국 고유한자 椺를 ‘봉’ 또는 ‘보’를 차자 표기한 保에 意符 木을 추가하여 형성의 방식으로 구성한 글자로 파악할 수 있다. 즉 鮎貝房之進(1931)이 말했듯이 우리말 ‘엄나무’의 ‘엄’을 嚴으로 차자 표기하고, 이것에 意符 木을 추가하여 구성한 欕과 동일한 방식으로 구성된 글자이다. 鮎貝房之進(1931: 214)이 椺를 형성에 의한 한국 고유한자라 하였으나 鮎貝房之進(1931)은 椺負商에 대해서만 논의하였다.

12) 『五洲衍文長箋散稿』, 「東國土俗字辨證說」, 椺, “【音保 梁也 見《戶曹定例》 卽栿字之譌 黃公紹《韻會》栿 音伏 梁栿也 張自烈《正字通》 以小木附大木上爲栿 《舊唐書·裴延齡傳》 德宗謂延齡曰 浴堂院殿一栿 似有損蠹 是也 我東以廳事大梁爲輔木 蓋栿也實從華語 而今示人栿字 爲正而無人知之 誰能强辨】”

13) 예컨대 장서각 소장의 『御營廳謄錄(K2-3349)』 권55 甲戌九月初一日의 기사에 나오는 ‘兵曹保木一百同’을 들 수 있다.

14) ‘보ᄆᆞᆯ리/梁棟 〈法華經諺解 2:56〉, ᄆᆞᄅᆞ와 보콰 셔와 길괘/棟梁椽柱 〈法華經諺解 2:124〉’ 등의 예에서 梁을 뜻하는 ‘보ㅎ’ 어형을 확인할 수 있다.

2.4. 鮎貝房之進의『俗字考』

鮎貝房之進(1931)에서 俗字라 하여 154자, 俗訓字라 하여 35자, 모두 189자의 한국 고유한자의 의미를 설명하면서, 한국 고유한자에 해당하는 俗字에 대하여는 그 구성 방법도 함께 설명하고자 하였다. 鮎貝房之進(1931)은 한국 고유한자의 형성 유형을 규정하고자 하였다. 鮎貝房之進(1931)이 자형 형성 유형을 확정적으로 제시한 것들에 대해서 대표적인 것을 제시하면 다음과 같다.

(4) 가. 合字

夻, 畓, 襨 등

나. 象形

太, ㇏ 등

다. 諧聲 造字

獷, 堗, 垈, 棟, 洞, 垌, 蕫, 洑, 褓, 枇, 莎, 栔, 鉒, 媤, 柞, 胖, 楸, 啫, 怾, 柀, 栍, 棵, 椳, 椵, 椺, 楦, 橽, 欕, 泧, 磚, 縇, 菁, 蓑, 蔈, 錁, 鞰, 樸, 抓, 棖, 炑, 䑸, 鐗, 魟, 鮇, 鯛, 鯍, 緋 등

라. 會意

糖, 鰱, 搬, 茸, 岾, 嚂, 娚, 槥, 𣛢, 㯇, 砯, 褉, 迆, 仟, 辻 등

마. 會意 겸 諧聲

欌, 碶, 閪 등

바. 假借 造字

乼, 巼, 旀, 乽, 乯, 廘, 廛, 乺, 乫 등

사. 俗(體)字

仗, 岁, 栦, 秽, 边, 远, ⺈, 佘, 朴, 狆 등

(4가)의 合字 유형과 (4나)의 象形 유형은 기존의 연구에서 언급되었으므로 새로울 것은 없다. 그런데 襨를 衣와 對의 합자로 파악하는 것에는 문제가 있다. 鮎貝房之進(1931: 264)이 예로 든 『고려사』의 衣對[15]와 『신증동국여지승람』의 衣襨[16]의 대응 관계를 고려하면, 襨는 衣對의 對에 意符 衣를 첨가하여 구성한 형성자로도 파악할 수 있기 때문이다. 이에 대해서는 제3장에서 자세히 논의하기로 한다.

(4다)의 諧聲 造字 유형은 鮎貝房之進(1931)이 처음 언급하는 것이다. 이러한 방식으로 구성된 글자 중에서 대표적으로 垈를 들 수 있다. 鮎貝房之進(1931)은 고려 시대 「淨兜寺五層石塔造成形止記」의 '寺代[절을 위한 터]'와 조선 시대 자료에 나타나는 '家垈[집터]'의 대비를 통하여, 한국 고유한자 垈가 차자 표기 代에 意符 土를 첨가하여 형성된 자형임을 밝혔다. 그러나 (4다)에 제시된 한국 고유한자를 鮎貝房之進(1931)은 諧聲 造字 유형으로 분류하였지만 논거의 제시를 불충분하게 하였다. 따라서 앞으로의 연구에 따라서 (4다)에 제시된 한국 고유한자는 諧聲 造字의 유형이 아니라 다른 방식의 유형일 가능성도 있다.

(4라) 會意의 경우 鮎貝房之進(1931)은 나름대로 논거를 제시하고 있으나 비약이 심한 것도 있다. 예컨대 논거의 제시 없이 榌를 회의자로 규정한 것을 들 수 있다. 더군다나 이덕무가 「盎葉記」에서 榌의 의미를 木柹로 풀이하였는데, 이를 잘못 읽어 木梯로 파악하면서 榌의 의미를 '사다리'로 파악하는 오류[17]를 범하고 있다.

---

15) 『高麗史』, 志26, 輿服 조의 "肅宗二年十二月遼主賜冠冕章服圭 九年四月遼主賜衣對" 등에 나오는 衣對이다.

16) 『新增東國輿地勝覽』, 京都 下 文職公署 尙衣院 조 '掌御衣襨'의 衣襨이다.

17) 鮎貝房之進(1931: 192)의 이같은 오류는 木柹의 의미 파악이 어려워 『新字典』에

이러한 오류는 '김종훈(1992), 『한국한자어사전』, 하영삼(1999)' 등에서도 답습되어 있다.

이규경은 「東國土俗字辨證說」에서 榌를 木材로 풀이하고 있다. 조선 후기 官文書에는 '榌木 二同'과 같은 표현이 나온다. '二同'의 同은 일정한 단위[18]를 나타내는 것이므로 榌의 의미가 '사다리'일 수는 없다. 조선 후기 관문서에서 飛木이 쓰이고, 이 飛木을 『표준국어대사전』에서 '자귓밥'으로 풀이한 것[19]에 기대면 榌는 飛木의 飛에 木符를 추가하여 구성한 글자로 이해되어 그 의미는 '자귓밥' 또는 '대패밥' 정도의 의미가 된다. 따라서 榌는 형성으로 구성된 글자이다.

(4바)의 假借 造字 유형은 재론의 여지 없이 논거가 명확한 것이다. 한편 (4사)의 俗(體)字 유형은 과연 한국 고유의 생획형인지가 더 검토되어야 할 것이다.

鮎貝房之進(1931)의 연구로 한국 고유한자의 목록이 『新字典』의 106자에서 154자로 비약적인 증가가 있었다. 그러나 鮎貝房之進(1931)은 일부의 한국 고유한자에 대해서는 한국 고유한자가 가지는 고유성 판단을 위한 충분하고 객관적인 논거를 제시하지 못했다. 따라서 鮎貝房之進(1931)이 제시했던 한국 고유한자 중 일부는 후일의 연구인 『한국한자어사전』에서 한자로 수정되었다. 대표적으로 '碶, 艍, 艌' 등을 들 수 있다. 『한국한자어사전』에 의해 '碶, 艍, 艌' 등이 중국 문헌에서 사용되었음이 확인되었다.

'榌 木梯 사다리'으로 기술된 오류를 답습한 것으로 추정된다.

18) 『韓國漢字語辭典』에서 同을 "피륙 50필, 나무토막 100개, 먹 10자루, 붓 10자루, 볏짚, 약초, 풀 1백단, 물고기 1천마리 또는 2천마리, 미역 2500 오리, 새끼 1500 발, 공지깃 100개" 등의 단위로 설명하고 있다.

19) 『표준국어대사전』, 비목01(飛木), "비목만[-몽-]]「명사」=자귓밥."

2.5. 남풍현(1989)의 合字에 의한 한국 고유한자 논의

남풍현(1989: 98-101)은 다음과 같이 신라 시대와 통일신라 시대에 合字된 한국 고유한자를 기술하고 있다.

(5) 가. [大/舍](大舍), [小/舍](小舍) [上/干](上干) [一/伐](一伐), [一/尺](一尺), [大/烏](大烏) [小/烏](小烏) [上/人](上人) 〈南山新城碑(591)〉
    나. [大/舍](大舍) 〈新羅華嚴經寫經造成記(755)〉
    다. 朶(乃末), 巭(功夫) 〈永川菁堤碑貞元銘(798)〉
    라. 奈(大等) 柰(大末) 〈興法寺眞空大師塔碑陰記(940)〉
    마. 奈(大等) 柰(大末) 〈龍頭寺幢竿記(962)〉

(5)는 2자로 구성된 신라 관직명이 합자된 예들이다. 이러한 유형의 한국 고유한자는 鮎貝房之進(1931)에서 일부 논의되었지만 남풍현(1989: 98-101)에서 그 목록을 추가한 것이다. 또한 남풍현(1989: 98-101)은 특히 奈의 木은 等의 생획자로 정자와 생획자가 합자된 사례를 강조하고 있다. 또한 [大/舍]의 경우는 2자로 합자되면서 '舍'의 '^' 획이 생획됨을 강조하고 있다.

(5)에 제시된 합자의 한국 고유한자 사례에 근거하여 남풍현(1989)은 '畓, 太, 矣' 등의 한국 고유한자가 合字에 의해 만들어진 글자임을 언급하면서, 이 글자의 구성 방법에 주목하고 있다. 남풍현(1989)이 제시한 太의 자형 구성 방법은 이미 앞에서 언급하였으므로 여기에서는 矣가 合字에 의해 구성된 글자임을 설명한 내용에 관해서만 소개하도록 한다.

남풍현(1989)이 矣를 합자에 의한 것으로 파악한 것은 鮎貝房之進(1931: 58-60)의 '상형' 설보다 진일보한 것이다. 鮎貝房之進(1931: 58-60)은 다음 자료 (6가)에 근거하여 矣를 象形에 의해 만들어진 글자일 가능성을 제안했다.

(6) 가. 矣 凡民名作夫時?[20]以筆勾圈, 故俗因取以듀비爲矣字从厶从 取象形如太字例 〈輯覽吏文補 稻葉君藏 寫本單〉

나. 矣. 주비 ○ 官物을 거두고 나누어 줄 때의 統首를 말하는 것이다. 백성의 이름을 作夫할[한 夫로 조직하여 결세를 거두어들일][21] 때에 붓으로 勾圈을 표시한다. 그런 까닭에 그 모양을 본떠 '주비'로 矣라 한다. 마땅히 厶을 따르고 夫를 따라야 한다.[22] 〈震覽 行用吏文〉

(6가)의 내용을 기록한 稻葉君 藏 寫本의『輯覽吏文補』는 현재 그 행방을 찾을 수 없다. 유사한 내용을 기록한 (6나)의 내용을 가지고 矣를 象形字로 파악하는 鮎貝房之進(1931: 58-60) 견해의 문제를 들어보기로 한다.

(6나)의 내용으로 '주비'를 뜻하는 矣가 勾圈인 '厶' 또는 '○' 정도의 부호가 夫자 위에 찍혀 矣의 자형이 형성된 것임을 이해할 수 있다. 이 내용도 (6가)의 내용만으로는 쉽게 이해할 수 없다. 조선시대 八結作夫 제도를 이해하지 못한다면, 矣[주비]가 統首의 뜻을 가지게 된 경위와 矣가 무엇을 상형한 것인지를 이해할 수 없다.

---

20) 원문에 ?으로 되어 있다.

21)『표준국어대사전』, 作夫, 「명사」『역사』, "조선 시대에, 토지 여덟 결(結)을 한 부(夫)로 조직하여 결세를 거두어들이던 일. 또는 그 징세 책임을 지던 사람."

22)『震覽』, 行用吏文, 矣, "주비 ○ 官物斂散之時, 統首謂之矣. 民名作夫時, 輒以筆勾圈, 故取其象形, 以주비爲矣 當从厶从夫"

그럼에도 불구하고 鮎貝房之進(1931: 58-60)은 조선 시대 八結作夫 제도에 대한 진술 없이 (6가)의 '取象形如太字例'를 근거로 夫가 象形字일 가능성을 제안한 것이다.

夫에 대한 설명이 (6가)보다는 (6나)가 체계적이지만 (6나)조차도 夫의 자형 구성 방법을 구체적으로 기술한 것은 아니다. 남풍현(1989)은 夫의 자형 구성 방법을 구체적으로 기술한 다음 자료를 인용하여 夫가 합자에 의해 형성된 자형임을 논의하였다.

(7) 또 結夫의 夫는 夫字의 위에 圈으로 표시하였다. 드디어 夫가 圈에 이어져서 夫가 되었다. 속칭하여 注非[주비] 夫라고 한다.[23] 〈萬機要覽 財用編 二 田結 田制〉

(7)은 '주비'를 뜻하는 '夫'의 자형 구성 방법을 명쾌하게 설명하고 있다. 즉 圈標인 ○와 夫가 이어져서 夫의 자형이 형성되었다는 설명이다.

그런데 '○'와 夫가 합자된 夫가 어떻게 15세기 국어에서 '떼' 또는 '무리'의 뜻을 가진 '주비'와 연관될 수 있을까? 이에 대한 해답은 이영훈(1980: 80-88)에서 자세히 논의되었다. 이영훈(1980: 80-88)은 조선 후기 八結作夫制를 검토하면서 作夫의 夫가 다음과 같은 의미를 가지고 있음을 언급하였다.

(8) 가. 夫란 여러 片의 田土를 모아 8결로 만든 것이며 결과적으로 여러 납세자를 조직한 것으로 하나의 인적 조직(주비)이었던 것이다.

23) 『萬機要覽』, 財用編二 田結 田制, "又如結夫之夫 加圈以標之於夫字之上 遂以夫連圈爲夫 [俗稱注非夫]"

나. 夫라는 납세주의 주비를 만들고 戶首로 하여금 結稅를 수납케 한 제도가 作夫制, 八結作夫制, 혹은 八結戶首制인 것이다. 지방에 따라 作夫는 作⿱〇夫, 作結 혹은 結戶, 束戶, 打戶 등 다양하게 불리었다.

(8가)는 여러 납세자를 일정한 규모로 조직한 것이 夫임을 설명하고 있다. 夫는 경우에 따라서 4결을 기준으로 하거나[24] 8결을 기준으로 할 경우가[25] 있다. ⿱〇夫를 구성한 夫가 이러한 의미를 가지고 있으므로 한국 고유한자 ⿱〇夫에 '떼' 또는 '무리'의 의미를 지니는 '주비'가 연결된 것은 자연스러운 일이다.

(8나)는 여러 납세자를 일정한 규모로 조직한 이유를 설명하고 있다. 곧 소유한 전토가 적어 세액이 적은 납세자를 일일이 상대하기보다는 그 대표자만을 상대하여 結稅를 거둬들이겠다는 것이다. (8나)로 우리는 '떼' 또는 '무리'의 의미를 지니는 중세 국어 '주비'가 8結 경제 조직의 統首 또는 戶首를 지칭하게 되었는지를 이해할 수 있다.

조선 시대 관리 등용 제도에서 圈點 '○'를 표시하는 방법으로 관리를 선발[26]한 경우에, 圈點 '○'의 의미는 '선택'의 의미를 지녔다고 할 수 있다. 따라서 한국 고유한자 ⿱〇夫를 형성한 圈點 '○'도 '선택'의 의미를 지닌 것으로 파악할 수 있다. 따라서 '○+夫'로 구성된 ⿱〇夫의 의미는 8結로 묶인 여러 '夫[납세자]' 가운데에서 대표로

---

24) 『承政院日記』, 1807년(순조 7) 5월 29일, "而每四結作一夫, 名之曰注非, 注非, 卽其中結卜稍多者也 結內各樣稅納 專責於注非 爲注非者 計卜收捧於結內諸人 以應一年惟正之供 則源其設施"

25) 『肅宗實錄』, 1684년(숙종 10) 8월 20일, "作夫【俗以一八結 爲一夫云】之時"

26) 『한국민족문화대백과사전』, 圈點, "추천권자들이 한자리에 모여 추천대상자들의 명단 위에 각기 권점(○표)을 하고, 그 수를 집계하여 소정의 점수에 이른 사람을 이조에 추천하여 임명하게 하던 예비선거제도였다."

선택된 夫를 뜻한다고 하겠다. 1883년에 작성된 장서각 소장의『昌陵位田畓量案』권1의 다음 자료는 이를 증거하고 있다.

(9) 가. 第三 北犯 五等句畓[十八夜味 長七十二尺 活三十八尺] 五卜五束 [二方同位田 南走非畓 北已日畓]〈昌陵位田畓量案 권1 深字〉

나. 第四 西犯 六等直田[長十五尺廣八尺] 三束[東同位畓 南走非畓 二方路]〈昌陵位田畓量案[27] 권1 深字〉

(9가)와 (9나)의 南走非畓이 주목된다. 이 표현은 '深字 第三 北犯 五等 句畓과 深字 第四 西犯 六等 直田'의 남쪽 경계는 '走非[주비]'의 논임을 말한 것이다. 深字 第三의 논과 深字 第四 논의 作人이 자신들의 대표를 '走非[주비]'라 한 것이다.

27)『昌陵位田畓量案(K2-3245)』는 장서각 소장 자료이다.

3. 형성으로 만들어진 한국 고유한자의 몇 가지 사례

3.1. 𧝑

다른 연구에서 다루지 못한 𧝑를 『韓國漢字語辭典』에서 國字로 규정하고 있다. 𧝑의 용례는 다음과 같다.

(10) 가. 飛褙其十四五歲四字 〈中宗實錄 1530(중종 25) 5월 4일〉, 而置簿冊皆飛褙改書 〈明宗實錄 1547년(명종 2) 7월 5일〉

나. 𧝑褙其妻家文書 有同姦吏之爲 〈宣祖實錄 1574년(선조 7) 2월 13일〉

(10가)의 飛褙는 중세 국어 어형 '비븨->비비-'를 음차 표기한 것이다. 이는 『韓國漢字語辭典』에도 설명되어 있다. '飛褙其十四五歲四字'는 VO 구성의 한문 구성인데, 이러한 구성에서 우리말 동사가 음차 표기된 것은 그동안 논의된 바 없는 특이한 것이다. '飛褙其十四五歲四字'는 문서를 위조하기 위하여 '(문서에 쓰인) 十四五歲의 四 글자를 비비다' 정도를 표현한 것이다. (10나)의 𧝑褙도 우리말 '비븨-'를 音借 표기한 것으로 (10가)의 飛褙와 동일하게 '위조하기 위하여 (문서를) 비비다' 정도의 의미를 표현한 것이다.

𧝑褙에서 𧝑의 意符 衣는 褙의 衣에서 기원한 것으로 파악할 수 있다. 즉 褙의 意符 衣에 영향을 받아 飛에 意符 衣가 첨가되어 𧝑의 자형이 형성된 것이다. 즉 𧝑는 形聲의 방식으로 만들어진 글자가 된다.

3.2. 緋

한국 고유한자 緋는 鮎貝房之進(1931)에서는 形聲의 방법으로 만들어진 글자로 파악되었다. 여기에서는 鮎貝房之進(1931)이 설명하지 못한 것을 보충하고자 한다.

김종훈(1992)과 『韓國漢字語辭典』에서는 단순히 國字로만 규정하였다. 緋의 용례는 다음과 같다.

(11) 가. 脫舊着白紬縷飛袷衣 〈承政院日記 1720년(숙종 46년) 6월 8일〉
나. 而縷非長衣二件四幅 〈承政院日記 1701년(숙종 27) 10월 3일〉
다. 二百兩, 縷緋工錢 〈宣堂下記〉

(11)의 '縷飛, 縷非, 縷緋' 등은 우리말 '누비-' 정도를 음차 표기한 것이다. 앞에서 논의한 한국 고유한자 褦와 마찬가지로 縷緋에서 緋의 意符 糸는 縷에서 기원한 것으로 파악할 수 있다. 즉 縷의 意符 糸에 영향을 받아 飛에 意符 糸가 첨가되어 緋의 자형이 형성된 것이다. 즉 緋는 형성의 방식으로 만들어진 글자가 된다.

3.3. 襨

지금까지의 한국 고유한자 관련 연구에서 모두 襨를 한국 고유한자로 파악하고 있다. 그런데 襨를 國字로 규정하는 것에만 만족하고 있다. 다만 鮎貝房之進(1931: 264)은 다음 자료를 근거로 한국 고유한자 襨를 衣와 對의 합자로 구성된 것으로 규정하고자 하였다.

(12) 가. 肅宗 (중략) 九年 四月 遼主賜衣對〈高麗史 志26 輿服〉
나. 尙衣院[(중략) 掌御衣襨]〈新增東國輿地勝覽 京都 下 文職公署 尙衣院〉

襨가 衣와 對가 합자된 것이라면, 衣가 없이 襨로만 사용되어야 한다. 그런데 실제 문헌 자료에서는 (12나)에서 보는 바와 같이 반드시 '衣'를 동반하고 있다. 즉 襨는 水와 田이 합자된 畓과는 다른 성격을 보여 주고 있다. 한편, 鮎貝房之進(1931)은 衣對의 對를 '(옷)감'으로 파악하여 襨를 御衣資料로 파악하는 오류를 범하고 있다.

鄭東愈가『晝永編』에서 '임금의 의복을 바치는 것을 衣襨라 말한다[28]'라고 한 것이 衣襨에 대한 바른 해석이다. 鮎貝房之進(1931)이 衣對의 對를 '옷감'으로 파악한 것은 근거가 없는 것이다.『高麗史』에는 '御衣二對'와 같은 표현[29]도 보인다. 御衣二對는 '御衣 2벌'의 뜻이다. 對는 "두 짝이 합하여 한 벌이 되는 물건을 세는 단위[30]"를 나타내는 것이다. 따라서 衣對란 '옷 한 벌' 정도를 뜻하는 것이다. 한국 고유한자 襨가 사용된 衣襨 역시 '의복'을 뜻한다.

한국 고유한자가 사용된 어휘로 衣襨와 '동衣襨'가 있는데, 이

28) 鄭東愈,『晝永編』, "上御衣服稱衣襨"
29)『高麗史』권14 睿宗3 乙丑, "省所差人進奉御衣二對等事具悉"
30)『표준국어대사전』, 대12(對), "(생략) [II]「의존명사」「1」두 짝이 합하여 한 벌이 되는 물건을 세는 단위."

어휘에 특수 의미가 보존되어 있어 주목된다. 즉 衣襨는 '임금의 옷'을 지칭하고[31], '동衣襨'는 '궁중에서 저고리나 조끼'를 지칭하는데[32] 衣對에 없었던 '임금'이나 '궁중'의 의미가 衣襨에 보존되어 있다.

『高麗史』에 衣對뿐만 아니라 衣襨의 襨를 이체자 [示對]로 표기한 衣[示對]가 동시에 나타나고 있어 주목된다.

(13) 가. 이제 閤門通事舍人 徐亶을 보내어 그곳에 가서 宣諭케 하고 너에게 衣對 綵段 銀器를 하사하고[33] 〈高麗史 文宗 1년 9월 己酉〉

나. 王이 乾德殿에 거동하여 引見하고 近臣에게 命하여 (東京)留守의 安否를 묻고 酒食과 衣對를 하사하였다.[34] 〈高麗史 獻宗 元年 5월 癸丑〉

(14) 가. 知京山府事 殿中內給事 李成美가 새로 판각하여 만든 隋書 680板을 올리니 詔하여 祕閣에 두게 하고 각기 衣[示對]을 하사하였다.[35] 〈高麗史 文宗 12년 2월 甲戌〉

나. 우리 태조가 與神德王와 함께 왕을 위해 잔치를 열었다. 왕이 태조에게 衣[示對], 갓 보배로 장식한 갓끈, 안장 갖춘 말을 하사하였다[36] 〈高麗史 恭讓王 3년 7월 己亥〉

다. 7월 己卯에 都堂이 禑의 생일이므로 三司左使 趙仁璧과 同知

31) 『표준국어대사전』, 의대02(衣襨), "임금의 옷을 이르던 말"

32) 『표준국어대사전』, 동-의대(-衣襨), "궁중에서, '저고리01'나 '조끼01'를 이르던 말."

33) 『高麗史』, 卷7, 世家7 文宗1 九月 己酉, "今差閤門通事舍人徐亶往彼宣諭賜爾衣對綵段銀器"

34) 『高麗史』, 獻宗 元年 5월 癸丑, "王御乾德殿引見命近臣問留守安否賜酒食衣對"

35) 『高麗史』, 文宗 12年 二月 甲戌, "知京山府事殿中內給事李成美進新雕隋書六百八十板詔置祕閣各賜衣[示對]"

36) 『高麗史』, 恭讓王 3년 7월 己亥, "我 太祖與神德王后享王王賜太祖衣襨笠子寶纓鞍馬"

密直 具成老를 江華에 보내어 衣[示對]을 진상했다.37)〈高麗史 列傳 辛禑〉

(13)은 衣對의 용례이고 (14)는 衣[示對]의 용례이다. 모두 '의복'의 뜻을 가졌다. 그런데 (13)의 모든 용례와 (14가), (14나) 등의 衣對와 衣[示對]가 '임금이 하사하다[賜]'와 관계되고, (14다)의 衣[示對]는 '임금께 진상하다[獻]'와 관계된 점이 주목된다.

조선 전기 『朝鮮王朝實錄』에는 衣對와 衣襨로 나타난다. 『高麗史』와 마찬가지로 衣對와 衣襨는 '왕' 또는 '궁궐'과 관련된 용법으로만 발견된다. 『조선왕조실록』을 비롯한 조선 시대 문헌 자료에서 衣對와 衣襨가 사용되는 문맥은 '왕이 신하에게 하사했다', '신하가 왕께 진상했다' 등의 문맥에서 사용되는 경우이거나 중궁전이나 동궁전의 '의복'을 지칭하는 경우만 발견된다. '衣對[의복] 또는 衣 二對[옷 2벌]' 등이 일상적인 문맥에서 사용되는 경우를 찾을 수 없다.

이상의 논의에 기초하여 한국 고유한자 襨의 자형 형성 과정과 의미를 정리하기로 한다. 衣對의 對는 본래 '단위를 나타내는 어휘'로 衣對는 '1벌의 의복 일체'를 의미하던 것이었다. '1벌의 의복 일체'의 의미를 衣一對로 표현하지 않고, 衣對로 표현하게 됨으로써, 단위를 나타내는 어휘 對가 衣에 영향을 받아 襨의 자형이 형성된 것으로 생각된다. 즉 襨는 형성의 방식으로 만들어진 글자로 파악된다.

37) 『高麗史』, 列傳 辛禑 七月己卯, "都堂以禑生日遣三司左使趙仁璧同知密直具成老于江華獻衣襨"

그리고 衣對와 衣襨가 왕과 관련된 문맥에서만 사용하게 되어 한국 고유한자 襨가 '임금'의 의미를 흡수하여 襨가 '임금의 의복'이란 의미로 쓰이게 된 것으로 생각된다. 한편 鄭東愈가 『晝永編』에서 '임금의 의복을 바치는 것을 衣襨라 말한다'는 풀이는 衣襨가 이것과 결합한 동사 즉, '上, 憲' 등의 의미까지도 흡수했음을 보여 준다.

3.4. 橡

襨의 자형 형성 경위와 특수 의미 획득 방식은 한국 고유한자 橡에서도 찾을 수 있다. 그런데 橡의 경우에는 매우 복잡한 문제가 얽혀 있다. 몇 가지로 나누어 橡가 가진 특질을 분석하도록 한다.

3.4.1. 橡에 대한 기존 해석의 비판적 검토

문헌 자료에서 한국 고유한자 橡에 대해 설명한 것은 다음과 같다.

(15) 가. 창고를 橡이라 칭한다. 음은 '수'이다[38] 〈晝永編 下〉
나. 橡倉 살펴보건대 橡은 음이 漱[수]이고 字書에 보이지 않는다. 본국의 畓과 乺 二字와 같다. 대개 橡倉은 戶曹 賑恤廳 常平廳 三司의 곡식을 저장하는 창고이다. 무릇 祭享, 진휼, 인부·쇄마의 비용이 다 이 창고에서 나온다.[39] 〈南漢志〉
(16) 가. 橡 음은 叔[숙]이다. 각 궁방에는 橡宮의 직임이 있다. 또 창

38) 『晝永編』 下, "倉庫稱橡(音수)"
39) 『南漢志』, "橡倉 按橡音漱 不見字書 猶本國之畓乺二字也 蓋橡倉卽戶曹賑恤廳常平廳三司各穀所儲庫也 凡諸祭享之需 賑濟之資 夫刷之價 皆出於此庫"

고의 이름이다. 廣州牧에 稤倉이 있다.40) 〈五洲衍文長箋散稿 東國土俗字辨證說41)〉

나. 奄人과 稤宮(稤은 音이 肅[숙]이다. 俗字이다)42) 〈牧民心書 卷三 貢納〉

다. 稤宮(쉬궁 ○ 궁방 員役43)의 이름이다.)44) 〈震覽 行用吏文〉

라. 稤 조선자이다. 各宮의 幹事者가 稤宮이다. '숙궁숙'이다.45) 〈字典釋要 稤〉

마. 稤 [숙] 각궁 소임. 궁소임. 또 창고 이름이다. 광주목에 稤倉이 있다.46) 〈新字典〉

(15)는 稤이 '창고'의 의미를 가졌고, 이 경우 음이 '수'임을 말하고 있다. (14)는 稤宮에 나타난 稤에 대해 설명하고 있다. (16다)는 稤宮의 稤가 그 음이 '쉬'임을 말하고 있으나 (16)의 나머지 것들에서는 稤宮에 사용된 稤의 음이 '숙'임을 말하고 있다. 한편 (16가), (16다), (16마)는 稤宮의 의미를 구체성 없이 '궁방의 직임' 또는 '궁소임'으로만 풀이하고 있다. (16라)는 稤宮의 의미를 보다 구체적으로 '궁방의 幹事者'로 풀이하였으나 이것 역시 추상적이긴 마찬가지이다. 幹事와 稤의 관계가 설명되지 않아 (14라) 역시 추상적인 풀이로 생각된다.

鮎貝房之進(1931: 179-180)은 (15가)와 (15나)에다 다음과 같

---

40) 『五洲衍文長箋散稿』, 東國土俗字辨證說, "稤 [音叔 各宮有稤宮之任 又倉名 廣州牧有稤倉 (생략)]"

41) 『新字典』 朝鮮俗字部에 동일한 내용이 보인다. 즉 '稤【숙】各宮所任궁소임 又倉名廣州牧有稤倉'이다.

42) 『牧民心書』, 卷三 貢納, "奄人稤宮[稤音肅俗字也]"

43) 『표준국어대사전』, 원역01(員役), "벼슬아치 밑에서 일하던 구실아치."

44) 『震覽』, 行用吏文, "稤宮 [쉬궁 ○ 宮房員役之名]"

45) 『字典釋要』, 稤, "[鮮] 各宮幹事者稤宮 숙궁숙"

46) 『新字典』, 朝鮮俗字部, "稤【숙】各宮所任궁소임 又倉名廣州牧有稤倉"

은 자료를 활용하여 椋에 대해 논의하고 있다.

(17) 가. [庫秤雇役侵欺]凡倉庫務場局院庫秤斗級若雇役之人(原文) / 凡諸倉庫局院等司椋公斗人使令人等亦(譯文) 〈大明律直解 太祖四年頒行〉

나. 倉椋部曲[在府西三十里] 〈新增東國輿地勝覽 寧海都護府 古蹟〉

다. 慈殿椋奴 〈文獻備考 刑考〉

鮎貝房之進(1931: 179-180)은 椋를 會意字로 규정하고 椋의 의미를 京穀, 정확하게는 '서울(정부)의 곡식 창고'로 풀이하고 있다. 鮎貝房之進(1931)은 앞의 (15가)로 '창고'의 의미를, (15나)로 '곡식'의 의미를 도출한 듯하다. 그리고 椋가 私家의 창고로는 사용되지 않는 것에 근거하여 椋의 의미를 서울 즉 '정부의 창고'로 이해한 듯하다. 그리고 椋宮에 대해 '궁(방)의 회계를 처리하고 여러 일을 처리하는 것이다'라는 속설을 소개하고 있으나 이를 구체적으로 검토하지 않았다.

이상의 논의에서 다음과 같은 의문점이 제기된다.

(18) 가. '창고'를 뜻하는 椋과 '궁방의 직임'을 뜻하는 椋 사이에는 어떠한 관련이 있는가?

나. 椋宮의 의미를 '궁방의 직임'으로 이해할 때, 椋宮의 椋는 과연 '직임'의 뜻을 가진 것인가? 그리고 椋宮의 宮은 과연 宮房의 뜻을 가진 것인가?

다. 椋宮을 '쉬궁'이라 하고 '숙궁'이라 한 것의 차이는 무엇인가?

3.4.2. 稤宮의 기원과 의미 해독

(18)에서 제기된 의문점은 稤宮의 의미를 제대로 파악하지 못한 것에서 비롯된다.[47] 『大明律直解』 이두문에 나오는 司稤公斗人을 「吏讀略解」에서 司稤과 公斗人으로 이해한 것이 잘못된 것임을 밝히면서 稤宮의 기원과 의미에 대해 해독하기로 한다.

(19) 가. 凡倉庫務場 局院 庫秤 斗級 若雇役之人 〈大明律直解 7:7b〉
　　 나. 凡諸倉庫 局院等 司稤公 斗人 使令人 等亦 〈大明律直解 7:7b〉

(19가)는 『대명률직해』의 원문이고, (19나)는 원문을 이두문으로 번역한 것이다. 한어 斗級은 『대명률직해』의 다른 곳에서는 우리말 斗尺(1:43b, 7:8a, 7:8b, 7:9a)에 대응한다. 斗尺의 尺은 사람을 나타내는 '자이'를 표시한 것이므로 (19가)의 斗級은 (19나)의 斗人에 대응된다. 그렇다면 (19가)의 한어 庫秤과 (19나)의 우리말 司稤公이 대응된다. '司'는 '일을 관장한다'의 뜻이다. 庫秤과 稤公이 대응된다고 할 수 있다.

그런데 稤公이 비록 고려 시대의 2차 자료이지만 「大安寺形止案」에서도 발견되어 주목된다.

(20) 稤公房梗 4間 〈大安寺形止案〉

47) 이것은 「吏讀略解」와 鮎貝房之進(1931: 180)에서 稤宮의 의미 해석과 관련된 속설을 무시한 것에서 비롯된 것이다. 즉 稤宮은 『대명률직해』에 나오는 稤公과 관련이 있다는 속설을 「吏讀略解」에서 무시했고, 稤宮'의 의미는 '궁(방)의 회계를 처리하고 여러 일을 처리하는 것이다'라는 속설을 鮎貝房之進(1931: 180)이 소개하면서도 稤宮에 대한 정확한 이해 없이, 稤이 단독으로 쓰인 것의 의미만 京穀으로 파악하고자 한 것에서 비롯된 것이다.

(20)의 稤公房梗에서 房은 '장소'의 뜻으로 흔히 쓰이며, 梗은 '집 채, 안 채' 등의 '채'[48]를 나타내는 것이다. 이제 남은 것은 '公'인데, 『대명률직해』의 稤公을 고려하여 稤公房梗을 '稤公+房+梗'으로 분석하고자 한다.

『대명률직해』의 庫秤과 稤公의 대응에서 稤이 '곡식 창고'의 뜻을 가지므로 庫와 稤을 대응시킬 수 있다. 따라서 秤과 公이 대응된다. 秤은 稱[저울]의 이체자이다. 따라서 秤과 公은 의미상 일맥상통한다고 파악할 수 있다. 이러한 근거로 公을 『吏學指南』 吏員조에 말하는 公人으로 파악할 수 있다. 『吏學指南』에서 公人이란 창고의 곡식을 수납하는 관리로 풀이하고[49] 있다. 稤과 公의 의미가 적절하게 어울리게 된다.

이상의 논의를 통해 볼 때, 稤公이란 '창고의 곡식을 수납하는 것을 관장하는 일이나 그 일을 담당하는 사람'의 뜻으로 이해된다.[50] 곳간의 곡식 수납을 관장하는 사람인 '稤公'은 오늘날의 용어로 이해한다면, 어떤 조직의 회계 담당자일 것이다. 한어 庫秤의 秤을 고려할 때, 『韓國漢字語辭典』에서 司稤만으로 '곡창의 일을 맡아보는 직임 또는 그 직임에 있는 사람'으로 풀이한 것과 『표준국어대사전』에서 '고지기'로 풀이한 것은 잘못된 것으로 판단된다.

다음에는 稤宮의 정확한 의미를 분석하여 稤宮과 稤公의 관련성을 고찰하도록 한다. 『표준국어대사전』에서 稤宮의 의미를 '宮房의 일을 맡아보던 사람'으로 풀이하고 있지만, 이 풀이에는 구체성이

48) 梗은 1401년(태종 1)에 작성된 것으로 알려진 「太祖家屋許與文記」에도 '身梗 二間'으로 나온다. '身梗 二間'을 노명호 외(2000: 140)에서 '몸채 두 칸'으로 풀이하고 있다.

49) 『吏學之南』, 卷之一 吏員, "公人[謂倉庫秤掐[稻] 諸司祗侯 · 公使 · 禁卒之類"

50) 稤公房에 대해서 박혜범(2009: 88)은 '궁중의 사무를 맡은 관리가 거처하는 집'으로 풀이하였으나 이는 근거가 박약한 것이다.

없다. 문헌 자료에서 稤宮이 사용된 용례를 통하여 稤宮이 가지는 의미를 추출하도록 한다.

(21) 가. 龍洞宮 小次知 尹興莘에게는 帖加를 작성해 주고, 掌務 2인, 稤宮 1인, 서원 3인에게는 각각 목 2필을 주며, 고지기 1명에게는 목 1필과 포 1필을 주고, 대청지기노[大廳直奴] 2명, 色掌奴 6명, 入役奴 27명, 여종 15명에게는 각각 목 1필과 미 2말을 주며, 청지기노[廳直奴] 3명에게는 각각 포 1필을 주었다.[51] 〈日省錄 1793년(정조 17) 3월 7일〉

나. 載寧啓下節目[52]

明禮宮上
啓下節目 甲午三月 日
(전략)
吳奉秋三斗落內二斗落 白(手決)
李上己三升落內二升落 白(手決)
已上元落種一百五十三石十二斗四升
減種實落一百一石十一斗五升一合
載寧官 (押)
乾隆三十九年三月 日 明禮宮稤宮前同知李 (押)
一千五百二十六石八斗內
執綱四十石
(중략)
(載寧郡守之印 九七個處)

(21가)는 龍洞宮에 소속된 여러 사람들의 職名을 보여 주고 있

---

51) 『日省錄』, 1793년(정조 17) 3월 7일, "龍洞宮 小次知 尹興莘 帖加 掌務 二人 稤宮 一人 書員 三人 各木二疋 庫直 一名 木一疋 布一疋 大廳直奴 二名 色掌奴 六名 入役奴 二十七名 婢子 十五名 各木一疋米二斗 廳直奴 三名 各布一疋"

52) 『고문서』 14책(奎18288의23)

다. 稤宮의 직무를 맡은 사람이 1인인데, (21가)만으로는 稤宮의 직무가 무엇인지를 구체적으로 알 수 없다. 그런데 (21나)는 稤宮의 직무가 宮房田을 관리하는 것임을 알려 준다. (21나)의 『載寧啓下節目』은 載寧郡에 소재한 명례궁 田畓의 소출 내역을 明禮宮에 보고하는 내용을 기술하고 있다. 이 문서에 재령 군수와 明禮宮 稤宮이 함께 '押[싸인]'을 하고 있다. 이로 보아 稤宮은 明禮宮 소유 田畓을 관리하여 그 소출을 수납하는 직무임을 알 수 있다. 결국 稤宮도 오늘날의 관점에서 보면 어떤 조직의 회계 담당자로 이해된다.

이상의 논의로 우리는 고려 시대의 稤公과 조선 시대의 稤宮이 같은 의미를 지녔음을 이해하였다. 稤宮이 稤公에서 기원한 것임을 말하기 위해서는 稤公과 稤宮의 발음 차이를 해명해야 한다. 稤公은 '수공' 또는 '수궁' 정도로 읽히나 稤宮은 왜 '숙궁'으로 읽히는가의 문제를 해소해야 한다.

국어의 표기법이 '뿌그로'와 같은 연철 표기에서 '뿍그로'와 같은 혼철 표기의 단계를 거쳐 '뿍으로'와 같은 분철 표기로 변화되었음은 주지의 사실이다. 혼철 표기인 '뿍그로'가 나타나는 이유는 연철 표기인 '뿌그로'에서 제1음절에 'ㄱ'이 발음되었을 것이라는 의식에서 나타나는 것임은 주지의 사실이다. 따라서 '숙궁'은 '수궁'의 혼철 표기로 이해된다.

현재 稤宮은 조선 시대 宮房의 직명에서만 발견된다. 조선 시대 宮房의 직무명으로 稤公이 흔히 사용되어 公이 宮으로 바뀌어 표기된 것으로 이해된다. 결국, 稤宮의 宮은 '궁방'과는 관련이 없는 音假字 표기이다. 숙궁[稤公]이 궁방의 직무에서 흔히 사용되었기 때문에 公을 宮으로 바꾸어 표기한 것으로 이해된다.

3.4.3. 조선 시대 문헌 자료에 나타난 椋의 의미 분석

앞 절에서 椋宮의 椋가 본래는 '수'로 읽혔다는 것을 밝혔다. 이 절에서는 조선 시대 문헌 자료에 나타난 椋의 용례를 검토하여 椋의 의미를 분석하도록 한다. 『표준국어대사전』에는 '椋宮, 椋奴' 등의 어휘가 수록되어 있고, 『韓國漢字語辭典』에는 '椋庫, 椋倉, 椋宮, 椋奴, 椋尺, 椋館' 등의 어휘가 수록되어 있다.

椋庫의 의미를 파악하는 데에 중요하게 활용될 수 있는 용례는 다음과 같다. 『朝鮮王朝實錄』의 용례를 주로 이용하고, 필요할 경우에 한하여 다른 문헌 자료의 것을 활용하도록 한다. 『조선왕조실록』의 용례는 정확한 사용 시기를 보여 주므로 椋의 의미 변화를 파악하는 데에 유리하기 때문이다.

(22) 가. 임금이 조정에게 명하여 갑산에 사는 康吉 · 雲尙 등 各戶를 刷出하여 深遠한 여러 州에 옮겨 두게 하고, 그 農作의 소출은 椋庫의 쌀로써 서로 바꾸어서 주게 하였다 53) 〈太宗實錄 1418년(태종 18) 2월 20일〉

나. 지난번에 慶尙道 蔚山郡의 庫子 佛生·甫見 등 10명이 맡고 있는 椋庫의 곡식을 도둑질한 것에 연좌되었는데54) 〈成宗實錄 1476년(성종 7) 6월 12일〉

다. 靈泉館이 (중략) 이미 있는 館舍는 다시 지을 것이 없고, 새로 지어야 할 것은 단지 椋庫 · 官廳 · 公廨뿐이어서, 옮겨 설치하기 편리함이 이러합니다55) 〈中宗實錄 1525년(중종 20) 9

---

53) 『太宗實錄』, 1418년(태종 18) 2월 20일, "上命定刷出甲山住康吉 雲尙等各戶 移置深遠諸州 其農作所出 以椋庫之米相換以給

54) 『成宗實錄』, 1476년(성종 7) 6월 12일, "頃者慶尙道蔚山郡庫子佛生 甫見等十名坐盜椋庫之穀"

55) 『中宗實錄』, 1525년(중종 20) 9월 28일, "已有館舍 不可更構 所可營造者 只椋庫官廳 公衙而已 移設之利如此"

월 28일〉

라. 강의 서쪽 언덕에 한 절이 있었는데, 누각이 높으면서 즐비했다. 물으니 즉 楡岾寺 稤庫라 한다. 세조께서 창건한 것이다 봄과 가을로 비쌀 때에 쌀을 사들이고 가격이 쌀 때에 쌀을 팔아 아침 저녁으로 부처님을 모시는 비용으로 삼는다.[56)]〈再思堂先生逸集 卷之一 雜著 遊金剛錄〉

(22가)의 稤庫는 이 稤庫가 매우 이른 시기부터 사용된 용어임을 알려 주고 있다. (22나)는 稤庫에 '곡식이 보관되어 있음'을 알려 주고 있다. 그리고 (22다)는 稤庫가 건물임을 알려 주고 있다. 결국 稤庫가 '곡식 창고'의 의미임을 알 수 있다. (22라)는 稤庫가 '임금'과 관계 있는 것임을 암시하고 있다. (22)의 용례를 통해서 볼 때, 稤는 '곡식'의 의미를 가진다.

稤倉의 용례는 다음과 같다.

(23) 가. 본부 각 창고의 支用[官司에 필요한 물품의 지급 · 지출]으로 군량을 꾸어 준 것이 매년 1천 2백여 석이 되는데 稤倉에서 또 8백여 석을 꾸어 간 것이 있다.[57)] 〈正祖實錄 1796년(정조 20) 1월 11일〉

나. 서명응이 말하기를, "稤倉을 설립한 뜻은 대개 戶曹 · 賑恤廳 · 常平廳의 例와 같습니다. 모든 祭享의 비용과 진휼의 비용과 인부 · 刷馬의 삯이 다 여기에서 나오는데 잡곡이 모두 4천여 석입니다"[58)] 〈正祖實錄, 1779년(정조 3) 8월 7일〉

---

56) 『再思堂先生逸集』, 卷之一 雜著 遊金剛錄, "江之西岸有一寺 樓觀峻整 倉庫豐隆 問之則乃楡岾寺稤庫也 我世祖所建 春秋斂散 以爲朝夕奉佛之資"

57) 『正祖實錄』, 1796년(정조 20) 1월 11일, "本府各庫支用之以軍餉貸下者 每年一千二百餘石 稤倉又有八百餘石貸去者"

58) 『正祖實錄』, 1779년(정조 3) 8월 7일, "命膺曰 稤倉設立之意 蓋如戶曹 賑恤廳 常平廳之例 凡諸祭享之需 賑恤之資 夫刷之價 皆出於此 而雜穀 合爲四千餘石"

(23가)는 稤倉이 일반적 창고와는 다른 목적의 것임을 말하고 있다. (23나)는 稤倉의 기능을 구체적으로 언급하고 있다. 즉 祭享과 진휼의 비용으로 쓰일 곡식을 저장하는 창고임을 말하고 있다. 祭享이란 조선 왕조의 열성조를 제향하기 위한 것이므로 稤倉이란 '임금'이 특별 관리하는 창고라 하겠다.

稤庫와 稤倉의 용례를 검토해 본 결과 우리는 단순히 '곡식 창고'를 의미하던 稤庫와 稤倉에 '임금'의 의미가 첨가된 현상을 관찰할 수 있다.

稤宮과 稤奴의 용례는 『조선왕조실록』뿐만 아니라 다른 문헌 자료에서도 특별한 문맥에서의 용례만 발견된다.[59] 연대가 이른 것만 제시하면 다음과 같다.

(24) 가. 明禮宮의 稤宮 趙德壽를 司鑰에 제수하다.[60] 〈承政院日記 1779년(정조 3) 2월 12일〉
나. 그때 臨海君房의 稤奴로 이름하는 사람도 갔습니다.[61] 〈宣祖實錄 1593년(선조 26) 8월 13일〉

(24)에서 보는 바와 같이 明禮宮이나 臨海君房과 같이 궁방과 관련한 내용을 기술할 때에만 稤宮과 稤奴가 출현한다. 앞에서 稤宮은 본래 稤公으로 궁방의 회계 책임자 곧 '곡물을 관리하는 아전'의 의미임은 앞에서 설명하였다. 稤奴에 대해 『표준국어대사전』에서 추상적으로 정의하여 '궁방에 딸린 종'으로 풀이하였으나 稤宮을

59) 稤宮은 『朝鮮王朝實錄』에서는 발견되지 않는다. 대신 『承政院日記』의 용례를 제시하도록 한다.
60) 『承政院日記』, 1779년(정조 3) 2월 12일, "柳義養曰 明禮宮稤宮 趙德壽 司鑰除授"
61) 『宣祖實錄』, 1593년(선조 26) 8월 13일, "其時臨海君房稤奴稱名人亦往"

고려할 때, 椋奴는 椋宮 휘하의 종으로 생각된다.

椋館의 용례는 『東國文獻備考』에서 발견되는 용례인데[62], 『大東地志』의 것을 소개하기로 한다.

(25) 신라가 백제를 평정하고 다시 옛 창고터에 다시 창고를 설치하였다. 또 櫓山의 동쪽 제방에 館을 설치하여 곡식을 많이 저축하였다. 백성들은 椋館이라 불렀다. 무릇 당나라에서 오는 사신과 장사치들은 모두 館에 묵게 되었다.[63] 〈大東地志 忠淸道 沔川〉

(25)에서 창고와 館을 설치한 주체는 명확하지 않으나 '民呼爲椋館'으로 보아 중앙 정부가 그 주체가 된 것으로 이해된다. 신라와 당나라의 교역을 위한 창고가 館이었으므로 설치의 주체는 중앙 정부였을 것이 틀림 없다. (25)에 제시된 椋의 용례에 '정부'의 의미가 추가되어 있음을 알 수 있다.

椋尺은 『조선왕조실록』에 단 1회 나온다. 다른 문헌 자료에서는 전혀 발견할 수 없다. 다음이 그것이다.

(26) 河永의 良賤에 대한 일을 너희들이 기한 내에 신정(申呈)하지 아니하였다고 하여 수리(受理)하지 아니하나, 하영의 어미의 祖는 오랜 帳籍에 白丁으로 시행되어 오다가, 50년 이후부터 椋尺으로 시행되어 왔으니[64] 〈太宗實錄 1411년(태종 11) 1월 3일〉

---

62) 동일한 내용이 '『林下筆記』, 『增補文獻備考』, 『東國文獻備考』 關防 海路 三 西海亭館' 등에도 실려 있다. 이 중에서 연대가 가장 이른 것은 『東國文獻備考』이다. 『東國文獻備考』는 1770년(영조 46)에 편찬이 완성되었으나 내용에 오류가 많아 18세기 말에 개수 작업을 거쳐 19세기 말에 『增補文獻備考』로 개수된다.

63) 『大東地志』, 忠淸道 沔川, "新羅平百濟 復置倉於古址 又置館於櫓山之東堰 多積穀 民呼爲椋館 凡唐舶之使价商賈皆就館"

64) 『太宗實錄』, 1411년(태종 11) 1월 3일, "河永良賤事 汝等謂以限內未呈 不當受理 然永母之祖 於久遠帳籍 以白丁施行 五十年以後 乃以椋尺施行 則不無疑慮也 宜更辨

(26)의 稤尺을 『표준국어대사전』과 『한국한자어사전』에서 稤奴와 같은 뜻으로 파악하고 있으나 이는 稤尺의 의미를 잘못 파악한 것이다. (25)에서 稤尺의 전신은 白丁이라 하였으므로 稤尺은 흔히 '禾尺, 水尺' 등의 이표기로 '양수척'을 표시하는 것이다. 이 경우 稤는 차자 표기로 쓰인 것으로 稤가 '슈' 또는 '쉬'로 읽히는 것을 알려 주는 자료라 하겠다.

稤이 단독으로 쓰이는 용례는 다음과 같다.

(27) 가. 大稤[65] 3間, 三寶稤 2間 〈白嵓寺傳帳受〉
나. 天順元年 戊寅 八月 日來 二月爲始 所用米糆 附近各官稤 上米 五千石 〈青莊館全書 盎葉記 海印寺藏經〉

(27가)의 「白嵓寺傳帳受」는 백양사 소장의 자료로 김문경(2007)에 따르면 1393년(태조 2)에 작성된 것이라고 한다. 후행한 '間'으로 보아 (27가)의 稤이 '창고'의 의미임은 확실하다. 그러나 이 창고가 '곡식 창고'인지는 확인되지 않는다.

(27나)는 조선 세조 시 해인사 대장경 인출에 관한 전말을 기록한 『搨印節目』에 출현한 稤의 용례이다.[66] (27)은 해인사 대장경의 인출 작업이 天順 元年 즉 1457년(세조 3)에 시작되었고, 인출 시의 비용으로 부근 官稤에서 쌀 오천석을 보낸 사실을 기록하고 있

正"

65) 김문경(2007: 89)에 따르면, 「白嵓寺傳帳受」의 작성 연대는 1393년(태조 2)이며, 이 문서에는 白羊寺 가람의 건물 내역이 기술되어 있다. 또 김문경 씨에 따르면, 「白嵓寺傳帳受」는 현재 백양사에 소장되어 있지만 공개되어 있지 않다고 한다.

66) 『搨印節目』은 현재 전하지 않으나 그 내용이 李德懋의 『青莊館全書』「盎葉記」의 海印寺藏經 조에 전한다.

다. (27나)의 官稤은 '관아의 곡식 창고'로 해석된다.

이상으로 稤의 용례를 통하여 稤에 '정부(임금, 궁방), 곡식, 창고' 등의 의미가 부착되어 있음을 확인하였다. 그리고 '정부'의 의미는 稤의 사용 문맥에 따라 발생한 것임을 이해하였다. 즉 稤庫가 임금이 직접 관할하는 창고의 뜻으로 사용되었고, 稤宮이 궁방의 직명으로만 사용된 것에 기인하여 稤에 '정부(임금, 궁방)' 등의 의미가 발생된 것으로 이해된다.

3.4.4. 稤의 기원적 의미와 자형 구성 방법

稤가 '곡식'과 '창고'의 두 가지 의미를 가진 것에 착안하여 鮎貝房之進(1931)은 稤를 회의자로 규정하였음을 앞에서 언급한 바 있다. 그런데 稤에 관련하여 鄭東愈가 『晝永編』에서 '倉庫稱稤(音수)'라 한 것에서 '수'가 정말 稤의 字音인지의 문제를 더 검토해야 한다. 『晝永編』에서 稤의 음으로 '수'로 제시한 것이 稤의 訓일 가능성도 있기 때문이다. 예컨대 정동유가 『晝永編』에서 우리말 '탈'을 표시하는 頉의 음을 '탈'로 제시했는데, '탈'은 頉의 자음이 아니고 訓이기 때문이다.

稤와 관련된 '수'가 字音이 아니고 訓인 증거를 다음 자료에서 찾을 수 있다.

(28) 가. 安山郡 修理山의 稤巖이 무너졌는데, 길이가 30척, 너비가 25척이었다.[67] 〈太宗實錄 1408년(태종 8) 12월 5일〉

나. 鎭山은 鷲岩이다 [군의 동쪽에 있으니] 〈世宗實錄地理志 安

67) 『太宗實錄』, 1408년(태종 8) 12월 5일, "安山郡修理山稤巖頹 長三十尺 廣二十五尺"

山〉, 鷲巖 수리산에 있다. 〈新增東國輿地勝覽 安山郡 山川〉

다. 修理山은 동쪽 5리에 있다. 太乙山이라기도 하고 見佛山이라기도 한다. 자못 가파르고 높은 곳에 鷲岩峯이 있다. 방언에 鷲를 수리[修理]라 한다.68) 〈大東地志 安山 沿革〉

라. 秀岩峰 〈朝鮮地誌資料 安山 郡內面〉

(28가)에서 말한 椋巖은 (28나)와 (28다)에서는 鷲巖[수리바위]로 표기되었다. 그리고 20세기에 이르러서는 (28라)에서 보는 바와 같이 秀岩[수암]으로 그 표기가 바뀌었다. (28다)의 '방언에 鷲를 수리[修理]라 한다'는 기술은 鷲岩의 鷲가 훈차 표기임을 말해 주는 것이다. 곧 鷲岩이 '수리바회' 정도를 표기한 것임을 알려 준다. 한편 (28라)의 秀岩은 鷲岩을 음차 표기로 읽고 이에 따라 한자를 바꾼 표기이다.

(28)에서 鷲岩과 椋巖의 대응은 조선 후기에 椋가 '수' 정도로 읽혔으나 15세기에는 '쉬' 였음을 말해 주는 것이다. 椋巖의 椋가 '수'를 표기한 것으로 본다면, 鷲岩과 椋巖의 대응 관계를 성립 시킬 수 없다. 즉 '수리'와 '수'는 음운론적으로 대응시키기가 곤란하기 때문이다. 그런데 椋가 '쉬'를 표기한 것으로 본다면, '수리'와 '쉬'는 음운론적으로 대응시킬 수 있다. '수리'와 '쉬'의 대응에서 '쉬'는 '수리'에서 'ㄹ'이 탈락한 것인데, 이와 같이 모음과 ㅣ모음 사이의 'ㄹ'이 탈락하는 경우는 15세기어에서 발견된다. 즉 유창돈(1973: 91-92)은 15세기어에서 '나리[川] 대 내, 누리[世] 대 뉘, 도리[廻] 대 되' 등의 공존형을 소개하고 있다.

椋가 기원적으로 '수'가 아니라 '쉬'에 관계된다는 사실은 椋의

68) 『大東地志』, 安山 沿革, "修理山 東五里 一云太乙山 一云見佛山 頗峻高有鷲岩峯 方言謂鷲爲修理"

기원적 의미가 무엇인지를 알려 준다. 즉 『訓蒙字會』 下:3에서 禾의 훈과 음을 '쉬 화'로 제시된 것을 고려하면, 稤가 가진 '곡식'과 '창고'의 두 의미 중에서 '창고'보다는 '곡식'을 稤의 기원적인 의미로 추정할 수 있다. 稤의 기원적인 의미를 '창고'로 볼 경우 '쉬'와의 관계를 설명할 수 없기 때문이다. 또, 鮎貝房之進(1931)처럼 稤를 회의자로 보아 稤의 기원적인 의미를 '곡식 창고'로 볼 경우에도 稤와 '쉬'의 관련성을 입증하기가 어렵다.

稤의 기원적인 의미를 '곡식'으로 볼 경우에 장점이 있다. 즉 「行用吏文」에서 稤宮을 '쉬궁'으로 제시한 것을 쉽게 이해할 수 있다. 稤宮의 稤를 '곡식 창고'로 볼 경우, 稤宮을 '곡식의 출납을 관리하는 아전'의 뜻으로 이해하기 어렵다. '창고'의 의미가 이러한 해석을 방해하기 때문이다. 稤宮의 의미는 稤를 단순히 '곡식'의 뜻으로만 이해할 경우에 명쾌하게 이해될 수 있다.

그렇다면 稤의 기원적 의미가 '곡식'이라면 稤은 '창고'의 의미를 어떻게 가지게 되었을까?

(29) 가. 禾倉 在禾回坊[今屬監營] 〈輿地圖書 黃海道 瑞興〉
나. 穀食樓梗 五間 〈修禪社形止案69)〉
다. 大口 땅에 왜적 10여 명이 밤을 타고 돌격하여 들어와서 먼저 죄인을 가둔 토우(土宇)를 부수고 난 다음 穀倉에 불을 지르고70) 〈宣祖實錄 1598년(선조 31) 2월 23일〉

(29가)의 禾倉, (29나)의 穀食樓梗[樓梗은 樓 형식의 채], (29다)

69) 노명호 외(2000: 373)에 따르면 「修禪社形止案」은 1221년부터 1223년 사이에 작성된 것으로 추정되고 있다.
70) 『宣祖實錄』, 1598년(선조 31) 2월 23일, "大口之地 倭賊十餘名 乘夜突入 先破囚人土宇 次焚穀倉"

의 穀倉 등은 모두 '곡식+창고' 등의 형식을 가진 말로 모두 '곡식 창고'의 뜻을 가진다. 특히 禾倉은 한국 고유한자 稤의 자형 형성을 증거하는 자료이다. 즉 禾倉에서 禾는 본래 '곡식'의 뜻만 가졌으나 후행한 倉의 의미를 흡수하여 '창고'의 의미까지 가지게 되고, 이것을 표시하기 위해 禾에 창고의 뜻인 京을 첨가한 것으로 생각된다. 衣對에서 對가 衣의 의미를 흡수하여 한국 고유한자 襨의 자형을 형성한 것과 동궤의 것이다. 결국 稤은 형성의 방식으로 만들어진 글자로 이해되는데, 意符인 京을 첨가하는 방식이 襨와는 다른 점이 특색이다. 意符인 京이 한자의 部首가 아닌 점도 특색이다.

4. 결언

이 글은 중국 자서나 운서에 수록되지 않았다는 점만으로 한국 고유한자로 규정하는 것은 오류의 가능성이 있음을 강조하였다. 그리하여 한국 고유한자가 함유한 자형 형성의 고유성을 객관적으로 입증할 필요성이 있음을 제기하였다. 그리고 자형 형성의 고유성을 밝히게 되면, 한국 고유한자에 투영된 우리말 어형을 복원할 수 있음을 강조하였다.

제2장에서는 한국 고유한자의 자형 구성 방법에 대한 기존 연구를 비판적으로 검토하였다. 李睟光 『芝峯類說』의 文字部, 黃胤錫의 『頤齋亂藁』, 李德懋의 『青莊館全書』「盎葉記」 등에서 한국 고유한자의 자형 형성 과정을 기술한 내용을 검토하였다. 이러한 검토 결

과 한국 고유한자 椺가 우리말 '봉' 또는 '보'를 차자 표기한 保에 意符 '木'을 추가하여 구성된 글자로 파악할 수 있게 되었다. 鮎貝房之進(1931)이 제안한 한국 고유한자의 자형 구성 방법을 소개하고, 鮎貝房之進(1931)이 𥝠의 의미를 '사다리'로 파악한 것은 오류임을 밝히고 이를 '자귓밥'으로 풀이해야 바른 것임을 언급하였다. 이영훈(1980)을 활용하여 남풍현(1989)에서 미진하게 논의했던 한국 고유한자 矣의 의미인 統首의 의미 형성 과정을 기술하였다.

제3장에서는 형성에 의해 구성된 한국 고유한자의 새로운 사례를 확인하였다. 기존의 논의를 활용하여 한국 고유한자 '𧜵, 䋉, 襨' 등이 형성에 의한 것임을 확인하였으며, 한국 고유한자 稤가 형성에 의해 구성된 것임을 새로이 밝혔다. 𧜵의 경우에는 우리말 '비븨-'를 차자 표기한 飛褙에서 褙에 있는 衣에 영향을 받아 𧜵의 자형이 형성되었음을 논의하였다. 䋉의 경우에는 우리말 '누비-'를 차자 표기한 縷飛에서 縷에 있는 糸에 영향을 받아 䋉의 자형이 형성되었음을 논의하였다. 襨의 경우에는 衣對의 한자 표기에서 衣에 영향을 받아 襨의 자형이 형성되었음을 논의하였다. 稤의 경우에는 우선 稤가 가지는 세 가지 의미 즉 '정부, 곡식, 창고' 등에서 '곡식'이 기원적인 의미이며, 문맥적 환경에 의해 '곡식'의 의미에 '정부, 창고' 등의 의미가 첨가된 것으로 설명하였다. 그리고 稤가 형성의 방법으로 만들어진 글자임을 새로이 논의하였다. 즉 禾倉과 같은 결합 경험에서 후행한 '倉[창고]'에 영향 받아 禾에 '京[창고]'의 意符가 첨가되어 만들어진 글자로 파악하였다.

〈참고 문헌〉

1. 資料

『康熙字典』(http://tool.httpcn.com/KangXi)
『高麗史』(아세아문화사, 1972)
『救急簡易方』(동양학총서 제9집, 단국대학교부설 동양학연구소, 1982)
『重訂南漢志』(한국학중앙연구원, 장서각디지털아카이브, http://yoksa.aks.ac.kr)
『大東地志』(金正浩, 국립중앙도서관, 古貴0235-2)
『(校訂)大明律直解』(朝鮮總督府中樞院, 1936, 국립중앙도서관)
『老朴集覽』(동국대학교, 貴D494.2노13)
「大安寺形止案」(盧明鎬 외, 『韓國古代中世古文書研究(上)』, 2000, 서울대학교출판부)
『萬機要覽] 』(徐榮輔, 한국고전번역원, http://db.itkc.or.kr)
『牧民心書』(丁若鏞, 한국고전번역원, http://db.itkc.or.kr)
『飜譯老乞大』(대제각, 1985)
『飜譯朴通事』(대제각, 1985)
『法華經諺解』(대제각, 1985)
『三國史記』(대제각, 1987)
『釋譜詳節』(대제각, 1985)
『星湖僿說類選』(李瀷, 한국고전번역원, http://db.itkc.or.kr)
「修禪社形止案」(盧明鎬 외, 『韓國古代中世古文書研究(上)』, 2000, 서울대학교출판부)
『承政院日記』(국사편찬위원회, http://sjw.history.go.kr/main/main.jsp)
『新字典』(朝鮮光文會, 1915)
『新增東國輿地勝覽』(景文社 1978)
『御營廳謄錄』(장서각 K2-3349)

『輿地圖書』(大韓民國文教部 國史編纂委員會, 1973)
『五洲衍文長箋散稿』(李圭景, 한국고전번역원, http://db.itkc.or.kr)
『譯註高麗史』(東亞大學校 古典研究室編, 東亞大學校出版社, 1966)
『頤齋亂藁』(한국학중앙연구원, 장서각디지털아카이브 http://yoksa.aks.ac.kr)
『頤齋遺稿』(黃胤錫, 한국고전번역원, http://db.itkc.or.kr)
『吏學指南』(徐元瑞 纂, 국립중앙도서관, 古6026-3)
『日省錄』(서울대규장각, http://e-kyujanggak.snu.ac.kr)
『字典釋要』(池錫永, 1909)
『載寧啓下節目』(『고문서』 14, 奎 18288의23, 서울대 규장각)
『再思堂先生逸集』(한국고전번역원, http://db.itkc.or.kr)
『典律通補』(具允明 編, 국립중앙도서관, 古6022-11)
『朝鮮王朝實錄』(국사편찬위원회, http://sillok.history.go.kr/main/main.jsp)
『朝鮮地誌資料』(국립중앙도서관, 古2703-1-1-7)
『晝永編』(鄭東愈, 국립중앙도서관, 古091-7)
『芝峯類說』(李睟光, 한국고전번역원, http://db.itkc.or.kr)
『震覽』(서울대 규장각, 가람古903 J563)
『昌陵位田畓量案』(장서각, K2-3245)
『青莊館全書』「盎葉記」(李德懋, 한국고전번역원, http://db.itkc.or.kr)
「太祖家屋許與文記」(盧明鎬 외, 『韓國古代中世古文書研究(上)』, 2000, 서울대학교출판부)
『표준국어대사전』(국립국어연구원, http://www.korean.go.kr)
『한국민족문화대백과사전』(한국학중앙연구원, http://encykorea.aks.ac.kr)
『訓蒙字會』(단대출판부, 1983년 재판 영인본)

2. 논저

국립가야문화재연구소(2011), 『韓國木簡字典』, 국립가야문화재연구소.
국립중앙박물관 · 대한불교조계종(2009), 『불국사석가탑 유물2-중수문서』.

김문경(2007), 「朝鮮後期 白羊寺의 僧役에 대한 고찰」, 『禪文化硏究』 2, 한국불교선리연구원, 81-110.
金鍾塤(1983), 『韓國固有漢字硏究』, 集文堂.
南豊鉉(1981), 『借字表記法硏究』, 檀大出版部.
南豊鉉(1989), 「韓國의 固有漢字」, 『국어생활』 17, 국어연구소, 96-109.
南豊鉉(2000), 『吏讀硏究』, 태학사.
盧明鎬 외(2000), 『韓國古代中世古文書硏究(上)』, 서울대학교출판부.
檀國大東洋學硏究所 編(1997), 『韓國漢字語辭典』, 단국대 동양학연구소.
檀國大東洋學硏究所 編(1999-2008), 『漢韓大辭典』, 단국대 동양학연구소.
도수희(2003), 『한국의 지명』, 아카넷.
稻葉岩吉(昭和 11), 『釋椋』, 大阪屋號書店, 京城.
柳在泳(1976), 「韓國漢字」, 『국어국문학』 30, 원광대학교 국어국문학과.
朴盛鍾 (2005), 「韓國漢字의 一考察」, 『口訣硏究』 14, 구결학회, 51-82.
박혜범(2009), 『동리산 사문비보』, 박이정.
신상현(2008), 「조선시대 한자 자형 연구」, 고려대학교 박사학위논문.
유창돈(1973), 『李朝國語史硏究』, 선명문화사.
이건식(2009ㄱ), 「한국 고유한자의 발달-지명의 후부 요소 표기를 중심으로-」, 『구결연구』 22, 구결학회, 219-259.
이건식(2009ㄴ), 「조선 전기 문헌 자료에 나타나는 어류명 표기에 대한 연구」, 『국어학』 55, 국어학회, 125-172.
이기문(1968), 「高句麗의 言語와 그 特徵」, 『白山學報』 4, 백산학회, 101-142.
李基文(1980), 『國語史槪說 改訂版』, 탑출판사.
李丞宰(1992), 『高麗時代의 吏讀』, 태학사.
이영훈(1980), 「朝鮮後期 八結作夫制에 대한 硏究」, 『한국사연구』 29, 한국사연구회, 75-137.
李忠九(1983), 「晝永編에 蒐集된 韓國漢字의 分析硏究」, 『首善論集』 8. 成均館大學校 大學院 學生會, 65-96.
鮎貝房之進(1931), 『俗字攷』, 雜攷, 東京 圖書刊行會.
諸橋轍次(昭和 六十年), 『大漢和大辭典』, 大修館書店.

최동언(2001),『조선식 한문 연구』, 북한 사회과학원.
하영삼(1999),「한국 고유한자의 비교적 연구」,『중국어문학』33, 영남중국어문학회, 185-224.
漢語大詞典編輯委員會 編(1991-1993),『漢語大詞典』, 漢語大詞典出版社.
홍기문(1957),『리두연구』, 과학원출판사.

제2부

한국 고유한자 구성법 분석

제1장

한국 고유한자의 발달

- 지명의 후부 요소 표기를 중심으로-

1. 서언

漢字를 借用하여 우리말을 표기한 방법이 三國時代부터 발달하였음은 주지의 사실이다. 이러한 漢字 借字表記法에는 漢字의 訓을 이용하여 우리말을 표기한 訓借 表記法과 한자의 音을 이용하여 우리말을 표기한 音借 表記法이 있음[1)]도 널리 알려진 사실이다. 그런데 우리 고유의 '人名, 地名, 官職名, 조사, 어미' 등을 한자를 차용하여 표기할 때, 漢字로는 우리 고유의 뜻을 표기할 수 없는 경우가 있다. 이 경우에 한자의 文字 形式을 빌려 한국 固有의 借字 表記字를 만들어 우리말을 표기하게 된다. 또 南豊鉉(1989: 102-106)에 따르면 차자 표기 체계의 발달로 漢字에 없는 한국 고유의 자형이

1) 南豊鉉(1981: 181), "우리의 借字表記法은 漢字의 音과 訓을 바탕으로 여기에 表意性과 表音性이 혼합되어 이루어진 複雜한 體系를 갖는다."

발생되기도 한다.

한국 고유한자에 대한 인식은 문헌 상으로는 조선 후기부터 찾을 수 있다. 한국 고유의 한자에 대한 인식 과정에서 이를 지칭하는 용어가 여럿 존재한다. 李圭景의 東國土俗字[2], 丁若鏞의 吾東之造字[3], 池錫永의 (韓)俗字[4], 朝鮮光文會의 朝鮮俗字[5], 鮎貝房之進(1931)의 俗字/俗訓字/俗音字, 홍기문(1957)의 리두자, 柳在泳(1976)의 韓國漢字[6], 金鍾塤(1983)의 韓國固有漢字, 南豊鉉(1989: 96-98)의 韓國의 固有漢字 등이 있었다. 내용적으로는 모두 한국적인 고유성을 강조하고 있다. 그러나 朝鮮光文會의 朝鮮俗字와 鮎貝房之進(1931)가 제시한 '俗字'는 漢字學에서 異體의 뜻을 가지는 俗字의 개념과 혼동될 가능성이 많다. 사실 俗字란 漢字學에서 正字[old form]에 대한 新形字[new form]를 가리키는 것이다.[7] 한국의 고유한자를 俗字로 부른다면 이 고유한자에 대응하는 正字가 반드시 존재하여야 한다. 그러나 한국의 고유한자 중에서 새로이 만든 글자는 한자에 없는 것이다. 그러므로 한국의 차자 표기법에 의해 발달된 한국의 고유한자는 엄밀히 말해서 漢字가 아니다. 이에 대해 南豊鉉(1989: 106)은 한국의 고유한자를 탄생시킨 借字 表記法이 漢字·漢文에 의지하여 발달되고 사용된 점에 근거하여, 한국의 고유한자를 넓은 의미의 漢字로 규정하고 있다.

조선 명종 때 사람인 權應仁은 『松溪漫錄』(1588)에서 한국 고유

2) 李圭景, 『五洲衍文長箋散稿』, 詩文篇/論文類, 東國土俗字辨證說.
3) 丁若鏞, 『與猶堂全書』 第一集 雜纂集 第二十四卷 雅言覺非.
4) 池錫永, 『字典釋要』
5) 朝鮮光文會編, 『新字典』
6) 柳在泳, 「韓國漢字」, 『국어국문학』 30, 원광대학교 국어국문학과, 1976.
7) 명나라 사람 梅鼎祚는 『字彙』 권 1에서 漢字의 正字가 가지는 old form의 성격을 '從古'로 俗字가 가지는 new form의 성격을 '遵時'로 설명하고 있다.

한자 畓을 東人이 만든 것으로 주석하였다.[8] 이후 조선 후기 實學者에 의해 한국 고유한자의 목록과 그 사용 문헌이 확인되었다. 李睟光의 『芝峰類說』(1614), 李瀷의 『星湖僿說』(1740), 黃胤錫(1729~1791)의 『頤齋遺稿』「華音方言字義解」, 李德懋(1741~1793)의 『盎葉記』, 洪良浩(1724~1802)의 『北塞記略』, 鄭東愈의 『晝永編』(1806), 徐榮輔와 沈象奎의 『萬機要覽』(1808), 丁若鏞의 『經世遺表』(1817)와 『雅言覺非』(1819), 李圭景의 『五洲衍文長箋散稿』(19세기 중엽) 등을 들 수 있다. 조선 후기 실학자 중에서 한국 고유한자를 종합적으로 정리한 사람은 李圭景이다. 李圭景은 『五洲衍文長箋散稿』의 東國土俗字辨證說에서 한국 고유한자를 주석한 문헌의 내용을 수용하는 한편, 문헌을 새로이 조사하고 목록을 추가하여 100자의 고유한자를 제시하였다. 李圭景의 정리 결과는 대부분 朝鮮光文會가 편찬한 『新字典』의 朝鮮俗字部에 그대로 인용되어 조선속자부에는 106자의 고유한자가 소개되었다. 金鍾塤(1983: 13)에 따르면 池錫永의 『字典釋要』에 이르러서는 57자의 한국 고유한자가 한자 사전의 표제어로 등재되었다.

한국의 고유한자에 대한 근대적 연구에서 본격적인 관심은 鮎貝房之進(1931)에서 시작된다. 鮎貝房之進(1931)은 고유한자의 사용 문헌을 조사하여 154자의 俗字를 소개하였다. 金鍾塤(1983)에서는 138자의 국자가 소개되었다. 『한국한자어사전』에는 201자의 고유한자가 등재되었다. 북측의 연구로 54자를 제시한 홍기문(1957: 62-89), 116자를 제시한 최동언(2001: 42-103) 등을 들 수 있다. 특히 최동언(2001)은 『朝鮮王朝實錄』의 주석을 주로 활용하여 한

8) 權應仁, 『松溪漫錄』 下, "世人謂妻之兄弟曰娚 謂石棧曰遷 謂水田曰畓 此等字東人之所創 古書中所無者也"

국 고유한자의 목록을 제시하였다. 이와 같이 한국 고유한자에 대한 목록이 연구 논문마다 다른 것은 조사 자료의 차이에 기인한 측면도 있지만 고유한자에 대한 개념 규정상의 차이, 그리고 한자에서 기원한 것을 고유한자로 파악한 오류에서 발생한다.

金鍾塤(1983: 14-38)에서는 '『新字典』, 『字典釋要』, 鮎貝房之進(1931)' 등에 소개된 고유한자 중 일부는 고유한자가 아니라 한자라는 점을 밝히고 있다. 예컨대 金鍾塤(1983: 18-25)은 도량형 단위의 하나인 合을 '홉'으로 읽는데 이것은 단순한 한자 표기이며, 幕의 속자인 帟는 고유한자로 인정할 수 없다고 하였다. 酒帟의 경우에 우리는 바로 酒幕을 상정할 수 있다. 그러므로 帟이 한국의 고유한자가 아니라 幕의 한국적인 속자임을 이해할 수 있다. 金鍾塤(1983)의 이상과 같은 논의는 한국 고유한자에 대한 연구에서 고유성의 개념 규정이 정확하지 않을 때, 여러 가지 혼선이 있음을 말해 주는 것이다.

한국 고유한자의 개념 규정과 관련해서 李德懋의 『蜻蛉國志』 卷一 藝文에 실려 있는 기사는 매우 주목된다. 李德懋는 "새로 만든 것"과 "중국에서 쓰는 것인데 뜻이 다른 것"의 두 가지 기준으로 일본 고유의 倭字를 정리하고 있다. 『倭漢三才圖會』 卷十五에 실린 倭字 조에 실린 일본 國字를 李德懋는 소개하되 앞에서 말한 두 가지 기준에서 재정리하고 있다. 이것은 한국과 일본에서 발생한 고유한자와 國字를 이해하는 데에 매우 중요한 시사점을 주고 있다. 즉 字形과 字義의 두 측면에서 가지는 고유성이 고유한자를 이해하는 기준이 된다.

麓의 일본 속자인 梺를 李德懋는 "새로 만든 것"으로 이해하고 있다. 이는 南豊鉉(1989)이 말했듯 한국적인 속자를 형성하는 전통

속에서 한국의 고유한자가 성립되는 것임을 말하는 것이다. 그런데 의미가 한자에 없는 것은 비교적 밝히기가 쉬우나 한자에 없는 한국적인 속자를 규정하는 것은 상대적으로 어렵다. 따라서 南豊鉉(1989)에서 명확히 제시된 바와 같이 한국의 고유한자가 가지는 특성을 규명하기 위해서는 두 가지 방면의 연구가 필요하다. 하나는 고유한자의 사용 시기에 대한 고찰과 함께 목록을 밝히는 것이다. 다른 하나는 고유한자 생성의 기제를 밝히는 것이다.

고유한자에 대한 근대적인 연구에서 고유한자의 세부 유형을 달리 파악하는 문제도 앞으로의 연구과제라 하겠다. 鮎貝房之進(1931)에서 '俗字, 俗訓字, 俗音字' 등을 제시하였고 홍기문(1957: 62-89)에서 '새로 만든 자, 변해 쓰는 자, 표음하는 자, 변형시킨 자' 등을 제시하였다. 金鍾塤(1983)에서는 '國字, 國音字, 國義字' 등을 제시하였으며, 朴盛鍾(2005)에서는 '國造字, 國義字, 國變字' 등을 제시하였다. 이러한 연구에서 제시하는 분류 기준은 나름대로 한국의 고유한자를 이해하는 틀이 된다. 그럼에도 불구하고 이들 연구에서는 고유한자가 借字임을 중시하지 않고, 한자의 관점에서 고유한자를 파악하고 있다. 그리하여 홍기문(1957) 같은 경우에는 '音이 없는 한자'라는 기묘한 유형을 만들어 내고 있다. 우리말 표기에 사용된 借字가 音符를 가질 필요는 없다. 이 점에서 借字와 固有漢字가 가지는 역사적 배경과 연관 관계를 제시한 南豊鉉(1989: 109)은 고유한자가 가지는 역사적 성격을 밝힌 연구라 하겠다. 借字가 한자에 편입된 오늘날, 고유한자의 역사적 성격을 이해한다면, 『新字典』의 朝鮮俗字部에서 보는 바와 같이 고유한자 '旀'가 訓으로 '하며'를 音으로 '며'로 규정되는 것의 본질을 잘 이해할 수 있다. 漢字의 관점에서 '音'이 없는 우리의 고유한자들은 기묘한 존재이며, 漢字의 압력으로 '音'이 없는 우리의 고유한자는 訓과 音을 갖추어 나가게 된 것이다.

고유한자의 목록을 확정함에 있어 漢字의 목록에 없는 고유한자를 밝히는 것은 비교적 쉬운 일이다. 그러나 한자와 자형이 같으나 그 기원은 다른 우리 고유한자를 밝히는 일과 한자의 자형을 그대로 활용하되 우리만의 독특한 의미로 사용되는 고유한자를 밝히는 일은 매우 어렵다. 문헌에 사용된 고유한자를 확인하고, 고유한자의 시대별 사용 실태를 정리한 다음 한국 고유의 자형 형성 기제에 따라 한자와 다른 고유한자만의 특징을 구별해 내어야만 한국 고유한자의 목록을 제시하는 것이 가능하다.

이 글은 한자에 없는 의미를 가진 한국의 한자를 고유한자로 파악하고자 한다. 字形과 字義의 두 측면에서 한국의 고유성을 가진 한자와 字義의 측면에서 한국의 고유성을 가지는 한자를 한국 고유한자로 파악하고자 한다. 地名의 후부 요소 표기에 사용된 한국 고유한자를 연구의 대상으로 하여 한국 고유한자 발달 과정 상의 몇 가지 특징을 밝히고자 한다. 人名이나 官職名 보다는 地名이 보수성이 강하여 관련 자료가 상대적으로 풍부히 남아 있다. 그러므로 한국 고유한자의 발생 시점과 발달 상에 나타나는 특징을 地名을 대상으로 잘 규명할 수 있다. 한편 지명의 전부 요소보다는 지명의 후부 요소가 상대적으로 보편성을 더 강하게 가지고 있다. 따라서 이 글에서는 먼저 지명의 후부 요소를 중심으로 한국 고유한자가 가지는 특징의 일부를 규명하고자 한다. 아울러 그동안 주목받지 못했던 지명의 후부 요소에 대한 전통적인 주석을 연구에 활용하고자 한다. 즉 黃胤錫의 『頤齋亂藁』, 권20, 「擬弘文館增修東國輿地勝覽例」에 실린 列邑門目 第四 山川 조, 金正浩의 『大東地志』에 실린

『方言解』 등을 활용하도록 한다.

2. 지명의 후부 요소 표기에 사용된 한국 고유한자의 발달

2.1. 삼국 시대

2.1.1. 岾

岾은 '고개'의 뜻을 가진 것으로 그 字形이 한자에 없다. 1224년(고종 11)에 건립된 「寶鏡寺圓眞國師碑」[9]에서 寺刹名 楡岾寺를 확인할 수 있다. 또 1242년(고종 29)에 건립된 「金仲龜墓誌銘」[10]에서 楡岾을 확인할 수 있다. 楡岾은 江華郡 남쪽의 靑桐寺 동쪽에 있는 지명이다. 『三國遺事』에 수록된 설화에 '乘岾[11], 牟尼岾[12], 阿尼岾[13], 文殊岾[14]' 등 岾이 표기된 지명을 확인할 수 있다. 이것은 岾이 新羅時代에도 사용된 것임을 말해 준다. 세속에서 麻骨岾라 불리는 鷄立嶺[15]이 서기 156년에 개통되었다는 崔永俊(1990: 77)의

9) 경상북도 포항시 북구 송라면 중산리 보경사에 있다. 許興植(1984) 참조.
10) 강화도에서 출토되었으며 현재는 국립중앙박물관에 있다. 金龍善(2001) 참조.
11) 『三國遺事』, 권2, 駕洛國記 조.
12) 『三國遺事』, 권3, 臺山五萬眞身 조.
13) 『三國遺事』, 寶壤梨木 조.
14) 『三國遺事』, 緣會逃名 文殊岾 조.
15) 『新增東國輿地勝覽』, 忠淸道, 延豐縣, 山川 조.

주장을 긍정적으로 받아 들인다면 우리는 新羅時代에 岾이 사용되었음을 추측할 수 있다.

『新增東國輿地勝覽』의 聞慶縣 山川 조에 鳥嶺이 등재되어 있다. 그 주석에 鳥嶺을 草岾이라 부르고 있다고 하였다. 『慶尙道地理志』와 『世宗實錄地理志』의 聞慶縣 산천 조에는 鳥嶺이 草岾으로 등재되어 있다. 이것은 固有漢字 岾이 漢字 嶺으로 대치된 것임을 말해 준다. 조선 후기에 岾은 일부의 지명에 화석으로 남아 있게 된다. 그리고 20세기 초에 이르러서는 岾은 지명에 생산적으로 쓰이지 않게 된다. 朝鮮總督府가 1914년에 작성한 『朝鮮地誌資料』의 조사 항목으로 '嶺, 峙, 峴' 등만을 규정하고 岾을 배제시킨 것에서 우리는 岾이 지명의 표기에 소멸되었음을 알 수 있다.

『訓蒙字會』에서 嶺은 '재'로 峴은 '고개'로 풀이하고 있다. 嶺은 岾의 후대형이므로 岾도 우리말 '재'를 표기한다. 이 岾은 『康熙字典』에 실려 있지 않다. 『東國正韻』과 『全韻玉篇』에도 실려 있지 않다. 그런데 이 岾에 대한 다음과 같은 기록이 주목된다.

(1) 가. (嶺) 가로로 비스듬한 것[橫迤]이다. 方言으로는 [岾]과 [峙]이다.[16]

나. 岾은 음이 齋이다. 지명이며 또 고개명이다. 佔畢齋의 「遊頭流山記」에는 永郞岾, 登龜岾 등이 있다. 기타의 山經과 地誌의 地名에서 岾을 많이 칭한다. 高城 楡岾寺의 岾은 음이 占이다.[17]

---

16) 黃胤錫, 『頤齋亂藁』, 권20, 「擬弘文館增修東國輿地勝覽例」, 三府門目 第二, "六(山川)記 (중략) (嶺) 橫迤者 方言亦曰[岾][峙]"

17) 李圭景, 『五洲衍文長箋散稿』, 「東國土俗字辨證說」, "岾【音齋 地名 又峴名 佔畢齋『遊頭流山記』有永郞岾、登龜岾 其他山經、地誌地名 多以岾稱者 高城楡岾寺之岾 以占爲音】"

다. 金剛山은 一名 怾(音기)怛이다. 또 그 가운데에 楡岾(音점)寺가 있다.[18]

岾에 대해 (1가)에서 頤齋 黃胤錫은 方言으로, (1나)에서 李圭景은 東國土俗字로 말하고 있다. 이것은 岾이 字書에 실려 있지 않은 것임을 말하는 것이다. 이는 곧 岾이 중국의 漢字가 아니고, 한국 고유한자임을 말하는 것이다.

李圭景은 岾의 音을 '재[齋]'와 '졈[占]'의 두 가지로 소개하고 있다. 이것은 한국 고유한자의 중요한 특징을 암시하고 있다. 金種塤(1983: 116)은 李圭景이 岾의 음을 '재'로 소개한 것은 오류로 파악하고, 岾의 음은 '점'뿐임을 강조하였다. 그렇지만 金種塤(1983)의 이같은 주장은 너무 성급하다. 주장의 성급함 때문에 한국 고유한자의 특수성을 파악하지 못하고 있다.

'永郎岾, 登龜岾' 등에서는 岾은 訓讀되어 '재'의 音相을 가진다. 그리고 楡岾寺의 岾은 音讀되어 '졈'의 音相을 가진 것이다. 訓讀과 音讀의 音相을 구분하지 않고서 李圭景은 岾의 字音을 두 가지로 이해한 것이다. 두 글자를 합하여 한 글자로 만든 한국 고유한자 '畓, 太, 矣' 등은 성립될 당시에 音이 없었는데 후대에 '답, 태, 의' 등의 音을 갖추게[19] 된 사례를 참고하면 岾도 音讀되기 위해서는 적절한 字音이 필요했었을 것이다. 일본에서 地名 표기에 매우 희소하게 사용되는 岾이 'やま[山]'라는 訓만 있고 音이 없는 글자인 점도 한

18) 鄭東愈, 『晝永編』 下, "金剛山一名怾(音기)怛 又其中楡岾(音졈)寺"

19) 南豊鉉(1989: 99), "'畓, 太, 矣 들이 성립된 경위를 종합해 보면 이들은 旣存의 漢字와는 무관한 과정을 밟아 만들어졌지만 만들어진 字形이 기존의 한자와 비슷하거나 일치하기 때문에 '답, 태, 의' 등과 같은 讀音을 갖게 되었음을 알 수 있다. 그러나 이러한 讀音은 후대에 와서 붙여진 것이고 이 글자들이 성립되던 당시에는 讀音이 없이 訓讀만 되었던 것으로 생각된다."

국 고유한자 岾의 자음이 후대에 발달한 것임을 이해하는 데에 도움이 된다.

오늘날 岾의 字音이 '점'인 것을 고려하면 岾에서 山이 意符를 형성하고 占이 音符를 형성한 것으로 이해된다. 이것은 고유한자 岾을 漢字의 六書法에 따라 재구조화하여 이해하여 그 讀音을 정한 것으로 이해된다.

2.1.2. 串

串은 漢字에 있는 글자로 穿과 習의 뜻을 가진다.[20] 그러나 우리 지명 표기에서는 삼국 시대부터 조선 시대에 이르기까지 串을 '곶[岬]'의 뜻으로 사용되어 왔다. '於乙買串[21], 板麻串[22], 豆串城[23]' 등의 지명이 『三國史記』에 기록되어 있다. 이 지명이 각각 「고구려본기」와 「백제본기」에 실려 있다. 그러므로 우리는 串이 삼국시대부터 사용되어 온 것임을 알 수 있다. 고려시대 금석문 자료나 고문서 자료에서는 이 글자가 쓰인 지명을 확인할 수 없다. 『고려사』에 '猫串江邊.[24], 城串[25], 引月串[26], 退串部曲[27]' 등이 실려 있고, 그 밖의 몇 가지 지명을 더 확인할 수 있다. 『世宗實錄地理志』와 『新增東國輿地勝覽』에서는 串이 사용된 지명 다수를 확인할 수 있다.

串의 字義에 대한 주석이 15세기의 『世宗實錄』, 18세기 황윤석

20) 『新編大東韻玉』, 卷之十五, "(串) 穿也 習也"
21) 『三國史記』, 高句麗本紀, 漢山州
22) 『三國史記』, 高句麗本紀, 漢山州
23) 『三國史記』, 百濟本紀, 熊川州
24) 『高麗史』, 24卷, 世家24.
25) 『高麗史』, 40卷, 世家40 恭愍王.
26) 『高麗史』, 43卷, 世家43 恭愍王.
27) 『高麗史』, 53卷. 志7. 五行. 水.

의 『이재난고』, 『頤齋遺稿』, 19세기 金正浩 『大東地志』, 1829년(순조 29) 무렵에 芸閣에서 간행하였을 것으로 추정되는 『吏讀便覽』, 1914년에 朝鮮光文會에서 편찬한 『新字典』에서 발견된다. 주석 자료를 시대별로 제시하면 다음과 같다.

(2) 가. 물속으로 쑥 들어간 땅을 세속에서 곶(串)이라 한다.28)
나. (串) 산의 다리가 물 가운데에 插入한 것이다. 아마 三國과 高麗 때 處所의 處字 方言일 것이다. 또한 [却]字의 轉音이다.29)
다. 申景濬의 『輿地考』에서 말하기를 "國俗에서 바닷가 산기슭이 바다 가운데에 깊숙이 들어가 뾰족하고 긴 것이 고기꼬지[肉串]와 유사한 까닭에 그 지명을 串이라 부른다."30) 하였다. 그러나 삼국 시대에 이미 제 邑이 나뉘어져 邑 안에 邑과 더블어 서로 멀리 떨어진 백성과 관리가 往來함에 불편함이 있었다. 별도로 部曲을 세웠고 또한 處와 所를 세웠다. 아전을 두어 작은 일은 스스로 결정했으나 큰 일은 官의 지시를 받았다. 방언을 살피건대 處와 曲은 모두 串字의 方音과 비슷했다. 그리고 處와 所의 두 글자는 뜻이 같다. 오로지 산의 다리가 바다에 들어가서 串이라 부른 것은 아니다.31)
라. 串은 즉 海邊이 험하게 (바다에) 들어간 곳이다. 方言으로는 '곶'이라 한다. 百濟에서는 夫里라 하였다. 邑號에 이를 많이

---

28) 『世宗實錄』, 1428년(세종 10) 1月 4日, "斗入水內之地 俗謂之串"

29) 『頤齋亂藁』, 卷,二十 「擬弘文館增修東國輿地勝覽例」, 三府門目第二, "(串)山脚插入水中者 疑三國高麗處所之處字方言也 亦卽[却]字轉音"

30) 문맥상 이 부분까지 申景濬의 『輿地考』에 언급된 것으로 생각된다. 1770년에 간행된 국립중앙도서관소장본 『東國文獻備考(한古朝31-20)』의 卷之十八 與地考 十三 關防 三 海防 一의 慶興 西水羅串의 주석에만 串의 주석이 실려 있다. 이 주석에는 "땅이 바다에 깊게 들어가 구부러진 것을 방언에서 串라 부른다(地之深入海曲者方言曰串)"로 되어 있다.

31) 『頤齋遺稿』, 卷之二十五, 雜著, 華音方言字義解, "申景濬輿地考云 國俗以海邊山麓斗入海中 尖而長者 有類肉串 故呼其地名曰串 然三國時旣分列邑 而邑境內有與邑相距稍遠 民吏不便往來者 別立一部曲 亦立一處一所 因置吏員 小事自決 大事聞于官 以方言攷之 處與曲皆近串字方音 而處所二字又同義 非必專爲山足入海而呼串耳"

사용하였다.[32)]

마. 『輿地勝覽』에서 串으로 쓴 것은 지금의 吏文에서는 廛으로 쓰기도 한다. 곧 處의 方言이다.[33)]

바. 串【곶】地名 岬也 솟지 有長山串月串箭串[34)]

(2)의 주석에서는 串의 의미를 다섯 가지로 파악하고 있다. '①산의 다리가 바다 또는 물 속에 들어간 것, ②뾰족하고 긴 것, ③고기꼬지[肉串] ④百濟에서 串은 夫里, ⑤處와 所의 방언' 등 정도이다.

①과 ③은 穿 또는 貫通의 뜻으로 쓰이는 한자 串과의 연관성 속에서 지명에 사용된 串의 의미를 파악하고자 한 것이다. 串이 바닷가 지형과 관계 있는 것은 틀림없으나 串이 한자 串에서 왔다는 주장을 인정하기에는 아직 관련 자료가 부족하다.

④는 串의 의미를 '주둥이[口]'의 뜻으로 파악하여 百濟의 夫里를 '串[口]'과 연관시킨 것이다. 串의 의미를 '주둥이[口]'의 뜻으로 파악한 것에는 문제가 없다. 그러나 百濟의 夫里를 '주둥이[口]'로 해석해야 할 근거가 충분치 않다. 夫里가 口의 뜻을 가지는 '부리'인지에 대해서는 더 검토를 할 필요가 있다.

⑤는 串을 處와 所의 의미로 파악한 것이다. 이러한 해석은 '곶[串]'과 '곳[處, 所]'의 유사한 音相에 이끌린 무리한 해석으로 이해된다. 處와 所는 이두에서 흔히 廛 또는 庫로 표기된다. 「修禪社形止案」(1221- 1226)에 庫가 출현한(李丞宰 1992: 95) 예가 확인된

32) 金正浩, 『大東地志』, 方言解, "串 卽海邊陸入處 方言曰곶 百濟曰夫里 邑號多用之"

33) 『吏讀便覽』, 串, "곶○ 輿地勝覽作串 今吏文或作廛 卽處之方言" 金鍾塤(1983: 124)에서 재인용.

34) 朝鮮光文會編, 『新字典』, 朝鮮俗字部, 串, "【곶】地名 岬也 솟지 有長山- 月- 箭-

다. 그러나 『成宗實錄』에서 庫를 '田地가 있는 곳'으로 풀이[35]하는 것으로 보아 串은 處, 所와는 의미상 차이를 보이는 것으로 생각된다. 金種塤(1983: 124)이 이 해석을 수용하고 있으나 재고할 필요가 있다.

이상의 논의를 통해서 우리는 串에 대한 전통적인 주석 가운데에서 '바닷가나 강가의 뾰족하고 긴 지형'이라는 설명만 串의 의미로 받아들일 수 있다. 串의 이같은 의미는 『三國史記』와 『大明律直解』에 나타난다.

(3) 가. 於乙買串 > 泉井口縣[36]
나. 甲比古次 > 穴口郡[37]
다. 諸色牙人及水路各串船椙(譯文) / 諸色牙行及船埠頭(原文)[38]

(3가)의 串과 口의 대응에서 串이 '내밀었다'의 의미를 가지는 '부리[口[39]]'의 의미를 가지고 있음을 이해할 수 있다.[40] (3다)에서는 串이 埠頭와 대응되고 있다. 이 대응에서도 串이 口의 의미를 가지고 있음을 알 수 있다.

朝鮮光文會의 『新字典』에서 串을 朝鮮俗字로 규정하고 岬의 뜻[41]으로 풀이하고 있다. 이 岬은 兩山之間으로 산허리의 뜻[42]도

---

35) 『成宗實錄』, 1475년(성종 6) 4월 23일, "年分庫員等第【俗以田之所在謂庫 如一面之內 膏瘠有異 隨其地品而等第之也】"
36) 『三國史記』, 卷第三十七, 雜志 第六 地理 四 高句麗, 漢山州, "泉井口縣一云於乙買串"
37) 『三國史記』, 卷第三十七, 雜志 第六 地理 四 高句麗, 漢山州, "穴口郡一云甲比古次"
38) 『大明律直解』, 卷第十, 戶律, 市廛.
39) 『漢語大詞典』, 口, "出入的通道. 亦指口岸."
40) 『三國史記』 지리지의 지명 연구에서 串과 口의 대응 관계가 언급되었다. 도수희(2003: 165) 참조.
41) 朝鮮光文會編, 『新字典』, 四卷, 朝鮮俗字部, 串, "地名 岬也 곳지 有長山串月串箕

있지만 뿔처럼 튀어나온 산허리를 뜻하는 岬角의 뜻도 가지고 있다. 岬角은 바다를 향해 돌출한 뻬쪽한 형상의 육지를 뜻한다.[43)]『漢語大詞典』에서 山東의 成山岬이 후대에는 成山角으로 칭한다로 설명하고 있다. 이는 岬으로 풀이된 串이 角의 뜻을 가진 것임을 말해준다.

바다의 내민 곳을 지칭하는 현대어 '곶'[44)]과 활의 시위를 매는 활의 양 끝머리를 뜻하는 중세 국어 '고지'[45)]에서 차자 표기 串이 '내밀었다'의 의미를 가졌음을 확인할 수 있다. '내밀었다'의 의미를 가지는 '곶' 또는 '고지'는 '곶게[串蟹]'에서 발견된다. 李瀷은 『성호사설』에서 "串蟹를 두 뿔이 등에 있기 때문에 串蟹로 불린다."[46)]라고 하였다.

(3나)의 古次와 口의 대응에서 串이 표기한 音相이 古次임을 알 수 있다. 古尸伊縣과 岬城郡의 대응에서[47)] 串의 이표기 音相 古尸伊을 확인할 수 있다. 古尸寺와 岬寺의 대응에서 串의 이표기 音相 '古尸'을 확인할 수 있다. 古尸寺의 古尸을 李丞宰(1984: 483)는 '*kuc'로 재구한 바 있다. 『용비어천가』에 暗林串을 '암림곶'으로 주석하고 있으므로 串은 중세국어의 '곶'을 표기하고 있음을 알 수 있다.

오늘날 串은 '곶' 또는 '고지'의 형태로 쓰인다. '곶'이 '고지'의

串"

42) 『漢語大詞典』, 串.

43) 『漢語大詞典』, 岬, "【岬角】 突向海中的尖形陸地 如山東有成山岬(今稱成山角)"

44) 『표준국어대사전』, 곶02, "바다 쪽으로 좁고 길게 뻗어 있는 육지의 한 부분."

45) 『物譜』, 兵仗, 고지(彇),

46) 『星湖僿說』, 卷四, 萬物門, 蟹, "俗名串蟹 以匡有兩角如串也"

47) 『三國史記』, 卷三十六 雜志 第五 地理 三, "岬城郡 本百濟古尸伊縣 景德王改名 今長城郡"

형태로 발달된 것은 그 연원이 오래된 것으로 생각된다. 조선 초기의 자료에서 증거를 찾을 수 있다.

(4) 가. 所串驛[48] / 驛이 一이니 所串之요[49]
나. 所串[50] / 所串之[51]
다. 熙川 宋串津[52] / 宋串之浦[53]

(4가)은 황해도 곡산군 관내의 지명이고, (4나)는 평안도 의주목 관내의 지명이며, (4다)은 평안도 희천군 관내의 지명이다. 모두 동일 지명에 대한 이표기이다. 所串之의 '之'를 '곶'의 말음첨기로 이해할 수도 있으나 '고지'의 형태가 후대에 발달되는 것을 고려하면, 串之는 '곶'이 아니라 '고지'를 표기한 것으로 생각된다. 『朝鮮地誌資料』 권3 경기도 용인군 조에 龍仁郡 蒲谷面의 前串里에 대해 '압고지'로 주석하고 있는 것을 참고할 수 있다.

鮎貝房之進(1931: 281-282)은 口를 뜻하는 한국 고유한자 串을 漢字 串의 俗訓字로 파악하고 있다. 이는 連貫의 뜻을 가지는 漢字 串에 口의 訓이 추가적으로 발생한 것으로 파악한 방법이다. 이러한 방식으로 한국 고유한자의 특성을 이해하게 되면 고유한자 串과 표기상 밀접한 관련을 가지는 花 역시 俗訓字로 다루어야 할 것이다.

48) 『新增東國輿地勝覽』, 黃海道 谷山郡 驛院.
49) 『世宗實錄地理志』, 黃海道, 谷山郡.
50) 『成宗實錄』, 1484년(성종 15) 8月 5日 조.
51) 『成宗實錄』, 1491년(성종 22) 5月 29日 조.
52) 『中宗實錄』, 1528년(중종 23), 4月 16日 조.
53) 『大東地志』, 平安道 熙川 조.

(5) 가. 花餘嶺 輿地勝覽에는 串餘嶺이라고 하였다.[54]
나. 葛花(葛串이라고도 한다.)[55]
다. 關防이 2이니, (생략) 花之梁이며(부 서쪽에 있으니, 右道水軍僉節制使가 수어한다.)[56] / 花梁鎭 關防 花梁鎭 左道水軍僉節制使營이 있는데[57]

(5가)에서 餘嶺은 '너미 고개' 정도를 의미한다. (5나)의 葛花는 평안도 안주군의 方面名이다. (5가)와 (5나)를 통해서 串과 花이 동일한 음상을 표기하고 있음을 알 수 있다. (5다)는 경기도 남양도호부 관내 關防의 하나를 花之梁과 花梁鎭으로 표기한 예이다. 花之梁과 花梁이 대응된다. 여기에서 우리는 花梁鎭의 花梁이 '고지' 정도를 표기한 것을 알 수 있다. (5)의 예들은 串의 표기가 '花'의 표기로 교체된 사실을 알려 준다. 그런데 『三國遺事』 소재 鄕歌 중의 하나인 「願往生歌」의 제 6구에 花乎白良이 있다. 花乎가 '곶오' 정도를 표기한 것을 고려한다면[58] 花가 '곶'을 표기한 전통은 그 연원이 매우 오래된 것으로 생각할 수 있다.

그렇다면 한국 고유한자를 鮎貝房之進(1931)에서와 같이 이해한다면 花 역시 漢字 花에 한국적 의미 '곶'이 추가된 俗訓字로 파악하여야 할 것이다. 이러한 방식으로 俗訓字를 파악한다면 花와 같

54) 『增補文獻備考』, 권23, 輿地考 11, 山川 5, 咸境道 高原.
55) 『大東地志』, 平安道, 安州, "葛花一云葛串"
56) 『世宗實錄地理志』, 京畿道 南陽都護府, "關防二 (생략) 花之梁【在府西 右道水軍僉節制使守禦】"
57) 『新增東國輿地勝覽』, 京畿道, 南陽都護府 關防, "花梁鎭【在府西三十里 有左道水軍僉節制使營】"
58) 김완진(1980: 116-117)에서 '花乎白良'의 '花乎'를 앞의 어휘와 독립시켜 '고조'로 읽은 것은 金俊榮이었으며, '花乎'가 '고조'냐 '고초'냐의 문제는 더 연구되어야 한다고 언급하였다. 그런데 '花'가 '곶'을 표기한 것이라면 「願往生歌」의 '花'는 '꽂다'의 뜻을 가진 어간 '곶' 정도를 표기한 것이라 하겠다.

은 訓假字 모두를 俗訓字로 파악하여야 할 것이다. 따라서 '곶[口]'을 표기한 串은 借字 表記의 관점에서 본다면 訓假字가 될 것이며, 連貫의 의미를 가지는 한자 串과는 의미상 아무런 관련이 없는 것으로 이해된다.

2.1.3. 遷

遷은 '벼랑'의 뜻으로 쓰인다. 한자에 그 자형은 있으나 '벼랑'의 뜻으로 사용하지 않는다. '벼랑'의 뜻을 가지는 遷은 우리 지명 표기에서는 지명의 후부 요소로 사용되었다. 遷이 지명의 후부 요소 표기에 사용된 지명으로 2예가 『三國史記』에서 발견된다. 仇乙峴으로 불렸던 屈遷(황해도 풍천도호부)과 황해도 甕津縣의 舊名 甕遷 등이다. 『世宗實錄地理志』에 '淵遷(충청도 충주), 磻石遷(충청도 청주목 靑川縣), 串岬遷(경상도 문경현), 多乎遷口子(황해도 곡산군), 梨遷(강원도 원주), 仇莊遷(강원도 고성군), 宿狼遷(평안도 麟山郡), 串知烏智遷(평안도 泰川郡)' 등이 실려 있다. 『新增東國輿地勝覽』에는 경기도의 2곳[59], 충청도의 4곳[60], 경상도의 2곳[61], 황해도의 1곳[62], 강원도의 3곳[63], 함경도의 2곳[64], 평안도의 3곳[65] 등의 지명이 실려 있다. 遷이 지명의 후부 요소로 사용된 지명을 전라도

59) 渡迷遷(京畿道 光州牧), 月溪遷(京畿道 楊根郡),
60) 金遷(忠淸道 忠州牧), 嚴城遷(忠淸道 淸風縣), 水精遷院(충청도 淸安縣), 竹遷川(충청도 大興縣),
61) 串岬遷/兎遷(慶尙道 聞慶縣), 犬遷(慶尙道 陜川郡),
62) 下南山居叱遷堡(黃海道 谷山郡)
63) 甕遷(江原道 通川郡), 觀音遷(江原道 旌善郡), 鋪遷峴(江原道 楊口縣)
64) 廣生遷(咸境道 甲山都護府), 朴加遷(咸境道 鏡城都護府),
65) 花遷江(平安道 寧邊大都護府), 山羊遷烽燧(平安道 江界都護府), 波限遷烽燧(平安道 碧潼郡)

에서는 발견할 수 없었다. 遷이 '물언덕 돌길' 즉 험한 지형을 의미하기 때문에 평지가 많은 전라도에서는 遷이 지명의 후부 요소로 사용된 지명을 발견할 수 없는 것이 아닌가 한다.

遷의 의미에 대한 전통적인 주석은 다음과 같다.

(6) 가. 신라 方言에 흔히 물 언덕 돌 길을 遷이라 불렀다.[66] 〈『新增東國輿地勝覽』〉

나. (津) 方言에서 물가의 왕래출입하여 건너는 곳을 가리키는 것으로 [那等里]이다. 翻字로는 [遷]字로 쓴다. 出入하는 말뜻이 있다. 만약 那等里를 三聲으로 急하게 말하면 곧 津字의 방언이 된다. 그러나 遷은 작고 津은 크다. 혹 상호 바꾸어 부른다.[67] 〈『頤齋亂藁』 권 20, 擬弘文館增修東國輿地勝覽例〉

다. 遷 : 물이 양쪽 산골에서 나와 그 양쪽 언덕이 물에 임박한 길을 우리 나라의 풍속에서는 遷이라고 한다. 瓮遷(通川에 있다) 兎遷(聞慶에 있다) 斗尾遷, 月谿遷(洌水에 있다) 등은 근거할 데가 없는 것이다. 이들 토어들은 아닌게 아니라 단아하지 못하다. (중략) [遷은 方言으로 別吾라 한다.][68] 〈雅言覺非〉

라. 遷은 別路이다. 石壁이 路出하여 물에 臨하여 危險하다.[69] 〈大東地志〉

(6)의 전통적인 주석에서 ① 新羅 방언, ② '물언덕 돌길', ③ 방언으로 나루[津], ④ 위험한 지형, ⑤ 우리 말로는 別吾 또는 別路 등을 遷의 의미로 제시하고 있다. 다섯 가지 遷의 의미 중에서 ①과

66) 『新增東國輿地勝覽』, 京畿道, 光州牧, 山川, 渡迷津, "新羅方言 多以 水崖石路稱遷"

67) 『頤齋亂藁』, 卷二十, 「擬弘文館增修東國輿地勝覽例」, 三府門目第二, "六(山川)記 (전략) (津)方言呼水邊往來出入濟涉處曰[那等里] 翻作遷字 有出入語義 若以那等里三聲急呼 則津字之方言也 然遷小而津大 或互呼"

68) 『雅言覺非』, 卷二 遷, "水出兩峽中 其兩厓迫水之路 東俗名之曰遷 瓮遷[在通川]兎遷[在聞慶] 斗尾遷 月谿遷[在洌水] 無攸據也 此等土語 未嘗不雅 (中略) [遷方言別吾]"

69) 『大東地志』, 方言解, "遷 別路 路出石壁臨水危險"

③의 의미에 대해서는 더 검토해야 한다.

(7) 가. 仇乙峴(一云屈遷) 今豊州 / 甕遷 今甕津縣
　　나. 渡迷津 州 동쪽 10리, 楊根郡 大灘 龍津 하류에 있는데, 그 북쪽 언덕을 渡迷遷이라 부른다.70)

(7가)는 『三國史記』의 지리지에 기술된 것이다. 豊州는 조선시대의 황해도 풍천도호부이고, 甕津縣은 조선시대의 황해도 옹진현이다. 屈遷과 甕遷은 모두 신라가 아니라 고구려 지명으로 추측된다. 따라서 遷을 『新增東國輿地勝覽』에서 신라 방언으로 기술한 것의 의미를 더 검토해야 할 것이다. (7나)에서는 渡迷津과 渡迷遷의 지역적 인접성을 말하고 있다. 이로 보아 (6나)에서 말하듯 遷과 津은 같은 것이 아니다.

한편 (6다)의 別吾는 遷이 중세 국어 조선 후기 '벼로'를 훈차 표기한 것임을 보여 준다. 柳僖의 『物名攷』에서 遷을 '벼로길'로 제시한 것이 그러한 사실을 뒷받침한다. 『龍飛御天歌』에서 淵遷을 '쇠벼ᄛᆞ71)'로 주석한 것은 '벼로'의 선대형이 '벼ᄛᆞ'임을 알려 준다. 고려 가요 「動動」의 "별해 바론 빗다호라"에서도 발견된다.72)

(6라)의 別路는 조선 후기 차자 표기법의 일면을 알려 준다. 다음은 규장각 소장 고지도인 『輿地圖』 등에서 別路를 사용한 지명의 목록이다.

70) 『新增東國輿地勝覽』, 卷六, 廣州牧, 山川, "渡迷津 在州東十里, 楊根郡大灘龍津下流 其北岸號渡迷遷"

71) 『龍飛御天歌』, 3:13b, 淵遷 쇠벼ᄛᆞ, " '소(淵)+ -ㅣ + 벼ᄛᆞ → 쇠벼ᄛᆞ' 정도로 분석된다.

72) 고려가요 연구계에서 이를 '물 언덕'으로 해석하고 있다. '물 언덕'에서 버린 빗이 강물따라 님을 좇아갈 수 있기 때문이다.

(8) 九尊別路(함흥부), 甘長別路(함경도 삼수부), 巨門別路(江界慈城厚昌地圖), 拘蹲別路(경상도 삼가현), 狂生別路(함경도 갑산부), 劒川別路(함경도 삼수부), 兎別路(함경도 삼수부), 南峽別路(장진, 설한령)

(8)에 제시된 지명은 모두 하천과 가까운 곳에 위치하고 있다. 그러므로 別路가 '벼로[遷]'의 의미임은 분명하다. 別路를 '벼로'의 音假 표기로도 이해할 수 있으나 '벼로[遷]'가 가지는 '위험하다'의 의미를 '別'로 '길'의 의미를 路로 표시한 것으로도 이해된다. 발음을 그대로 표기하되 가급적 뜻을 살리고자 한 표기이며, 이러한 표기는 조선 후기 차자 표기법의 한 특징이라 하겠다.

遷은 漢字에서 '옮기다[移]', '오르다[登]', '가다[去]'의 뜻을 가진다. 그런데 우리 지명의 후부 요소 표기에 쓰인 遷은 '물 언덕 돌길'을 뜻한다. '물 언덕 돌 길'을 뜻하는 遷의 기원을 현재 밝힐 수 없다. 고유한자 遷의 자형이 한자 遷을 그대로 사용한 것으로 볼 경우에는 '옮기다[移]', '오르다[登]', '가다[去]'의 뜻에서 '물 언덕 돌길'로 의미를 전성시킨 전거를 제시해야 할 것이다. 반대로 '물 언덕 돌 길'을 뜻하는 자형이 변형되어 遷의 자형이 형성되었다면 기원이 되는 자형과 자형 형성의 원리가 제시되어야 한다. 이 글에서는 종래의 연구에서처럼 한자에 없는 뜻으로 遷을 사용한 것으로 규정하고 잠정적으로 한국 고유한자로 보고자 한다.

2.2. 통일신라 시대

2.1.1. 洑

洑는 漢字에서 '지하로 흐르는 물[73]'을 뜻한다. 그러나 우리 지명에서는 '둑을 쌓아 흐르는 냇물을 막고 그 물을 담아 두는 곳[74]'이다. 李圭景은 「東國土俗字辨證說」에서 洑에 대해서 다음과 같이 말하고 있다.

> (9) 洑 음은 보[保]이다. 俗訓으로는 물을 끌어 밭에 물을 대는 것의 이름이다. 字書의 澓字와 뜻이 같다.[75]

丁若鏞의 『經世遺表』를 비롯하여, '鮎貝房之進(1931), 홍기문(1957), 金鍾塤(1983), 최동언(2001)' 등에서 모두 한국의 고유한자로 다루었으나 李圭景이 논의한 것 이상의 것을 제시하지 못하였다. 李圭景이 洑를 澓字와 뜻이 같다고 한 것은 洑의 의미를 단순히 풀이한 것에 지나지 않는다. 이 글에서는 洑의 성립 과정을 검토하도록 한다.

798년에 작성된 「永川菁堤碑貞元銘」에서 洑를 확인할 수 있다. 南豊鉉(2000: 358)이 밝히듯 洑는 '人'변이 불분명하여 汱로 판독하는 견해도 있고, 1예만 있어 洑로 판독하는 것이 불안하다. 그렇지만 大획의 오른쪽에 점획이 분명하지 않으나 확인되고, 이에 반해 大획의 아래쪽 점획은 확인하기가 어렵다. 그러므로 문제가 되

---

73) 『漢語大詞典』, 洑, "水伏流地下"

74) 『표준국어대사전』, 洑.

75) 『五洲衍文長箋散稿』, 東國土俗字辨證說, "洑【音保 俗訓引水灌田之名 與字書澓字義同】"

고 있는 곳은 洑 또는 洑로 판독될 수 있다. 洑는 洑로도 쓰이고[76] 이것이 제방을 뜻하는 堤와 함께 쓰였다는 점에서 洑일 가능성이 매우 높다.

다음은 조선 초기에 洑가 쓰인 용례들이다.

(10) 가. 大難洑【현의 서쪽 및 鴻山 동쪽 복판에 있는데, 뚝의 길이가 2백 17척이며, 國屯田 74결에 물을 댄다.】[77]

나. 蘗項洑堤【길이 3백 23척인데, 논 1백 10결에 물을 댄다.】[78]

다. 눈이 녹은 물[雪水]은 五穀의 精氣이니, 매년 9월에 얼음이 얼기 전에 洑나 堤堰을 더 쌓아서 얼음이나 눈의 물을 저장하였다가, 다음해 이른 봄에 흡족하게 灌漑하소서.[79]

(10)에서 洑가 한자에 없는 한국 고유의 의미로 사용됨을 알 수 있다. 즉 '관개용 둑'의 의미를 확인할 수 있다. 洑가 조선 초기 자료에 보인다는 것은 洑가 매우 이른 시기에 발생한 것임을 말해 준다. 아울러 洑가 798년에 작성된 「永川菁堤碑貞元銘」에 쓰였다는 것은 洑의 성립 과정을 추정케 한다.

(11) 20. 車前橫木. 『史記·酷吏列傳』: "與汲黯俱爲忮, 司馬安之文惡, 俱在二千石列, 同車未嘗敢均茵伏." 司馬貞索隱: "伏, 車軾也."

(11)은 『漢語大詞典』의 伏에 대한 20번째 풀이를 그대로 가져온

76) 『漢語大詞典』, "洑 亦作洑".
77) 『世宗實錄地理志』, 忠淸南道, 扶餘縣 조.
78) 『世宗實錄地理志』, 忠淸南道, 靑陽縣 조.
79) 『太宗實錄』, 1418년(태종 18) 1월 13일, "雪水 五穀之精 每年九月氷凍前 洑堤堰加築 貯氷雪水 翼年早春 周足灌漑"

것이다. 伏의 의미로 '수레 앞에 가로 지르는 나무[車前橫木]'가 주목된다. 곧 伏은 '들보[樑]'의 뜻인 '보'의 의미를 가지고 있다. 그런데 현대어 '보'의 중세 국어 어형은 '보ㅎ'이다. 이것은 중세 국어 '보ㅎ'가 한자어 伏을 차용한 어휘임을 말해 준다. 중세국어의 '숗, 숗, 뎧, 잫' 등이 각각 '俗. 褥, 笛, 尺' 등에서 차용된 것(이기문, 1980: 73-74)과 동일한 것이다.

들보를 뜻하는 伏에 의미부 氵를 첨가하여 洑를 성립시킨 것으로 이해된다. 이러한 고유한자 성립 과정은 '갯벌'의 뜻을 가진 浌의 성립 과정과 유사하다. '들판'을 뜻하는 '벌'을 音借 표기한 伐에 意符 氵를 첨가시켜 '진흙벌'을 뜻하는 浌을 성립시킨 방법과 유사한 것으로 생각된다.

2.3. 고려 시대

2.3.1. 代와 垈

代는 '터'의 뜻으로 고려 시대와 조선 시대 초기 이두문에 쓰였다. '터'의 뜻으로 쓰이는 代는 한자에 없다. 다음과 같은 용례가 확인된다.

(12) 가. 代下田 寺代 文達代 〈淨兜寺五層石塔造成形止記(1031)〉
나. 下院代 〈大安寺形止案(1230)〉
다. 空代 戶代 〈太祖家屋許與文記(1401)〉

종래의 연구에서 (12)의 代는 모두 '터'의 뜻으로 풀이되었다. 홍기문(1957: 63)은 代가 고려 시대 '터'를 표기한 것으로 주장하였으나 객관적인 논거를 제시하지 못했다. 鮎貝房之進(1931: 70-72)도 代와 垈의 연관성을 언급하였으나 代와 垈의 역사적 관계에 대해서는 특별한 설명을 하지 않았다.

代와 垈가 밀접한 관련이 있음을 『朝鮮王朝實錄』에서 확인할 수 있다. 평안도 강계의 관내 지명과 '집터'를 뜻하는 家代와 家垈의 표기에 주목하기로 한다.

(13) 가. 國俗에 집 지은 땅을 家代라 이른다.[80]

나. 평안도 강계 鄭夫人舊趾

항목	연대
鄭夫人舊趾	1435년(세종 17) 7월 8일
鄭夫人代	1439년(세종 21) 3월 19일
鄭夫人垈	1440년(세종 22) 3월 1일
鄭夫人垈	1440년(세종 22) 3월 2일
鄭夫人代城基	1440년(세종 22) 7월 29일

다. 家代와 家垈

항목	연대
家代稅	1412년(태종 12) 7월 3일
家代	1435년(세종 17) 9월 2일
家垈	1426년(세종 8) 1월 19일
家垈	1485년(성종 16) 3월 6일
家代	1504년(연산군 10) 8월 14일
家垈	1510년(중종 5) 4월 25일
家垈	1546년(명종 1) 2월 30일
家垈	1619년(광해군 11) 12월 29일
家垈	1681년(숙종 7) 5월 21일
家垈	1782년(정조 6) 2월 3일
家垈	1826년(순조 26) 11월 2일

(13가)는 代와 垈의 동질성을 확인시켜 준다. (13나)와 (13다)는

80) 『世宗實錄』, 1435년(세종 17) 9월 2일, "國俗謂造家之地 爲家代"

16세기 초에 이르러서 일반적으로 垈로 쓰이고 있음을 말해 준다. 1616年에 작성된 「奴良伊所志」[81]에 家代가 5회 쓰이는 것으로 보아 조선 후기에도 代가 부분적으로 쓰이고 있음을 알 수 있다. 특히 1426년(세종 8) 1월 19일 조의 家垈는 조선 초기 이전에 고유한자 '垈'가 출현하였음을 말하여 준다.

고유한자 垈의 성립 과정에 대해서는 두 가지 견해가 있다. 鮎貝房之進(1931: 71)는 代土의 두 글자가 1글자 垈로 성립하였다고 하였다. 『한국한자어사전』에서는 代가 '터'의 假借이고 意符 土를 첨가하여 성립시킨 것으로 설명하고 있다. 두 견해 모두 객관적인 근거가 제시되어야 한다. 鮎貝房之進(1931)이 말한 代土[82]가 '터'의 뜻으로 사용되는 것이 문증되지 않는다. 한편 『한국한자어사전』의 견해는 "代가 '터'의 假借이다"라는 점에 대해 객관적인 논거를 제시해야 할 것이다.

중세 국어에는 장소를 나타내는 명사로 '곧'과 'ᄃᆡ'의 두 가지가 있다. 고려 시대 代는 'ᄃᆡ'의 音借 표기일 가능성을 상정할 수 있다. 이때 家代는 '집 지을 장소'로 이해된다. '집 지을 장소'는 중세 국어 '터'에 대응된다. 따라서 음차 표기자 代에 意符 土를 추가하여 垈를 성립시켜 '터'의 의미로 사용한 것으로 추측된다. 洑과 유사한 방법을 사용한 것이라 하겠다. 이 사례는 우리의 음차 표기자가 '字形, 字義, 字音' 등이 있어야 성립되는 한자의 견인력으로 한자와 유사한 구성 방법을 가지게 된 것을 보여 준다.

---

81) 서울대 규장각 편, 『고문서』, 22책, "163012 문서"
82) 丁若鏞은 代土를 "이 땅을 팔아 저 땅을 사는 것을" 뜻한다고 하였다.

2.3.2. 員

『漢語大詞典』의 員에 대한 의미 풀이에서 '밭이 있는 곳'의 뜻은 실려 있지 않다. 鮎貝房之進(1931)에서는 한국 고유한자로 다루지 않았으나 金鍾塤(1983: 167)에서 한국 고유한자로 파악하고 있다. 그리고 최동언(2001: 78)에서도 員은 '곳도리'로 읽어야 하며 '밭이 있는 곳'으로 풀이하고 있다. 金鍾塤(1983)과 최동언(2001)의 논거는 『五洲衍文長箋散稿』와 『新字典』의 주석에 근거한 것이다.

(14) 가. 員 音곳 도리 俗訓田在處 見公私文簿
　　나. 員【곳】도리 田在處 見公私文簿

(14가)는 『五洲衍文長箋散稿』의 주석이고, (14나)는 『新字典』의 주석이다. 주석의 내용이 동일하다. 李圭景은 員의 音을 '곳'으로 訓을 '도리'로 파악하고 있다. 이는 員의 音과 訓을 李圭景이 잘못 파악한 것이다. 李圭景은 吏讀文에 쓰인 員의 용법상 특징을 이해하지 못하였다. 여러 문헌 자료를 검토하여 보면 員이 庫員 또는 麘員의 생략형임을 알 수 있다.

(15) 가. 戶曹에서 全州府尹 尹孝孫이 아뢴 바에 의거하여 年分에 있어서의 庫員等第【세속에서 田地가 있는 곳을 庫라 한다. 하나의 面 안에도 땅의 기름지고 척박함이 다르므로, 그 地品에 따라 등급을 매기는 것이다.】[83]
　　나. 同檢津高揷兩面 四標字號庫員 與本官眼同詳細打量[84]

---

83) 『成宗實錄』, 1475년(성종 6) 4月 23日, "戶曹據全州府尹尹孝孫所啓 年分庫員等第【俗以田之所在謂庫 如一面之內 膏堉有異 隨其地品而等第之也】"
84) 규장각, 『고문서』 1책, 延齡君房·內需司 문서(76030/76031).

다. 據朴瑞五之先塋位田 壹石落庫果 齋室及園林在於本洞的字員 而傳來文記昨年分果 入於燒火中是等以 緣由牒報爲臥乎事[85]

(15가)에서 庫員의 庫에 대한 주석만 제시하고 있다. 따라서 庫가 '田地가 있는 곳'의 뜻을 가지고 있고, 員은 아무런 관계가 없는 것을 알 수 있다. (15나)의 標字號庫員을 고려하면 (15다)의 的字員[86]은 的字號庫員의 생략 표기로 생각된다. 규장각 소장 고문서에는 的字員과 같이 庫가 생략된 표기가 더 발견된다. 따라서 (15다)의 的字員이 的字號員의 탈자 표기일 가능성은 적다. 곧, '곳도리'의 선대형 표기는 庫員 또는 庫員 정도로 생각된다. '곳도리'와 庫員의 대응에서 '곳'이 庫과 대응하고 '도리'가 員과 대응한다.

『표준국어대사전』에서 중세 국어 '도리'를 '둘레'의 뜻으로 풀이하고 있다. 庫員에서 田地와 '둘레'가 가지는 의미적 상관성을 이해하기가 쉽지 않다. 1392년에 작성된 「太祖土地賜給文記」에 함경도 高州의 沙朴只員과 咸州의 厚籠耳員 등이 나온다. 이에 대해 노명호 외(2000: 135)에서 '員은 原과 통용하여 들을 가리키며'로 풀이하고 있다. 漢字에서 員은 圓과 通用되지만[87] 原과 통용되는 논거는 찾을 수 없다.

1909년 10월 度支部가 발행한 『土地調査參考書』 '제1호, 제2호, 제3호' 등에서 員의 구체적 의미를 기술하고 있어 매우 주목된다.

---

85) 규장각, 『고문서』 4책, 報恩內北面內洞里尊位頭民牒呈.
86) '的字員'에서 '的字'는 田地의 地番 표시이다.
87) 『漢語大詞典』, 員, "9. 同圓 圓形"

(16) 가. 용어를 번역하여 실음.

(생략)

3. 경계

面 군 밑에 행정구역이니 일본의 町과 유사하다. 서북 양도에는 坊과 社라 한다.

村 면 밑에 있으니 일본의 大字와 같다.

里 村과 같다.

洞 里와 같다.

坪 村·里·洞 안에 있는 소지명이니 前坪, 後坪 따위다.

乭(도리) 즉 坪 따위다.

員 乭와 같다.[88]

(후략)

나. 3. 토지구획의 명칭

토지에 관한 구획을 표시할 때에는 동 또는 이의 다음에 다시 員 또는 坪을 붙인 칭호를 사용하는 것이 상례이다.

(중략)

요는 사람에 관한 구획으로는 군, 면, 동, 통, 호라 하고 토지에 관하여는 군, 면, 동, 원 또는 평이라 하는 것 같다. 충청남북도에는 원이라 하지 않고 평이라고 하고 면 다음에 동이라 하지 않고 곧바로 평이라 하는 지방이 있지만 경기도부터 이북 평안도, 강원도 등에는 모두 면, 동(또는 이), 원이라 쓰고 면 다음에 곧바로 원이라고 쓰는 예가 없다. 평의 글자는 전혀 사용하지 않는 것 같다.[89]

다. 붙임. 행정구획으로서의 면과 동의 가치

(전략)

---

88) 柳興世(2005: 6-7) 참조.

89) 尾石剛毅(2005: 36-37) 참조.

동은 원래 일반의 토지에 대한 명칭이 아니고 모두 촌락, 소재지의 호칭에 불과하다. 이에 반하여 평은 단지 속칭에 불과하지만 처음부터 일반 토지에 관한 명칭으로 일어난 것이다. (중략) 토지의 구획으로 평은 차라리 동보다 나은 것 같다. (더욱이 산림과 인가가 집합된 촌락 등에는 평이라 부르지 않고 다른 명칭을 쓰는 것이 통상이다. 또 경상도에는 평 대신 員을 쓴다.[90]

(16)은 '동' 또는 '리' 아래의 田地를 지칭하는 명칭으로 坪과 員이 있으며, 山林에 인접한 지역에서는 坪을 쓰지 않고 員을 사용한다고 기술하고 있다. 『訓蒙字會』에서 坪의 훈을 '드르'로 제시하고 있다. 따라서 員은 '들'이 아닐 것이다. 『五洲衍文長箋散稿』와 (16ㄱ)에서 소개한 바와 같이 '도리'이다. 이 '도리'와 '員'의 실제 지명이 국립중앙도서관 소장의 20세기 초 자료 『朝鮮地誌資料』 三-2에서 확인된다.

(17) 慶尙南道	馬山郡	大山面	
野坪名	釜山員	부산도ᄅᆡ	柳青里
	泥生員	이ᄉᆡᆼ도리	守城里
	島野	섬들	一洞里
	白楊浦	ᄇᆡᆨ양도리	加述里
	蛇浦	ᄇᆡ암도리	牛岩里

지명의 한자 표기와 한글 표기에서 員과 '도리/도ᄅᆡ'가 대응됨을 알 수 있다. 또 그 지역도 大山面이므로 坪 대신 員이 사용된 이유를 짐작할 수 있다. 산림에 인접한 지역에서는 坪 대신 員을 사용한

---

90) 塩田與助(2006: 98) 참조.

다는 것은 '도리'의 어원을 추정할 수 있는 근거가 된다. '도리'를 뜻하는 員을 중세 국어 '두듥'이나 '두던'과 연관시키는 것이 가능해지나 현재는 뚜렷한 근거가 없으므로 앞으로의 연구 과제로 남겨둔다.

員이 '도리'의 音相을 표기한 근거는 員과 圓이 통용되는 한자인 점에서 찾아진다. 강원도 鐵原은 『三國史記』에 鐵圓으로, 865년에 작성된 「到彼岸寺鐵造毘盧蔗那佛坐像造像記」에는 鐵員郡으로 표시되어 있다. 員과 圓이 통용된 사실을 알 수 있다. 『三國遺事』와 『고려사』에는 鐵原京으로, 『世宗實錄地理志』에는 鐵原都護府로 표시되어 있다. 여기에서 圓과 員이 그 뜻으로 原을 표기한 것임을 알 수 있다. 그러므로 '도리'는 그 뜻이 原이 된다. 토지매매문기에 사용된 員은 특별히 田地의 뜻을 가지게 된다.

결국 員은 '도리[原]'에 대한 訓假字 또는 訓讀字가 된다. 이러한 성격을 가지는 員을 漢字의 관점에서 살펴 본다면 한국 고유한자라 할 수 있다. 그러나 그 字音이 확립되지 않은 점에서 한자로 이해하기에는 불충분한 점이 있다.

2.4. 조선 시대

2.4.1. 垌

筒과 垌은 漢字에서 각각 '통[桶]', '缶垌[장군]'을 의미한다. 『康熙字典』에는 缶垌也로 풀이하고 있다. 그런데 우리의 지명 표기에서는 筒과 垌은 '저수지'의 뜻으로 사용되므로 垌의 자형은 한자에 있으나 그 뜻은 한자에 없는 한국 고유한자가 된다.

(18) 가. 青山筒 (是 堰을 筒이라 한다)[91]
나. 垌 音은 洞이다. 못을 파서 물을 담는 것이다.[92]
다. 방언에서 제방을 쌓아 물을 가두는 것을 垌이라 한다.[93]

'통[桶]'과 '缸垌[장군]'은 '액체를 담는 용기'이므로 '저수지'의 뜻과 일맥 상통한다. 그렇지만 筒과 垌을 '저수지'의 뜻으로 사용하는 것은 한국 고유의 것이다. 垌은 李圭景의 『五洲衍文長箋散稿』, '鮎貝房之進(1931), 홍기문(1957), 金鍾塤(1983), 최동언(2001)' 등에서 모두 한국의 고유한자로 다루어졌다.

筒이 사용된 지명은 『世宗實錄地理志』에서 발견되지 않고, 『新增東國輿地勝覽』에 평안도 安州牧의 諸非筒烽燧와 그 밖의 몇 예가 더 발견된다. 『朝鮮王朝實錄』에서 价地筒(중종조), 大機筒(숙종조), 大也筒(영조조), 德池筒(숙종조), 樓盈筒(숙종조), 蘇湖筒(숙종조), 爲閑筒(중종조), 赤筒(헌종조, 숙종조), 諸非筒(중종조), 帝巖筒(숙종조), 青山筒(중종조) 등 정도가 발견된다. 이들이 모두 평안도 관내 지역이라는 것이 흥미롭다. 규장각 소장 『韓國地方志綜觀』의 堤堰에 전국 지방지에 수록된 堤堰名이 색인되어 있다. 堤堰名의 후부 요소로 '堤, 堰, 堤堰, 防築, 洑, 池, 筒, 垌' 등을 추출할 수 있다. 筒과 垌을 사용한 堤堰名은 평안도의 지방지에서만 발견할 수 있다. 또 筒과 垌이 통용되어 쓰이고 있음을 알 수 있다.

垌이 사용된 지명은 『朝鮮王朝實錄』에서 '如意垌(정조조)[94], 迎華垌(정조조)[95]' 등이 발견된다. 如意垌은 경기도 '華城, 迎華垌'

91) 『中宗實錄』, 1528년(중종 23) 2월 28일, "青山筒【是堰謂筒】"
92) 『五洲衍文長箋散稿』, 東國土俗字辨證說, "垌 音洞 鑿池貯水"
93) 『與猶堂全書』, 第五集 政法集 第三十五卷 ○欽欽新書 卷六 祥刑追議四, "方言築堤捍水曰垌"
94) 『正祖實錄』, 1798년(정조 22) 4월 27일.

등은 충청도의 지명이다. 이 두 예에서 우리는 筒이 垌으로 교체된 사실과 垌이 평안도 지역에 국한되지 않고, 사용 지역이 확산된 것을 알 수 있다. 장서각 소장의 등록 자료에는 '저수지를 쌓다'의 의미로 築筒의 용어가 사용되고 있는데, 후대의 등록 자료에는 築垌의 용어가 사용되고 있다. 이것으로 筒이 垌으로 교체된 것임을 알 수 있다. 한편 『華城城役儀軌』에는 '垌監官, 垌狀, 垌直' 등의 용어가 실려 있다. 한편 『朝鮮地誌資料』 경기도 高陽郡 求知道面 花井里 堤堰으로 '花水垌[꼿물동]'이 등재되어 있다. 현재는 '저수지'의 뜻으로 사용되는 垌이 평안도와 경기도 지역에서만 발견되는 것의 이유는 앞으로 더 연구해야할 문제이다.

'저수지'의 뜻을 가지는 垌이 이 뜻을 가지는 기제는 현재 자세치 않다. 『표준국어대사전』에서는 '동막이'의 '동'을 '논도랑'의 평북 방언으로 기술하고 있다. 이로 미루어 볼 때 '저수지'의 뜻을 가진 음차 표기 同이 문헌 자료에서 발견될 가능성이 있다. 이 경우 垌은 音借 表記字인 同에 意符 土를 합성하여 성립시킨 한국 고유한자가 된다. 물론 '물장군'의 뜻이 비유적으로 '저수지'의 뜻으로 사용되었을 가능성도 배제할 수 없다.

2.4.2. 德과 㯖

德과 㯖은 우리 지명 표기에서 '언덕'의 뜻으로 사용된다. 한자에 德과 㯖의 자형은 있으나 그러한 뜻으로 사용하는 한자는 없다. 德이 '덕'을 음차 표기한 것이고, 이 '덕'이 동북 방언에서 '높은 언덕[高阜]'을 의미함은 1778년 경에 지은 것으로 추정되는 洪良浩의

95) 『正祖實錄』, 1799년(정조 23) 5월 9일.

『北塞紀略』을 통해 알려져 왔다. 또 丁若鏞의 『雅言覺非』, 金正浩의 『大東輿地圖』 등에서 德이 다시 소개되었다. 한편 1775년에 작성된 것으로 추정되는 黃胤錫의 「擬弘文館增修東國輿地勝覽例」와 李圭景의 『五洲衍文長箋散稿』에서는 㯖을 한국 고유한자로 소개하고 있다. 朝鮮光文會의 『新字典』 朝鮮俗字部와 鮎貝房之進(1931), 홍기문(1957), 金鍾塤(1983) 등에서는 德 표기는 제외되고, 㯖 표기만을 한국 고유한자로 소개하였다. 그런데 최동언(2001: 43)에서는 德과 㯖 모두를 소개하고, 德과 㯖이 이표기 관계에 있음을 설명하였다. 즉 『宣祖實錄』에 표기된 黃水㯖이 『正祖實錄』에서는 黃水德으로 표기된 것을 근거로 한 것이었다.

최동언(2001)이 제시한 黃水㯖과 黃水德의 예만 보면 㯖이 선대형인 것으로 생각할 수 있다. 그러나 『朝鮮王朝實錄』에서 㯖과 德이 표기된 용례를 검토하면 德이 선대형임을 알 수 있다.

(19) 가. 甫伊德(1493년), 寶下德(1483년), 新加德(1683년), 乂別德(1723년)
　　나. 鍾城府境童巾㯖下洞(1594년), 黃水㯖處(1594년)

(19)의 예만 가지고 德을 선대형으로 규정하기에는 다소 논거가 부족하다. 그러나 차자 표기법에서 복잡한 획의 한자보다는 간단한 획의 한자를 사용하는 것이 일반적이므로 德이 선대형인 것으로 규정할 수 있으나 앞으로 더 연구해야 할 문제이다.

德의 두인변인 彳을 木으로 교체하여 㯖의 자형을 사용한 이유는 현재는 알 수 없다. 그러나 이러한 변화는 바로 한국의 借字가 漢字의 영향을 받고 있다는 것을 말한다. 한자의 德과 차자의 德을 차별화하기 위해서 두인변인 彳을 木으로 교체한 것으로 생각되는데 하필이면 意符로 木을 선택한 이유는 자세치 않다.

2.4.3. 浌과 筏

浌은 '갯벌'의 뜻을 가진다. 漢字에는 없는 자형이다. 이규경의『五洲衍文長箋散稿』, 지석영의『字典釋要』, 조선광문회의『신자전』등에서는 한국의 고유한자로 다루어지지 않았으나 鮎貝房之進(1931)에서는 俗字, 즉 한국 고유한자로 다루어졌다. 鮎貝房之進(1931)는 1785년(정조 9)에 편찬된『大典通編』戶典에 실린 "海浌·嶼草·漁場"이란 기사와 19세기에 黃泌秀가 편찬한 것으로 추정되는『名物紀略』에 제시된 '쌜'을 근거로 浌을 한국의 俗字로 다루었다.

『承政院日記』에서는 보다 이른 시기의 浌 용례가 확인된다.

(20) 가. 富平石串浦 潮退之後 及弦水時 泥浌成坪96)
나. 南海之牙山以上海浌漁場 本府專管收稅 載於續典97)
다. 西海之箕島以上 海浌漁場98)
라. 浦浌處 給價二百兩99)

1746년(영조 22)에 편찬된『續大典』에 海浌이 실려 있음을 (20나)는 말하고 있다. 이것은 또 15세기에 편찬된『경국대전』에는 海浌이 실려 있지 않음을 말하는 것이다. 결국 海浌이란 용어는『경국대전』이후에 만들어진 것이 된다. 현재 浌을 확인할 수 있는 가장 이른 시기의 자료는 (20가)이다. (20가)는 1711년이므로 이보

96)『承政院日記』, 1711년(숙종 37) 3월 14일.
97)『承政院日記』, 1783년(정조 7) 3월 10일.
98)『承政院日記』, 1783년(정조 7) 3월 23일.
99)『承政院日記』, 1785년(정조 9) 8월 20일.

다 약간 앞선 시기부터 浌이 쓰인 것으로 생각된다.

(20라)의 浦浌은 '개벌'과 완전히 일치한다. 이것에서 우리는 浌이 바닷가의 진흙벌인 '뻘'을 의미하고 있음을 알 수 있다. 한편 (20나)는 浌의 성립 과정에 중요한 시사점을 제공하고 있다. '썰물로 생겨난 들[坪]'을 浌로 해석하고 있다. 이는 '들[坪]'을 뜻하던 음차 표기 伐에 意符 氵를 첨가하여 浌을 형성한 것임을 말해 준다.

浌이 지명의 후부 요소 표기에 사용된 예로 南陽郡의 靈興島 㫈浌[100]과 전남 고흥군의 三里浌[101]을 확인할 수 있다.

海浌은 『景宗實錄』과 『日省錄』에서는 海筏로 나타나기도 한다.

(21) 가. 이제부터는 耆老所에서 海筏에서 收稅하던 것을 혁파하고[102]
나. 여러 곳의 海筏과 煮鹽[103]

海筏은 1회 이상 출현하여 誤字가 아닌 것은 분명하다. 의미상 海筏은 海浌과 동일하다. 그러나 海筏과 海浌의 선후 관계는 자료 부족으로 현재 밝힐 수 없다.

筏과 浌의 대응에 나타난 竹 변과 氵 변의 교체는 德과 㯖의 대응에 나타난 두인변 彳과 木 변의 교체와 매우 유사하다. 더 나아가 筒과 垌의 대응에 나타난 竹 변과 土 변의 교체와 매우 유사하다.

---

100) 『禁衛營謄錄』, 卷97. "所載船一隻五月三十日 到南陽靈興島㫈浌前浦"
101) 『중외일보』, 1929년 3월 10일, 「지방시론, 三里浌 요역에 대하야」
102) 『景宗實錄』, 1724년(경종 4) 4월 10일. "自今革罷耆老所海筏收稅"
103) 『日省錄』, 1792년(정조 16) 1월 28일. "諸處海筏煮鹽"

2.4.4. ⿺辶地

⿺辶地은 한자에 있는 자형이나 우리 지명 표기에 사용되는 뜻은 한자에 없다. ⿺辶地은 『龍龕手鏡』에서 迗⿺辶地로 소개되어 있다. 그리고 迗⿺辶地를 '천하를 어기는 것[違天下]'으로 주석하고 있다. 鮎貝房之進(1931: 139-140)는 鄭東愈의 『晝永編』에서 ⿺辶地을 穽陷으로, 音을 '디'로 주석한 것을 소개하고, 이에 근거하여 ⿺辶地를 辵와 地가 결합한 會意字로 파악하고 있다. 鮎貝房之進(1931)은 일본 육군성이 제작한 『近世韓國五萬分之一地形圖』에서 池內(황해도 燕灘), 池田洞(평안남도 江東), 唐池(평안남도 江東) 등의 지명을 소개하고, 이 지명의 池는 ⿺辶地의 誤字라고 소개하였다.

『朝鮮地誌資料』와 奎章閣 소장 古地圖 자료에서 ⿺辶地이 사용된 지명을 다음과 같이 찾을 수 있다.

(22) 가. ⿺辶地內洞 〈平安南道 德川郡 蚕上面〉
　　나. ⿺辶地谷 긋밧티 〈平安南道 江東郡 三登面〉
　　다. 明堂九地, 莪芿九地, ⿺辶地當柘 〈平安南道 孟山郡 外南面〉
　　라. 狐⿺辶地 〈輿地圖(古 4709-68) 平安道 陽德縣〉

(22나)의 '긋밧티'는 ⿺辶地谷을 현지인이 부르는 것을 적은 것이다. ⿺辶地谷은 다른 문헌 자료에서는 ⿺辶地田洞으로 되어 있는데 ⿺辶地谷에는 田이 생략된 것이다. ⿺辶地이 '긋'임을 알 수 있다. 한편 (22다)의 九地는 ⿺辶地의 음차 표기이다. 九地는 '구지'를 표기했다고 생각된다. 그렇다면 종성에 'ㄷ'을 가지는 중세 국어 '굳[구덩이]'으로 연결시키기가 어렵다. 그렇지만 다른 대안이 없으므로 이 글에서는 ⿺辶地이 '굳[구덩이]'의 의미를 가지는 것으로 본다.[104]

3. 결언

차자 표기법은 대체로 기존의 漢字를 활용한다. 그러나 漢字로 표현할 수 없는 우리의 '人名, 地名, 物名' 등의 경우에는 漢字에 없는 글자를 만들어 그 의미를 표현하게 된다. 이 글은 한국의 차자 표기법에 의해 발달된 한국 고유한자가 가지는 특수성의 일부를 살펴보고자 하였다.

人名과 物名보다는 地名이 상대적으로 관련된 자료가 풍부히 남아 있다. 따라서 이 글에서는 地名을 중심으로 한국 고유한자의 특징을 살펴보고자 하였다. 특히 지명의 전부 요소보다는 지명의 후부 요소에 주안점을 두어 한국 고유한자의 특징을 살펴보았다.

지명의 후부 요소에 대한 의미를 정확하게 파악하기 위해서 문헌 자료에 나타난 주석 자료를 적극 활용하였다. 특히 조선 후기 역사지리학자의 주석을 적극적으로 발굴하고 활용하였다. 삼국 시대, 통일신라 시대, 고려 시대, 조선 시대 등의 금석문 자료와 문헌 자료에서 지명의 후부 요소 용례를 찾아서 시대적인 변화상을 고찰하였다.

이 글에서 三國 時代에 '岾, 串, 遷', 統一新羅 時代에 洑, 高麗 時

104) 이 글에서는 『東國文獻備考』, 卷二十二, 輿地考 十七 關防 七 海路 五 漕路에 실려 있는 지명의 후부 요소 표기 草가 지명에 나타난 실제 사례를 소상히 다루지 못하였다. 이곳에서 草는 "그 가운데에 큰 섬[洲]이 있는 것을 草라고 이름하는데,〔물 가운데에 모래가 堆積되어 있는 것을 方言에 草라고 한다.〕 白翎島의 西南쪽에서 바라보면 이와 같은 것을 볼 수가 있다. 草의 동쪽에 있는 것은 동쪽으로 흐르고, 초의 서쪽에 있는 것은 서쪽으로 흐르는데 / 中有火洲爲名之艸[水中沙堆處 方言謂之草] 自白翎西南望之 若可見焉 海水在艸東者東流 在艸西者西流" 등으로 풀이되고 있다.

代에 '代(조선 시대에는 垈), 員', 朝鮮 時代에 '筒과 垌, 德과 德, 洑과 筏, 廸' 등이 지명 후부 요소를 표기하는 데에 사용되었음을 확인하였다.

지명 후부 요소의 변천과 발생 과정을 고찰하여 한국 고유한자 성립의 한가지 방법을 밝혀 내었다. 즉 고유어의 음차 표기에 의미부를 첨가하여 한국 고유한자를 성립시키는 방법을 확인하였다. 垈는 代에서, 德은 德에서, 垌은 筒에서, 洑은 筏에서 意符를 첨가하거나 교체하는 방식으로 한국 고유한자를 성립시키는 방법을 확인하였다. 아울러 洑는 이른 시기 차용어 伏에서 意符 氵를 첨가하여 성립된 한국 고유한자일 가능성을 제기하였다.

이 글에서 垈의 형성이 조선 초기까지 소급할 수 있고 '垌, 德, 洑' 등이 조선 후기에 발생했음을 제한적으로 확인한 것은 매우 중요한 시사점을 가지고 있다. 한국 고유한자가 가지는 특징과 역사성을 이해할 수 있기 때문이다. 이들 한국 고유한자는 意符를 첨가하거나 교체하는 방식으로 성립된 것인데 이는 한국의 借字가 漢字 형성 원리의 영향을 받았다는 것을 의미한다. 이것은 한국의 借字가 끊임없이 漢字로 편입되어야 한다는 우리의 의식을 말해 주는 것이며 차자 표기법이 소멸된 20세기에 이르러서는 그러한 의식 곧 한국의 借字도 漢字로 보고자 하는 의식이 매우 강해진 것으로 생각된다.

人名이나 物名의 표현을 위해 고안된 한국 고유한자의 특성을 고찰함으로써 우리는 한국 고유한자의 본질적인 특징을 더 잘 이해할 수 있을 것으로 기대한다. 그리고 한국의 借字에 대한 위상도 새로이 정립할 수 있을 것으로 기대한다.

이 글은 한국 고유의 의미로 사용되는 '岾, 串, 遷' 등에 대해서도 새로이 이해하고자 하였다. 즉 한국 고유한자들이 한자의 형태를 변형하여 성립했을 가능성을 모색하였다.

〈참고 문헌〉

金龍善(2001), 『高麗墓誌銘集成(第三版)』, 한림대학교 아시아문화연구소.

金鍾塤(1983), 『韓國固有漢字硏究』, 集文堂.

南豊鉉(1981), 『借字表記法硏究』, 檀大出版部.

南豊鉉(1989), 「韓國의 固有漢字」, 『국어생활』 17. 국어연구소, 96-109.

南豊鉉(2000), 『吏讀硏究』, 태학사.

盧明鎬 외(2000), 『韓國古代中世古文書硏究(上)』, 서울대학교출판부.

도수희(2003), 『한국의 지명』, 아카넷.

尾石剛毅(2005), 「구관습조사 I(공주·한성·평양)」, 『韓國地籍百年史 : 資料篇 2』, 土地調査參考書 제2호, 대한지적공사, 31-89.

朴盛鍾 (2005), 「韓國漢字의 一考察」, 『口訣硏究』 14, 51-82.

서울대규장각 편(2001), 『고문서』 22.

서울대규장각 편(1998), 『고문서』 1.

塩田與助(2005), 「구관습조사 II(전주·대구·원산)」, 『韓國地籍百年史 : 資料篇 2』 土地調査參考書 제3호, 대한지적공사, 91-169.

柳在泳(1976), 「韓國漢字」, 『국어국문학』 30, 원광대학교 국어국문학과.

柳興世(2005), 「양전제도 및 연혁의 조사」, 『韓國地籍百年史 : 資料篇 2』 土地調査參考書 제1호, 대한지적공사, 5-29.

李基文(1980), 『國語史槪說 改訂版』, 탑출판사.

李丞宰(1992), 『高麗時代의 吏讀』, 태학사.

李丞宰(1984), 「古代地名 '古尸'에 대하여」,『兪昌均博士還甲紀念論文集』, 계명대학교 출판부, 481-492.

李忠九(1983), 「書永編」에 蒐集된 韓國漢字의 分析研究, 『首善論集』 8. 成均館大學校 大學院 學生會, 65-96.

鮎貝房之進(1931), 『雜攷』, 東京 圖書刊行回.
丁海廉(2005), 『아언각비·이담속찬』, 現代實學社.
최동언(2001), 『조선식 한문 연구』, 북한 사회과학원.
崔永俊(1990), 『嶺南大路-韓國古道路의 歷史地理的 硏究-』, 고려대학교 민족문화연구소.
許興植(1984),『韓國金石全文』中世下, 亞細亞文化社.
홍기문(1957), 『리두연구』, 과학원출판사.
『近世韓國五萬分之一地形圖』(경인문화사 영인본, 1982)

제2장
한국 고유한자 구성 요소 辶의 의미와 특수성 형성 배경

1. 서언

책받침 辶이 구성 요소로 사용된 韓國 固有漢字에는 '迲, 辻, 遤, 迲, 䢕, 䢘' 등 여섯 글자가 있음이 알려져 있다. 이 글에서는 '迲, 辻, 遤, 迲' 등의 네 글자를 대상으로, 이 한국 고유한자들이 '辶+守, 辶+斗, 辶+地, 辶+去' 등과 같이 구성된 會意字임을 밝히고, 이 때의 辶는 邊에서 생획된 것임을 밝히고자 한다.

鮎貝房之進(1931)은 한국 고유한자 전반을 정리하면서, '迲, 辻, 遤, 迲, 䢕, 䢘' 등이 가지는 의미에 대해서도 정리하였다. 즉 迲는 '지키다', 辻은 '말밋', 遤는 '구덩이', 迲은 '자래', 䢕은 '말 달리다', 䢘은 '물 언덕 돌길' 등으로 정리하고 있다. 그러나 '迲, 辻, 遤, 迲, 䢕, 䢘' 등의 자형 구성 방법에 대해서는 정확하게 언급하지 못하고 있다. 한편 迲에 대해서는 木簡 資料의 용례를 활용[1)]하여 이문기(2005)가 迲는 '문지기'의 의미를 표현한 글자라는 새로운 견해를 제시하였다.

『韓國漢字語辭典』에서 國字로 규정한 迿과 國意字로 규정한 遷의 경우에는 자형 구성 방법이 미지의 것이다. 그러나 '迲, 辻, 迆, 迲' 등의 한국 고유한자에서는 구성 요소로 사용된 책받침 辶이 邊의 의미를 가지고 있음을 확인할 수 있다.

이를 위하여 2장에서는 迲에 대한 기존 연구의 견해를 비판적으로 분석한 다음, 迲의 의미가 '지키는 것[門]'의 가장 자리인 '울타리'임을 밝히고, 迲가 '辶+守'로 구성된 會意字임을 밝히고자 한다.

3장에서는 '辻, 迆, 迲' 등의 한국 고유한자가 가지는 의미를 분석하여, 이 한국 고유한자에 구성 요소로 사용된 辶이 邊의 의미를 가지고 있음을 밝히고자 한다. 그리고 辶를 사용한 일본 固有漢字에서는 辶가 한자의 본래 의미인 '천천히 가다[辵]'의 의미로 사용되고 있음을 들어, 邊의 의미로 사용된 辶의 특수성을 기술하고자 한다. 또한 邊을 생획하여 辶으로 사용하는 한국적 특수성은 우리의 전통적인 차자 표기법에 기반하고 있음을 밝히고자 한다.

---

1) 1975년에 발견된 慶州 雁鴨池 出土 木簡이 2000년 이후 자외선 촬영으로 木簡의 내용이 정확하게 제시되었고, 이에 따라 삼국 시대 迲의 용례도 추가되었다.

2. 한국 고유한자 迲의 의미와 자형 구성 방법

2.1. 迲에 대한 기존 연구의 비판적 검토

한국 고유한자 迲가 『三國史記』 지리지의 지명 표기로 사용된 것은 오래 전에 알려 졌다. 그리고 최근에는 삼국 시대 木簡 資料의 용례가 새로이 알려 졌다.

『三國史記』 지리지에 출현한 한국 고유한자 迲를 사용한 지명 표기는 迲城郡과 猪迲穴縣으로 그 용례는 다음과 같다. 관련된 『高麗史』의 용례도 함께 제시한다.

(1) 迲城郡

가. 守城郡은 본래 高句麗 迲城郡이다. 景德王이 개명하여 지금은 杆城縣이다.[2] 〈三國史記 卷三十五 地理 二〉

나. 迲城郡[加阿忽이라기도 한다.][3] 〈三國史記 卷三十七 雜志 第六 高句麗 漢山州〉

다. 雪岳[迲城郡][4] 〈三國史記 卷三十二 雜志 第一 祭祀 小祀〉

라. 杆城縣은 본래 高句麗 迲城郡이다.[加羅忽이라기도 한다.] 新羅 景德王이 고쳐서 守城郡이 되었다. 高麗에서도 지금 이름이다.[5] 〈高麗史 卷五十八 地理〉

---

2) 『三國史記』, 卷三十五, 地理 二, "守城郡 本高句麗迲城郡 景德王改名 今杆城縣"

3) 『三國史記』, 卷三十七, 雜志, 第六, 高句麗, 漢山州, "迲城郡[一云加阿忽]"

4) 『三國史記』, 卷三十二, 雜志, 第一, 祭祀, 小祀, "雪岳[迲城郡]"

5) 『高麗史』, 卷五十八, 地理, "杆城縣 本高勾麗迲城郡[一云加羅忽] 新羅景德王 改爲守城郡 高麗更今名"

(2) 猪迲穴縣

가. 豢猳縣은 본래 高句麗 猪迲穴縣이다. 景德王이 개명하여 지금 도 그대로 쓴다.[6] 〈三國史記 卷三十五 地理 二 高城郡〉

나. 猪迲穴縣[烏斯押이라고도 한다] [7]〈三國史記 卷三十七 雜志 第六 高句麗 漢山州〉

다. 豢猳縣은 본래 高句麗 猪迲穴縣이다.[烏斯押이라고도 한다.] 新羅 景德王이 고쳐 지금 이름이 되었으며 高城郡의 領縣이 되었다.[8] 〈高麗史 卷五十八 地理〉

(1)은 迲城郡의 용례이고, (2)는 猪迲穴縣의 용례이다. 鮎貝房之進(1931: 132-133)이 迲에 대해 논의했으나 특별한 견해를 제시하지 못하였고, 다른 연구자들은 다음과 같은 견해를 제안하였다.

(3) 가. 迲城[韻書에 迲 자는 없다. 세속에서 전하기를 迲는 音이 守이고, 뜻은 守와 같다][9] 〈水城誌[10] 郡名〉

나. 加阿(迲) (중략) 중세 한국어의 ᄀᆞᇫ(邊)이나 골디어의 kera(邊)과 유사 〈이기문, 1981: 78〉

다. 加阿는 중세어 'ᄀᆞ[邊]'가 소급할 어떤 어형이 될 것이므로 加阿忽은 (중략) '가사골, 갓골'형에 이어지는 지명이다. 〈송하진, 1993: 67〉 迲는 守와 邊을 조합해서 만든 글자로 보인다. 곧 邊을 辶으로 간략화 한 것이다. 〈송하진, 1993: 185〉

라. 邊을 생략해서 쓴 것이 迲이고, 迲를 다시 생획한 것이 过이

6) 『三國史記』, 卷三十五, 地理 二, 高城郡, "豢猳縣 本高句麗猪迲穴縣 景德王改名 今因之"

7) 『三國史記』, 卷三十七, 雜志 第六, 高句麗, 漢山州, "猪迲穴縣[一云烏斯押]"

8) 『高麗史』, 卷五十八, 地理, "豢猳縣 本高勾麗猪迲穴縣[一云烏斯押] 新羅景德王 改今名爲高城郡領縣"

9) 『水城誌』, 郡名, "迲城[韻書無迲字 俗傳迲音守 義與守同]"

10) 『水城誌』는 장서각 소장 자료(k2-4250)로 1632년(인조 10) 杆城 현감으로 부임한 李植(1584~1647)에 의해 1663년(인조 11)에 이루어진 杆城의 읍지이다.(http://yoksa.aks.ac.kr 水城誌 항 참조)

다. 迂는 '守走'의 뜻을 가지는 會意字이다 〈金沢庄三郎, 1994: 62〉

(3가)는 迂의 의미를 守로 파악하고 있다. 이는 고구려 迂城郡이 신라 경덕왕 때에 守城郡으로 개명되었다는 『삼국사기』 지리지의 설명에 기댄 것으로 생각된다.

(3나)는 迂에 대응한 차자 표기 加阿를 'ㄡ[邊]'으로 파악한 것으로 간접적으로 迂를 'ㄡ[邊]'으로 파악한 것이다. 그러나 迂에 대해서는 직접적인 언급을 하지 않았다.

(3다)는 迂를 '辶+守'의 조합으로 만든 글자로 파악하였고, 辶을 邊이 간략화한 것으로 파악한 것이다. 그러나 辶이 邊에서 간략화된 것의 논거는 제시하지 못하였다.

(3라)는 迂가 邊의 생략형임을 말하고 있다. 그리고 迂의 생략형이 过임을 설명하고 있다. 이 견해는 邊의 생획자가 过[11]인 것에 근거하여 迂도 邊의 생획자로 파악한 것이다. 邊이 迂로 생획되는 논거와 迂가 다시 过으로 생획되는 논거를 제시하지 못하였다.

한국 고유한자 迂가 신라 시대 木簡 자료에 출현함은 비교적 최근에 알려 졌다. 慶州 雁鴨池 出土 木簡은 1975년에 발견되었다. 이 자료가 발견된 이후 한 동안은 한국 고유한자 迂가 이 자료에 사용되었음이 알려 지지 않았다. 그런데 2000년대에 이르러 木簡을 적외선 촬영하여 상당수의 목간에 적힌 내용을 판독할 수 있게 되어 한국 고유한자 迂가 사용되었음을 확인하게 되었다. 이 자료는 소위 門號 목간이라고 하는데, 이 자료에서 迂가 쓰인 용례는 다음과 같다. 門號 목간의 판독은 연구자마다 다르다. 그러나 迂가

---

11) 「淨兜寺五層石塔造成形止記」(1019)에 邊의 약자로 过이 쓰인 것이 확인된다.

쓰인 목간 중앙의 내용은 판독자 간에 차이가 없다. 쌍행으로 적힌 내용에 대해서만 판독자마다 견해를 달리 하고 있다. 아래의 판독문은 이문기(2005: 199)에서 가져온 것이다.

(4) 가.
阿召□ 元方右
隅宮北門迍 阿閣宮衛迍
才者左 馬叱下左
〈慶州 雁鴨池 出土 木簡 5-1〉

나.
三豆在 小巴乞在
東門迍 開義門迍
□□□ 金老右 〈慶州 雁鴨池 出土 木簡 5-2〉

木簡 연구 또는 역사학의 분야에서는 門號 木簡의 용도에 대한 논의에 집중하고 있다. 迍의 의미에 대해서는 '지키다' 또는 '문지기 또는 문을 지키는 사람' 정도로 파악한 이문기(2005: 199)의 견해를 대체로 받아들이고 있을 뿐이다. 이에 반해 이용현(2007: 213)의 경우에는 이기문(1981: 78)의 견해를 수용하여 迍의 의미를 '가, 갓(邊)'으로 파악하고 있다.

迍의 의미를 '문지기'로 파악한 이문기(2005: 199)의 견해는 『三國史記』 지리지에 나오는 迍城郡이 신라 景德王 때에 守城郡으로 개명된 사실에 비추어 迍가 守의 의미이고, (4)에서 迍 뒤에 쌍행으로 적힌 것들이 人名이라는 사실에 기초하여 도출된 것으로 이해된다. 그러나 迍가 '문지기'로 해석되어야 하는 논거를 제시하지 않았기 때문에 이문기(2005: 199)의 견해에는 문제가 있다. 門迍를 단순히 '문을 지킴'이라고 하여도 이것 뒤에 人名이 나올 수 있다고 생각한다. 결국 이문기(2005: 199)가 迍를 '문지기'로 파악한 것은 확대된 해석으로 생각된다.

2.2. 迲의 의미 해독

韓國 固有漢字 迲의 의미 해독과 관련하여 다음 자료가 매우 주목된다.

(5) 가. 狶蹄縣은 본래 高句麗 猪足縣이다. 景德王이 개명하여 지금은 麟蹄縣이다.[12] 〈三國史記 卷三十五 楊麓郡[13] 屬縣〉 猪足縣(一云烏斯逈)[14] 〈三國史記 卷三十七 雜志 第六 高句麗 漢山州〉

나. 狶領縣은 본래 高句麗 猪守峴縣 景德王이 개명하였으나 지금은 자세치 않다.[15] 〈三國史記 卷三十五 連城郡[16] 屬縣〉, 猪闌峴縣[烏生波衣라고도 하고 猪守라고도 한다.] [17]〈三國史記 卷三十七 雜志 第六 高句麗 漢山州〉

다. 豢猳縣은 본래 高句麗 猪迲穴縣이다. 景德王이 개명하여 지금도 그대로 쓴다.[18] 〈三國史記 卷三十五 高城郡 屬縣〉 猪迲穴縣[烏斯押이라고도 한다.][19] 〈三國史記 卷三十七 雜志 第六 高句麗 漢山州〉

라. 宣宗 元年 二月 戊戌에 (중략) 高城縣 管內의 豢猳戍, 扞城縣

12) 『三國史記』, 卷三十五, 楊麓郡, 屬縣, "狶蹄縣 本高句麗猪足縣 景德王改名 今麟蹄縣"

13) 고구려 시대와 조선 시대에는 楊口縣이다.

14) 『三國史記』, 卷三十七, 雜志 第六, 高句麗, 漢山州 "猪足縣[一云烏斯逈]"

15) 『三國史記』, 卷三十五, 連城郡, 屬縣, "狶領縣 本高句麗猪守峴縣 景德王改名 今未詳"

16) 조선 시대 때 淮陽都護府이다.

17) 『三國史記』, 卷三十七, 雜志 第六, 高句麗, 漢山州, "猪闌峴縣[一云烏生波衣 一云猪守]"

18) 『三國史記』, 卷三十五, 高城郡, 屬縣, "豢猳縣 本高句麗猪迲穴縣 景德王改名 今因之"

19) 『三國史記』, 卷三十七, 雜志 第六, 高句麗, 漢山州, "猪迲穴縣[一云烏斯押]"

管內의 竹島戍 (하략)[20] 〈高麗史 卷53 志7 五行1 火〉

마. (군명은) 加羅忽, 守城, 水城[林椿의 東行記에 杆城은 捍城으로 쓰여 있다. 捍은 杆이 변한 것이다. 어느 때부터인지는 알지 못한다.[21] 〈水城誌 郡名〉

(5가)-(5다)는 흔히 논의된 문헌 자료로 (5가)는 狶蹄縣, (5나)는 狶領縣, (5다)는 豢猳縣 등의 지명 변천을 설명하고 있다. 『高麗史』에는 대체로 杆城으로 나오는데, (5라)의 용례는 유일하게 扦城으로 나온 것이다. (5마)는 고려 문인 林椿이 「東行記」에서 扦城을 사용하고 있음을 말해 주고 있다.

(5)에 제시된 '狶蹄縣, 狶領縣, 豢猳縣' 등의 지명 변천 내용을 표로 작성하면 다음과 같다. 설명의 편의를 위해 迂城郡의 경우도 함께 제시한다.

〈표 1〉 지명 표기의 변천

	高句麗			新羅	高麗
	표기1	표기2	표기3	표기4	표기5
지명1	猪足縣		烏斯逈	狶蹄縣	麟蹄縣
지명2	猪守峴縣	猪闌峴縣	烏生波衣	狶領縣	미상
지명3	猪迂穴縣		烏斯押	豢猳縣	豢猳縣
지명4	迂城郡		加阿忽/加羅忽	守城郡	杆城縣/扦城縣

〈표 1〉의 지명 표기 변천에서 다음과 같은 사실을 추출할 수 있다.

---

20) 『高麗史』, 卷53, 志7, 五行1, 火, "宣宗元年二月戊戌 (中略) 高城縣管內豢猳戍 扦城縣管內竹島戍 (下略)"

21) 『水城誌』, 郡名, "加羅忽 守城 水城[林椿東行記 以杆城爲捍城 捍轉爲杆 不知自何時也]"

(6) 가. 고구려 지명 표기에서 '표기1' 계열은 훈차 표기이고 '표기3' 계열은 음차 표기이다. '지명2'의 '표기2'인 猪闌峴縣도 훈차 표기이다. 猪守峴縣과 猪闌峴縣의 대응으로 守=闌 대응 관계를 도출할 수 있다.
나. 고구려 지명 표기인 '표기1'과 신라 지명 표기인 '표기 4'의 대응에서 차례로 '猪=豨, 足=蹄, 守=領, 猪=猳, 迚=豢, 迚=守' 등의 대응 관계를 도출할 수 있다.
다. 신라 지명 표기인 '표기4'와 고려 지명 표기인 '표기5'의 대응에서 '豨=麟, 守=杆=扞' 등의 대응 관계를 도출할 수 있다.

(6)에 제시된 대응 관계에서 우리가 주목할 것은 '守, 闌, 領, 迚, 豢, 杆, 扞' 등이 대응된 점이다. 迚를 제외하고 '守, 闌, 領, 豢, 杆, 扞' 등은 공통된 의미 하나로 집중되어 있다. 이를 설명하는 데에 필요한 의미만을 문헌 자료에서 뽑아 제시하면 다음과 같다.

(7) 가. 守 디킐 슈 〈新增類合 下:43b〉
나. 闌 문ㅅ지방 란 〈字典釋要〉
다. 領 ᄃᆞ릴 령 〈新增類合 下:8a〉, 領 거느릴 씨 〈月印釋譜 1:13〉
라. 豢 칠 환 〈訓蒙字會 下:4b〉
마. 杆 盾也 방패 〈新字典〉
바. 扞 [한] 막을 〈新字典〉

(7가)에서 (7바)까지 제시된 의미는 제 각각인 것처럼 보인다. (7가)처럼 '지키다'의 의미로만 파악하면, (7라)의 의미를 묶어낼 수 없다. 또 (7라)처럼 '동물을 기르다'의 의미로만 파악하면, (7나)의 '문지방'과 (7마)의 '방패'의 의미를 묶어낼 수 없다. 그러나 '동물을 가두어 기르는 울타리'란 의미를 상정하면, (7)의 의미들을 하나

로 통합할 수 있다.

결국 (7나)에 제시된 '猪=豨, 足=蹄, 守=領, 猪=猳, 迬=豢, 迬=守' 등의 대응 관계를 고려하면, 迬의 의미를 '돼지[돝, 동물]를 기르는 울타리'로 파악할 수 있다. 이것은 고구려의 지명 표기 猪迬穴縣에서의 猪迬와 신라의 지명 표기 豢猳縣에서의 豢猳를 '돝[돼지]을 기르는 울타리'로 해석함을 의미하는 것이다. 猪迬와 豢猳의 차이는 전자가 OV[목적어 서술어]의 구조이고, 후자가 VO[서술어 목적어]의 구조라는 점에서만 차이가 있다.

앞의 〈표 1〉과 (6다)에서 말한 바와 같이 고구려 지명 표기 猪足縣이 신라 지명 표기로는 豨蹄縣이 되고, 고려 지명 표기로는 麟蹄縣으로 된 점이 흥미롭다. '猪=豨=麟' 등의 관계가 성립된다. 猪와 豨가 모두 '돼지'의 뜻을 가지기 때문에 '猪=豨'의 대응 관계는 특이한 것이 아니다. 그러나 '豨=麟'의 대응 관계는 매우 특이한 것이다. 豨은 '돼지'이고, 麟은 '기린'이기 때문이다. 그런데 '豨=麟'의 대응 관계로 우리는 신라와 고려의 지명 표기 '豢猳'에 대해 깊은 이해를 할 수 있다. 즉 豢猳의 猳가 '돝[猪 豨]'의 어형을 표기한 것임을 알려 준다.

(8) 가. 養麟[豢猳] 〈高麗史 권82 志36 兵2 站驛 朔方道〉
나. 養珍驛 옛 豢猳縣에 있다. 〈新增東國輿地勝覽 高城郡 譯院〉

(8가)는 고려 시대 站驛인 養麟驛이 豢猳縣에 소재하고 있음을 표시한 것이다. (8나)는 養珍驛이 '옛 豢猳縣'에 소재하고 있음을 말하고 있다. 따라서 養麟과 養珍는 이표기 관계에 있다. 고려 지명 표기 麟은 신라의 지명 표기 豨에 대응되므로 養麟에서 麟은 '돼지'

를 표기한 것이다. 그런데 (8나)의 養珍에서 珍은 흔히 '돌'을 표기한 훈차자로 '돝[돼지]'을 표기한 것으로 볼 수 있다. 결국 '養麟, 養珍, 豢猳' 등이 동일 의미 표현의 이표기임을 알 수 있다.

신라의 지명 표기 豢猳縣과 고구려의 지명 표기 猪逬穴縣의 대응에서 '豢=逬, 猳=猪' 등의 관계를 추출할 수 있다. 따라서 逬는 '豢'의 의미, 즉 '가축을 기르다'의 의미가 될 것이다. 앞에서 이미 逬의 의미를 '돼지[돝]를 기르는 울타리'로 분석한 것과 일치한다.

'울타리'의 15세기 어형은 '울ㅎ'이다. 이 어형의 선대형을 우리는 고구려 지명 표기 猪逬穴縣에 대한 음차 표기 烏斯押에서 확인할 수 있다. 즉 '*읏[烏斯]'을 확인할 수 있다. 고대 국어에서 종성의 l과 s는 흔히 교체될 수 있다고 알려 졌다. 烏斯押에 대응한 猪逬를 고려할 때, '울타리'를 '*읏[烏斯]'은 猪[돼지]의 의미까지 포괄적으로 표현한 것으로 이해된다.[22] '*읏[烏斯]'은 猪守峴縣과 烏生波衣의 대응에서는 '읏[烏生]'으로 표기되었다.

『訓蒙字會』에 나오는 '어리[圈]'는 '병아리 따위를 가두어 기르는 물건. 싸리나 가는 나무로 채를 엮어 둥글게 만든다.'는 뜻을 가진 것인데, 이 '어리'의 경상북도 방언이 『표준국어대사전』에 '가래'로 실려 있는 것이 주목된다. 逬城郡과 '加阿忽/加羅忽'의 대응에서 보여지는 '加阿忽/加羅忽'가 바로 현대의 경상북도 방언 '가래'의 선대형일 것으로 추정된다.

이상의 논의를 종합하여 살펴본다면, 한국 고유한자 逬는 '단순

22) 이장희(2006: 231)는 烏斯押에 대응한 猪逬를 '*usu'로 파악하여 이를 '돼지'를 뜻하는 고구려어로 파악하고 있다. 烏斯가 음차 표기인데 猪逬까지도 음차 표기로 보아야 할 지 의문이 든다. 그리하여 猪闌峴縣까지도 음차 표기로 보아야 하는데, 猪闌는 '*usu'로 해독이 되지 않으므로 闌를 오자로 보는 방법을 취하고 있다.

히 지키다'의 의미를 표현하기 보다는 '지키는 울타리' 정도의 의미를 표현한 것이라 할 수 있다.

2.3. 迲의 자형 구성 방법

迲의 의미를 '지키는 울타리'의 의미로 파악한 것으로는 한국 고유한자 迲의 구성 방법을 이해하기가 어렵다. 그런데 다음 자료는 迲의 구성 방법을 명확하게 이해 시켜 준다.

(9) 가. 門巷果木 / 오래며 과실 남글 〈小學諺解 6:88〉
나. 門 오래 문 〈光州千字文 27〉 門 오래 문 〈百聯抄解 10〉
다. 門 문 문 〈訓蒙字會 中:4a〉
라. 오래01, 「명사」, 「1」한동네의 몇 집이 한골목이나 한이웃으로 되어 사는 구역 안. 「2」거리에서 대문으로 통하는 좁은 길. 〈표준국어대사전〉

(9나)와 (9다)의 자료만 보면 '오래'는 문(門)의 선대형으로 이해된다. 그런데 (9가)는 '오래'의 특별한 뜻을 제공해 주고 있다. 즉 '오래'가 巷의 뜻임을 말해 주고 있다. 이 巷은 『訓蒙字會』 上:3b에서 '巷 굴헝 항 街上交道 又宮中別道 亦作衖'으로 풀이하였는데, 쉽게 말하자면 (9라)에서 말한 '거리에서 대문으로 통하는 좁은 길'의 의미이다. 즉 '오래'는 문 앞의 골목길을 말하는 것이다. 어떤 마을의 거리를 지나고, '오래[골목길]'를 지나서 대문을 지나야 어떤 집에 들어갈 수 있음을 말하는 것이다.

어떤 집의 중심적인 울타리가 '대문'이라 한다면 '오래'는 이 '대문'의 가장 자리인 골목길이 된다. 결국 한국 고유한자 迲는 '守[울타리]+辶[邊, 가장자리]'의 의미를 가진 會意字가 된다.

3. 한국 고유한자 구성 요소 辶의 의미와 특수성

3.1. 한국 고유한자 구성 요소 辶의 의미

3.1.1. 한국 고유한자 迚에서의 의미

鮎貝房之進(1931: 48)은 '『芝峯類說』, 『旬五志』, 『晝永編』' 등에 나타난 迚의 설명 자료를 소개하고, 한국 고유한자 迚를 '마두리'를 뜻하는 會意字로 규정하였다. 그러나 迚를 회의자로 규정한 논거는 제시하지 않았다.

문헌 자료에서 한국 고유한자 迚를 설명한 것을 찾아 제시하면 다음과 같다.

(10) 가. 米穀이 섬[石]을 채우지 못한 것이 迚이다.[23] 〈芝峯類說 卷七 文字部 字義〉
나. 米穀이 섬[石]을 채우지 못한 것을 迚라 한다.[24] 〈旬五志〉
다. 穀이 斛을 채우지 못한 것을 迚라 한다(音은 '두'이다)[25] 〈

23) 『芝峯類說』, 卷七, 文字部, 字義, "米穀未滿石者爲迚"
24) 『旬五志』, "以米穀未滿石爲迚"
25) 『晝永編』, "穀不滿斛稱迚(音두)"

書永編〉

라. 迚란 것은 東國의 俗字이다. 무릇 곡식, 밤, 쌀 등이 한 섬을 채우지 못한 것을 迚라 말한다. 方言으로는 '말밋'이다.[26)]〈頤齋亂藁 권22 1776년(영조 52) 8월 15일〉

마. 迚 마두리 〈才物譜 권6 物譜1 量〉

바. 迚 [音은 斗이다. 곡식이 섬을 채우지 못한 것이 迚이다. 旬五志를 보라][27)] 〈五洲衍文長箋散稿 東國土俗字辨證說〉

사. 곡식이 섬을 채우지 못한 것이 迚이다.[28)] 〈百榴園志 권1〉

아. 迚 音이 '둘'이다. ○ 斗가 모여서 斛을 이룬다. ○이수광이 "우리 나라에서는 米穀이 섬[石]을 채우지 못한 것을 迚이다."고 하였다. 세속에서 稱量하고 남은 것을 '무지'라 하는 것이 이것이다.[29)] 〈震覽 行用吏文〉

자. 迚 穀不滿斛 마두리 두 〈字典釋要〉

차. 迚 [두] 穀不完石 무지○마두리 見旬五志 〈新字典 朝鮮俗字部〉

(10)은 迚에 대해서 3가지 사항을 설명하고 있다. 하나는 迚의 의미를 '곡식의 양을 斛[30)]으로 잴 때에, 1섬을 채우지 못한 양 또는 남은 양'으로 설명한 것이다. 다른 하나는 迚와 관련된 우리말 어형이 '무지, 마도리/마두리, 말밋' 등으로 설명한 것이다. 마지막의 것은 迚의 음이 '두' 또는 '둘'임을 설명한 것이다.[31)]

---

26) 『頤齋亂藁』, 권22, 1776년(영조 52) 8월 15일, "迚者 東國俗字 凡穀粟米物未滿一石者 謂之迚方言말밋"

27) 『五洲衍文長箋散稿』, 東國土俗字辨證說, "迚 [音斗 穀不完石爲迚 見旬五志]"

28) 『百榴園志』, 권1, "穀米不滿石爲迚"

29) 『震覽』, 行用吏文, "迚 音둘 ○ 斗合而成斛也 ○이수광曰我國以穀未滿石者爲迚 俗稱量餘者爲무지 是也"

30) 『新增類合』 上:27b, "斛 셤 곡"

31) 迚의 의미에 대한 논의에 집중하기 위하여 迚의 음에 대한 논의는 주석으로 설명한다. 즉 (10다), (10자), (10차) 등과 (10바)에서는 迚의 音을 '두'와 '斗'로 제시했으나 (10아)에서는 '둘'로 제시하고 있다. (10아)의 '둘'은 迚의 音이 아니라 迚의 訓인 '마두리'의 '두리'를 '둘'로 나타낸 것으로 생각된다.

'무지'의 의미를 (10아)에서 '(되고 난 후의) 양이 남은 것'으로 풀이하고 있다. 『方言類釋』 酉部方言:16b에 나오는 '尖量[수득이 되다], 平量[쁘서 되다], 凹量[골케 되다]' 등을 고려하면, '무지'는 '쌓아 올리다'의 뜻을 가지는 '뭇-'에 파생 접미사 '-이'가 결합된 형태와 관련이 있을 듯하다. 尖量의 '수득이 되다'는 '수북하게 되다'의 뜻으로 '쌀 등을 될 때에 정해진 기준 이상으로 수북하게 쌓아 되는 것'을 의미하는 것이다.

『譯語類解』 下:5b에 나오는 '자토리[零布]'는 현재 '잫[尺]+도리'의 결합으로 이해되고 있다.32) 『표준국어대사전』에 따르면 '자투리'는 '자로 재어 팔거나 재단하다가 남은 천의 조각'을 말한다. 따라서 '자토리'의 '도리'는 '남은 것'을 의미한다. 또한 이 '도리'는 '바구니, 중절모자 따위와 같은 둥근 물건의 둘레'를 뜻하는 '도리'에서 온 것으로 이해된다.33) 이상의 설명을 근거로 '마두리'가 '말[斗]+도리' 정도의 구성에서 기원한 것임을 알 수 있다. '마두리'는 '말로 되고 남은 둘레', 곧 '말로 되고 남은 양'을 의미한다.

'마두리'를 '어떤 기준을 채우고 남은 양'의 의미로 파악할 때, (10)에서 㪷의 의미를 '섬을 채우지 못한 것'으로 설명한 것과 충돌이 된다. 그러나 표현만 다를 뿐 동일 대상을 지칭한 것이다.

(10)에 제시된 어형 '말밋'의 의미를 '凡穀粟米物未滿一石者'에 이끌려 '1섬을 채우지 못한 양'의 의미로 파악하기 쉽다. 그러나 다음 자료는 '말밋'이 '남은 양'의 의미임을 확인해 준다.

(11) 가. 邑內市場 날이 되면 村農民들이 數多한 穀物을 가지고 市場

32) 『표준국어대사전』 '자투리' 항 참조.
33) 『표준국어대사전』 '도리' 항 참조.

에서 賣買를 하는데 所謂 斗量軍들이 달려들어 斗量을 하고는 나머지(말밋)는 多少를 勿論하고 斗稅이라고 稱하며 奪取한다 하며 〈동아일보 1925년 12월 12일 4면 市民不平 米廛稅가 잇는데 斗量稅를 또 바다〉

나. 말밑 곡식을 말로 되고 난 뒤에 조금 남은 분량. 「참고 어휘」 됫밑. 〈표준국어대사전〉

(11)은 '말밋'의 형태가 '말밑'이며, 의미는 '남은 양'임을 확인해 주고 있다. 한편 『韓佛字典』에는 '말밋'이 제시되어 있고, 이에 대응한 표기 '斗底'가 제시되어 있다. 이것은 『韓佛字典』에서 '말밋'을 '말[斗]+밑[底]' 정도의 구성으로 이해했음을 말한다.

그렇다면 '말의 밑[斗底]'의 뜻을 가진 '말밋[말밑]'이 어떻게 '곡식을 되고 남은 양'을 뜻하게 되었을까? 이러한 의문점에 대한 해답을 경기도 오산 북방에 소재한 竹美嶺 지명의 기원에서 찾을 수 있다. 竹美嶺은 18세기의 문헌 자료에는 中迯로 표기되어 있다.

(12) 가. 午後 乘凉更發 過振威邑內 又過菁好店 西五里五山場墟新店 店西北距中弥[듕밋]店 可五里也 〈頤齋亂藁 1766 六月 初十日〉

나. 中弥 亦曰中美 亦曰中底 官文書 則中迯 〈頤齋亂藁 권22 1776년(영조 52) 8월 15일〉

다. 京畿監司爲謄報事 節到付水原府使牒呈內 (중략) 柳川與中迯 〈御營廳謄錄 권51 1748년 9월 일〉

(12가)는 『頤齋亂藁』의 저자인 黃胤錫(1729~1791)이 여행한 경유지를 나열하고 있다. '振威, 청호주막[菁好店], 五山' 등의 지명으로 볼 때, (12가)에서 말한 '中弥[듕밋]店'은 수원의 죽미령 근처에 소재한 것임에 틀림 없다. 그리고 (12나)는 中弥가 '中美, 中底'

등으로도 표기됨을 말하고 있다. 中美는 中弥의 음차 이표기이며, 中底는 (12가)에서 제시한 '듕밋'에 대한 표기이다. 곧 中底의 底는 '밋[밑]'을 표기한 훈차자가 된다.

그런데 '中弥, 中美, 中底' 등을 관문서에서는 中迭로 표기하고 있음을 (12나)는 말하고 있다. '듕밋'을 中迭으로 표기한 것이 주목된다. 이것은 곧 迭가 '밑[底]'의 뜻임을 알려 주는 것이다.

여기에서 '듕밋'이란 지명의 어원을 이해할 필요가 있다. 이 '듕밋'은 조선 후기에 이르러 엉뚱하게 '竹美'로 표기되고 있다. 그러나 '죽미령' 근처에 있는 禿城山城을 고려하면, 본래는 中底로 판단되며, 中底의 中은 中軍으로 이해된다.

(13) 가. 禿城中軍은 당상 무관을 한껏 엄밀히 가려서 보내어 山城의 군사 조련의 일을 句管하게 하면 진실로 적절하다.34) 〈光海君實錄 1611년(광해 3) 5월 22일〉
나. 華城의 축성 공사를 감독한 신하들에게 상을 내렸다. (중략) 특별히 감독한 禿城中軍 金焯는 곤수(閫帥)로 擬望케 하고35) 〈正祖實錄 1795년(정조 19) 윤2월 13일〉

(13)은 광해군 시기부터 정조 시기에 禿城山城을 中軍이 책임을 맡아 수비하고 있음을 말하여 준다. 따라서 '中弥, 中美, 中底' 등의 지명 표기는 '중군' 곧 '독성산성의 밑'을 표기한 것이다.

다음은 『大東輿地圖』에서 수원 부근을 나타낸 장면이다. 〈그림 1〉의 정 중앙에 禿城과 中弥가 표시되어 있다.

---

34) 『光海君實錄』, 1611년(光海 3) 5월 22일, "禿城中軍 以堂上武官極擇差送 句管山城鍊兵之事 則允爲便當"
35) 『正祖實錄』, 1795년(正祖 19) 閏2월 13일, "施賞華城城役董工諸臣 (中略) 別監董禿城中軍金焯閫帥差擬"

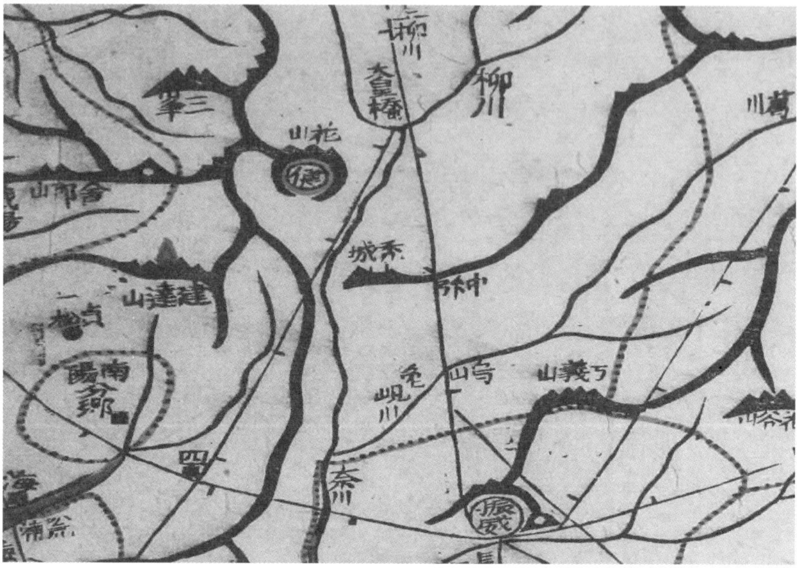

〈그림 1〉 大東輿地圖 수원 부근

〈그림 1〉은 中弥가 禿城山城의 밑에 위치하고 있음을 보여 준다. 조선 시대에 城底十里가 '도성 밖 가장자리 10리'를 의미하듯이, '禿城山城의 밑'도 '禿城山城성의 가장자리'로 이해된다. 이러한 측면에서 '도리[가장자리]'를 뜻하는 한국 고유한자 迚를 '밑[底]'의 뜻으로도 사용했던 것으로 이해된다.

英祖 年間(1724-1776)에 작성된 것으로 알려진 규장각 소장의 『海東地圖』 수원부 지도의 欄外 기록에는 中迚面이 나온다. 그런데 『戶口總數』에서 三美面에 속한 中邊里가 나온다. 이 예는 迚가 邊과 통함을 보여 주는 것이다.

'마두리'를 뜻하는 한어 [illegible]36)[[illegible]]이 한국 고유한자 迚와 동일한

36) 『康熙字典』에서 [illegible]은 [illegible]의 속자로 설명하고 있다.

의미와 구성법을 가진 점에서 주목된다. 즉 한어 斛의 본자인 斛을 『설문해자』에서 '양이 넘치는 것이다', 朱駿聲이 『通訓定聲』에서 '곡식을 될 때에 곁으로 넘쳐 나는 것' 등으로 설명하고 있는데[37], 이는 한어 斛과 한국 고유한자 䢂의 의미가 동일함을 보여 주는 것이다. 또한, 斛의 의미는 '旁+斗'의 구성에서 파생된 것으로 파악할 수 있는데, 한국 고유한자의 의미도 '辶[邊]+斗'의 구성에서 파생된 것으로 이해할 수 있다.

결론적으로 한국 고유한자 䢂에서 辶는 邊의 의미를 중심적으로 가지며, 부분적으로는 底의 뜻을 가진 것임을 알 수 있다.

3.1.2. 한국 고유한자 㡦에서의 의미

鮎貝房之進(1931: 139-140)은 다음과 같은 자료를 활용하여 한국 고유한자 㡦에 대해 논의하고 있다.

(14) 가. 海西人稱地之窐陷者, 曰㡦(音ㄷ) 〈晝永編 下〉
나. 迆[38]內(ク タン) 〈近世韓國五萬分之一地形圖 黃海道 燕灘〉
다. 迆田洞(クツ バツチ ユル) 〈近世韓國五萬分之一地形圖 平安南道 江東〉
라. 唐迆(タン クイ) 〈近世韓國五萬分之一地形圖 平安南道 江東〉

鮎貝房之進(1931)은 (14나)-(14라)의 迆는 㡦의 誤字임을 설명하고, 한국 고유한자 㡦를 구덩이를 뜻하는 '굳'이 辵地임을 설명하면서 㡦를 회의자로 파악하였다. (14다)의 迆田洞에 대한 가타가

37) 『漢韓大辭典』, 斛, "說文 斗部 斛 量溢也 从斗 旁聲 朱駿聲通訓定聲 量米旁溢"
38) 자료를 확인한 결과 迆가 아니라 㡦로 되어 있다.

나 표기 'クツ バツチ ユル'는 '굿밧골' 정도를 표기한 것이다. ⿺辶地와 관련된 어형을 '굳'으로 설정한 것은 鮎貝房之進(1931: 139-140)의 성과라 할 수 있다. (14가)에서 ⿺辶地를 地之穽陷으로 설명한 것과 꼭 일치한다. 그런데 辵地의 의미를 정확하게 설명하지 않고, 굳을 辵地의 의미로 규정한 것에는 문제가 있다. 辵의 일반적인 의미인 '천천히 걷다'의 의미로는 辵地를 '굳'과 연결시킬 수 없다.

⿺辶地가 일반 명사로 사용된 것은 현재 발견되지 않는다. 지명 표기에도 드물게 사용되었는데, (14) 이외의 것들을 제시하면 다음과 같다. 다만 (14다)의 경우 표기가 달리 나타나고, 행정 구역의 변천이 있었으므로 다시 제시한다.

(15) 가. ⿺辶地田里〈輿地圖書 平安道 德川 古尺面〉, ⿺辶地[39]田里〈戶口總數 平安道 德川 古尺面〉, ⿺辶地谷 굿밧티〈朝鮮地誌資料 江東郡 三登面 山谷名, 古城洞〉

나. ⿺辶地上里, ⿺辶地中里, ⿺辶地下里〈輿地圖書 平安道 殷山 仇上端坊〉, ⿺辶地上里〈戶口總數 殷山 仇上坊〉⿺辶地內/クタン(구당) マル(말)〈近世韓國五萬分之一地形圖 黃海道 殷山〉

다. ⿺辶地內谷〈朝鮮地誌資料 孟山郡 鶴泉面 山谷名〉

라. ⿺辶地內洞〈朝鮮地誌資料 德川郡 蚕上面 內浦里〉

(15가)의 '⿺辶地谷/굿밧티'와 '⿺辶地內/クタン(구당) マル(말)'로 보아 ⿺辶地가 '구덩이' 또는 '굳'의 의미임을 확인할 수 있다. 이건식(2009: 252)에서는 '굿밧티'의 '굿'을 적극적으로 '굳(坑)'으로 파악하지 못했다. 그런데 중세 국어 '몯'이 조선 후기에 '못'으로 표기된 것처럼 중세 국어 '굳(坑)'도 조선 후기에 '굿'으로 표기될 수 있다. 따라서

39) 『戶口總數』에는 迤로 되어 있다.

(53가)의 '곳'이 '구덩이'의 의미임은 확실하다. 한편 (15나)의 'クタン(구당)'은 '구덩'를 가리키는 것이며, '구덩'은 '굳(坑)'에 접미사 '-엉' 정도가 결합된 어형이다.

迚의 형태는 한자에도 있다. 迗迚의 어휘로만 나타나는데, 이 迗迚에 대하여 고려본 『龍龕手鏡』에서 다음과 같이 설명하고 있다. 그리고 楊明璋(2008)은 敦煌 文獻 BD7677의 배면에 나타난 迗迚의 용례를 소개하고 있다.

(16) 가. 迗迚 [上五禾反下徒本反玉篇云迗迚違天下也] 〈龍龕手鏡 권4〉
나. [ㅁ上][口下]人易老 [ㄱ丨][丨ㄱ]水長流 迗迚不書寫 [辶日]迌度三秋 〈BD7677 夜字 98 背面〉
다. 上下人易老 左右水長流 天地不書寫 日月度三秋 〈楊明璋, 2008: 471-472〉

(16가)는 迚가 『玉篇』의 저자인 梁나라의 顧野王(519~581)의 당대에 사용되었음을 보여 준다. '천하(세상)과 어그러지는 것'의 의미를 迗迚에서 辶는 '가다'의 뜻으로 사용된 것으로 이해할 수 있다. 그리고 (16나)는 楊明璋(2008: 471-472)이 (16다)로 해독하였는데, (16나)의 迗迚에서 辶는 하늘과 땅이 '운행되는 것'을 표현한 것으로 이해된다. 여기에서도 辶이 '가다'의 뜻으로 사용되었음을 알 수 있다.

그런데 '구덩이'를 뜻하는 한국 고유한자 迚의 경우에는 辶를 '가다'의 의미로 이해할 수 없다. '땅[地]'과 '가다[辶]'의 의미 결합으로는 '구덩이'의 의미를 만들기 어렵다고 생각하기 때문이다. 辶의 의미를 '밑[底]'으로 파악할 경우에는 迚가 '구덩이'의 의미임을 명쾌하게 이해할 수 있다.

3.1.3. 한국 고유한자 迲에서의 의미

鮎貝房之進(1931: 110)은 迲의 의미를 설명한 주석 자료와 용례를 제시하면서 迲의 訓이 'ᄌᆞ래'인 점만 강조하고, 迲의 자형 형성 방법에 대해서는 논의하지 못했다.

迲의 의미를 설명한 주석 자료로 鮎貝房之進(1931: 110)이 제시한 것은 '『芝峯類說』, 『盎葉記』, 『六典條例』' 등이다. 迲의 의미를 설명한 주석 자료 가운데에서 현재까지 찾은 것을 모두 제시하면 다음과 같다.

(17) 가. 땔나무 단의 큰 것을 迲이라고 한다. 모두 뜻으로 만든 것이다[意作].40) 〈芝峯類說 卷七 文字部 字義〉

나. 땔나무를 묶은 것을 迲이라 한다. [자릐, 글자는 있으나 음은 없다] 옛 陰竹에 迲村處가 있다.41) 〈書永編〉

다. 우리나라에는 迲자가 있으나 유부인비의 글자와는 맞지 않는다. 즉 지방에서 쇠줄로 땔나무를 묶어서 다는 데 1·2迲라 하지만, 음과 뜻이 없고 그저 'ᄌᆞ래'라 칭한다. 그리고 輿地勝覽에는 杆城의 별호가 迲城으로 되어 있다.42) 〈盎葉記[二] 迲〉

라. 지금 서울과 지방의 현에서 철끈으로 땔나무를 묶어서 양을 재면서 一迲 또는 二迲이라 한다.43) 〈研經齋全集 外集 卷五十

---

40) 李睟光, 『芝峯類說』, 卷七, 文字部, 字義, "金時習遊金鰲錄 有北棆寺看牡丹詩 按棆字不見於韻書 今俗以刳木引水爲棆 卽方言所謂蘆音也 我國用字 以水田爲畓 米穀未滿石者爲𨑼 柴束之大者爲迲 皆意作也"

41) 『書永編』, "束薪稱迲(자릐 有字無音) 故陰竹有迲村處"

42) 『盎葉記』, 二 迲, "我國有迲字 而不合於劉夫人碑字 州縣以鐵索束柴以量之曰 一二迲無音義 只稱ᄌᆞ래 輿地勝覽 杆城別號迲城"

43) 『研經齋全集』, 外集 卷五十三 故事類 唐制攷, "今京衙及外縣 以鐵索束柴 以量曰一迲二迲"

三 故事類 唐制攷〉

마. 땔나무를 묶는 줄을 별도로 法字로 쓴다.44) 〈惕齋集 卷之七 對策 文字〉

바. 法 [음은 怯이다. 속훈은 子乃이다. 관사에서 철끈으로 땔나무의 양을 재는 것을 法이라 한다.45) 〈五洲衍文長箋散稿 東國土俗字辨證說〉

사. 지금은 지방에서 철사로 나뭇단을 묶어 '1겁'이라고 세는데, 바른 소리나 뜻은 없고, 속음으로 '겁'이라 하고 새김을 子乃라고 하니, 곧 사투리의 '한 묶음'이라는 칭호일 뿐 다른 뜻은 없다.46) 〈五洲衍文長箋散稿 博雅文字辨證說〉

아. 양 팔로 두른 것이 一法이 된다. 즉 한 묶음이 된다.47) 〈六典條例 工典 簾箄各種〉

자. 法 ᄌᆞ릐 ○ 柴一束 〈震覽 行用吏文〉

(17)은 法에 대해서 두 가지 사항을 설명하고 있다. 하나는 法의 의미를 설명한 것이고, 다른 하나는 法에 관련된 어형을 제시한 것이다.

法의 의미에 대한 (17)의 설명 각각은 유사한 것 같으면서도 의미 기술 상의 관점 차이가 있다. (17가)와 (17바)는 '땔나무 양의 단위', (17나)와 (17자) 등은 '땔나무를 묶은 것', '(17다), (17라), (17사)' 등은 '땔나무를 묶은 양의 단위' 등으로 法의 의미를 설명하고 있다. 결국 法은 '땔나무를 묶은 양의 단위'를 말함을 알 수 있다. 한편 (17아)는 法이 '양 팔로 두른 정도의 길이'임을 설명하

44) 『惕齋集』, 卷之七 對策 文字, "束薪之繩 別作法字"

45) 『五洲衍文長箋散稿』, 東國土俗字辨證說, "法【音怯 俗訓子乃 官司以鐵索量柴曰法】"

46) 『五洲衍文長箋散稿』, 博雅文字辨證說, "今州縣以鐵索束柴 以量之曰 一法 無正音義 俗音劫 俗訓子乃 卽方言一束之稱而已 無他義也"

47) 『六典條例』, 工典, 簾箄各種, "兩手圍爲一法乃即一束"

고 있다. 이 설명은 '땔나무를 묶은 양의 단위'를 구체적으로 표현한 것으로 생각된다. (17마)는 迲의 의미를 '땔나무를 묶은 줄'로 설명하였는데, 이는 '땔나무를 묶은 양의 단위'와는 다른 내용의 설명이 된다.

문헌 자료를 검토해 보면, 조선 시대에 '땔나무를 묶은 양의 단위'를 나타내는 迲에는 그 기준이 여러 가지 있음을 알 수 있다.

(18) 가. 所謂一迲, 可十大束, 二千迲, 卽二萬束也〈承政院日記 1725년(영조 1) 9월 24일〉
나. 以四束 爲一迲〈備邊司謄錄 1664년(현종 4) 12월 29일〉
다. 春秋吐木 各十五迲乃內[五百三十枝爲一迲乃]〈尙方各樣前例謄錄 尙方笏記〉
라. 錢文一千兩[煑硝吐木 一百八十六迲乃五合 柴六十迲乃 貿易價吐木十合爲一迲乃 柴一百同爲迲乃 吐木每迲乃 四兩一戔三分 柴每迲乃 三兩八戔]〈訓局謄錄 軍色〉
마. 燒木三十迲乃〔六駄爲一迲乃〕〈六典條例 工典 總例〉

(18가)는 10속을 1迲으로 (18나)는 4속을 1겁으로 설명하고 있다. 그리고 十束이라 하지 않고 十大束이라 한 것은 (18가)에서 말한 大迲을 지칭한 것으로 이해된다. 그렇다면 4속의 분량은 小迲이었을 것으로 추정된다.

(18다)는 '땔나무[吐木]' 530개를 1迲, (18라)는 땔나무 100동을 1겁, (18마)는 땔나무 여섯 짐[六駄]이 1迲임을 설명하고 있다.

앞의 (17)에서 迲에 관련된 어형으로 'ᄌᆞ래, 자ᄅᆡ, ᄌᆞᄅᆡ' 등이 제시되었다. 'ㆍ〉ㅏ'의 음운 변화를 고려하면, 'ᄌᆞ래'가 가장 선대형인 것으로 생각된다. '자ᄅᆡ, ᄌᆞᄅᆡ' 등의 'ᄅᆡ'는 '래'의 의고적 표기로 이해된다. (17바)와 (17사)에서 제시된 차자 표기 子乃는 '자내' 정도를 표기한 것이지만 모음 사이의 'ㄴ'은 'ㄹ'로 발음되어 사실상 子乃는 '자래' 정도를 표기한 것이다.

'ᄌᆞ래'를 확인할 수 있는 가장 이른 시기의 문헌 자료는 17세기의 것이다. 다음과 같다.

(19) 가. 燒木 ᄒᆞᆫ ᄌᆞ래로ᄡᅧ[네 발로 ᄌᆞ래를 하라] / 一迲 以燒木一迲[四把爲度] 〈新傳煮取焰焇方諺解 12a〉, 燒木 세 ᄌᆞ래니/燒木三迲 〈新傳煮取焰焇方諺解 18b〉, 燒木이 셜흔 ᄌᆞ래오/燒木三十迲 〈新傳煮取焰焇方諺解 18b〉

나. 토목 거위 ᄒᆞᆫ ᄌᆞ래를 ᄢᅵ어셔 스므 나믄 근을 어드니 ᄒᆞᆫ ᄌᆞ래 토목이 스므동 남게 비컨대 / 用吐木幾一迲而得硝二十餘斤一迲吐木比之 〈新傳煮硝方諺解 9a〉

(19)에 나타난 『新傳煮取焰焇方諺解』의 한문 원문은 우리 나라에서 작성된 것이어서 한국 고유한자 迲이 쓰인 것이다. 화약 제조의 원료가 되는 焰焇를 중국에서 수입하지 않고 독자적으로 제조하기 위해서 李曙에 의해 『新傳煮取焰焇方諺解』가 찬집된 것이 그 근거이다.[48]

다음 자료는 'ᄌᆞ래'의 선대형이 '*ᄌᆞᆯ애'였을 가능성을 암시해 준다.

(20) 가. 迲村處 현 서쪽 10리 되는 곳에 있다. ○ 迲는 고금의 韻書에 없다. 本國의 方言에 '풀을 섶같이 묶은 것이 迲'이라 하는데, 玆乙阿 세 글자를 합하여 訓으로 삼고 音과 뜻은 없다.[49] 〈新

48) 이에 대해서는 황문환(2004: 144-144) 참조.

增東國輿地勝覽 陰竹 古蹟〉

나. 玆乙阿川 옛 新寧縣에 있다. 곧 永川郡 北川 上流다. 〈新增東國輿地勝覽 新寧縣 山川〉

(20가)는 迲의 훈으로 玆乙阿를 제시하고 있다. 이것은 『新增東國輿地勝覽』이 편찬된 1530년 경에는 'ᄌᆞ래'가 '*ᄌᆞᆯ애'였음을 말해주는 것이다. 만약 16세기에 迲의 훈이 'ᄌᆞᆯ애'가 아니고 'ᄌᆞ래'였다면 (20가)에 제시된 차자 표기 玆乙阿와의 대응 관계를 설정하기가 어렵다. 玆乙阿에서 乙阿가 '래'를 표기했다고 보아야 하기 때문이다. 玆乙이 'ᄌᆞᆯ' 정도, 阿는 '애' 정도를 표기한 것으로 보아 玆乙阿는 'ᄌᆞ래'가 아니라 '*ᄌᆞᆯ애' 정도를 표기한 것으로 보는 것이 합리적이다.

迲의 선대형 훈을 '*ᄌᆞᆯ애'로 추정하게 되면, 한국 고유한자 迲의 의미를 분명하게 파악할 수 있다. 'ᄌᆞ래'의 경우와 다르게 '*ᄌᆞᆯ애'의 경우는 'ᄌᆞᆯ[ᄌᆞᄅᆞ]-+개' 정도의 구성을 생각할 수 있기 때문이다. 'ᄌᆞᆯ[ᄌᆞᄅᆞ]-+개'는 동사 어간에 명사 파생 접미사가 결합된 구성이다. 이러한 구성에 의한 15세기 어휘로는 '베개, 집게, ᄂᆞᆯ개/ᄂᆞᆯ애, 둡게, 받개, 놀애, 노리개' 등이(허웅, 1975: 233-234 참조) 있다.

迲이 땔나무의 양을 계산하는 단위로 쓰였다는 점에서 迲의 선대형 훈을 '*ᄌᆞᆯ개'로 추정하는 것은 합리적이다. 땔나무의 양을 계산하는 단위로 唐나라에서는 橦을 사용하였는데, 이 橦이 '나무를 끊어 낸 것'의 의미를 가지기 때문이다.

49) 『新增東國輿地勝覽』, 陰竹縣, 古蹟, "迲村處[(中略) 迲古今韻書無之 本國方言謂東草若薪爲迲 合玆乙阿三字 爲訓 而無音義]"

(21) 가. 橦【類篇】木一截也 唐式 柴方三尺五寸曰一橦 〈康熙字典〉
나. 橦 (중략) 量詞. 古代用於木頭的計量.《資治通鑑·唐太宗貞觀十四年》:"尙書左丞韋悰句司農木橦價 貴於民間, 奏其隱沒." 胡三省注:"橦, 諸容翻, 木一截也. 《唐式》: 柴方三尺五寸爲一橦."〈漢語大詞典〉

(21가)는 唐나라에서 '나무토막[木頭]'을 계량하는 단위로 橦이 쓰였음을 보여주고 있다. 그리고 (21가)는 橦이 '나무를 끊어 낸 것'의 의미를 가지고 있음을 말하고 있다. 주지하듯이 우리의 도량형 제도는 중국의 도량형 제도로부터 영향을 받아 발전하였다. 이것은 땔나무를 계량하는 중국의 橦과 우리의 迲도 역시 동일선 상에서 그 의미를 파악해야 함을 말하는 것이다. 따라서 나무토막을 계량하는 단위로 쓰인 迲의 선대형 훈을 '*즐개'로 추정하는 것은 매우 합리적이라고 생각한다.

(21나)의 '唐式 柴方三尺五寸曰一橦'과 '唐式 柴方三尺五寸爲一橦'에서 柴方의 方은 계량 면적[50]을 나타내는 것으로 구체적으로는 땔나무 묶음의 '둘레'를 뜻한다. 앞에서 이미 제시했지만『육전조례』공전 簾篿各種 조에서 '양 팔로 두른 것이 一迲이 된다'의 설명과 일치한다.

이상으로 우리는 한국 고유한자 迲에 관련하여 두 가지 사실을 알게 되었다. 하나는 迲의 선대형 훈이 '*즐개'로 추정된다는 사실이다. 다른 하나는 땔나무의 양을 계산할 때 일정한 '둘레'를 하나의 단위로 정한다는 사실이다.

---

50)『漢語大詞典』, 方, "16. 古代計量面積用語. 后加表示長度的數字或數量詞, 表示縱橫若干長度的意思. 多用於計量土地.《論語·先進》:"方六七十, 如五六十, 求也爲之, 比及三年, 可使足民." 宋蘇軾《論河北京東盜賊狀》:"今又不雨, 自秋至冬, 方數千里, 麥不入土."

迲의 선대형 훈 '*ᄌᆞᆯ개'와 관련하여 한국 고유한자 迲을 구성한 去가 주목된다. 물론 去의 훈으로 '가다, 덜다[除]' 등의 것만 발견되고, '자르다'의 훈은 발견되지 않아 'ᄌᆞᆯ[ᄌᆞᄅᆞ]-'을 迲의 去와 연결시키기에는 무리가 따른다. 그러나 迲이 단독으로 쓰인 경우 뿐만 아니라 迲乃로도 표기되고, 심지어는 去乃로도 표기된다는 점에서 去가 '자르다'의 의미를 가졌던 것으로 생각된다.

(22) 가. 松明 五迲乃〈御營廳謄錄 권113, 道光二十四年 九月 日〉, 燒木一迲乃〈御營廳舊式例 甲子年判府事徐大將時抄錄〉
나. 柳箕一去乃〈殯宮都監儀軌 稟目秩〉, 燒木五去乃〈上諡封園都監儀軌 권2 手本秩〉, 松明五去乃〈顯穆綏嬪入廟都監儀軌 稟目〉

(22가)의 迲乃와 (22나)의 去乃 모두 'ᄌᆞ래'를 표기한 것이다. 去乃는 迲乃의 迲을 생획하여 표기한 것으로 생각할 수 있다. 去乃의 표기가 존재한다는 것은 去가 'ᄌᆞ래'를 연상시킬 수 있는 힘을 가지고 있음을 말한다. 만약 去가 그러한 힘을 가지고 있지 않다면, 이두토 去乃의 존재로 땔나무의 양 단위를 나타내는 去乃는 'ᄌᆞ래'로 읽히지 않았을 것이다.

땔나무의 양을 측정하는 경우에 땔나무의 '둘레'는 매우 중요하다. 그리하여 당나라에서는 1橦의 기준 둘래를 '三尺 五寸'으로 정했던 것이고, 우리의 경우에는 1迲의 기준 둘레를 4척이나 10척으로 정했던 것이다. 그런데 '나무를 자른 것'을 의미하는 '*ᄌᆞᆯ개'만으로는 이 기준 둘레를 표시할 수 없다. 따라서 '자르다'의 의미를 가진 去에 '둘레'의 의미를 가진 辶를 첨가하여 한국 고유한자 迲을 형성한 것으로 추정되어 迲은 會意字가 된다.

한국 고유한자 迲이 이른 시기에 사용된 용례 몇 가지를 들어 보면 다음과 같다. 迲村處의 경우는 앞에서 이미 소개했으나 설명을 위해서 다시 제시한다.

(23) 가. 東距永川郡境迲林院〈慶尙道地理志 義興縣〉
나. 朱土 産松生縣東 雙巖寺 北山 迲峴【皆下品】〈世宗實錄地理志 青松郡〉
다. 迲村處 현 서쪽 10리 되는 곳에 있다.〈新增東國輿地勝覽 陰竹 古蹟〉

(23가)는 迲이 사용된 가장 이른 시기의 용례이다. (23다)의 迲村處는 한국 고유한자 迲의 발생 시기가 고려 시대임을 암시해 주는 자료이다. 處란 고려 시대에 운영되었던 행정 구역이기 때문이다. (23가)의 迲林院도 고려 시대에 한국 고유한자 迲이 발생했음을 간접적으로 알려 주는 용례이다. 院이란 여말·선초에 운영되었던 관영 숙박 시설이기 때문이다.

3.2. 한국 고유한자 구성 요소 辶의 특수성 형성 배경

3.2.1. 한국 고유한자 구성 요소 辶의 의미적 특수성

앞 장의 논의로 한국 고유한자 구성소 辶는 '迚, 迲, 迬' 등의 경우에 邊의 의미를 가지고 있음을 확인하였다. 그리고 迆의 경우에 있어서, 辶는 '밑[底]'의 의미를 가지고 있음을 논의하였다. 또한 迚는 '밑[底]'으로 읽혀, 邊과 底가 의미적으로 밀접한 관계에 있음을 말하였다.

한국 고유한자 구성소 辶이 邊과 底의 뜻을 가지는 것은 매우 특이한 것이다. 辶가 구성소로 참여한 한자와 일본의 國字에서는 모두 辶의 본래 뜻인 '천천히 가다'의 뜻으로 사용되었기 때문이다. 辶가 구성소로 참여한 일본 國字 일부를 가지고 이러한 점을 설명하도록 한다.

(24) 가. 辷 믹그러진다 ○ 順하게된다 ○禪位한다 ○물러나온다 ○안저둥그댄다 〈新字典 日本俗字部〉
나. 辻 네거리 新字典 日本俗字部〉
다. 込 장인다 ○ 진이게 한다 ○씨엿다, 찻다 ○부뷘다. ○석긴다 〈新字典 日本 俗字部〉
라. 迚 좀처럼, 썩 〈新字典 日本俗字部〉

(24)에 제시된 일본 國字에서 辶는 본래적 의미인 '천천히 가다'의 의미로 사용되었다. 즉 '辷, 辻, 込, 迚' 등의 의미는 '辶+一, 辶+十[동서남북[51]], 辶+入, 辶+中' 등의 결합 의미로 설명될 수 있다.

3.2.2. 한국 고유한자 구성 요소 辶의 특수성 형성 배경

한국 고유한자 구성소 辶의 특수성 형성 배경을 살펴 보기에 앞서 書寫의 특이성에 따라 발생된 辶변 한자들을 검토할 필요가 있다.

(25) 가. 五更釋金[名曰夕金 亦名边金], 远[52]行不边, 三十三天太虛震边

51) 『康熙字典』, "說文, 十, 數之具也 一爲東西, 丨爲南北, 則四方中央具矣 易, 數生于一, 成于十"
52) 遠의 속자이다.

〈日用集〉

나. 芳允寺主 重職 [辶王=匡]祚禪院主人, 柒[辶斤=匠] 信貞〈淨兜寺造塔形止記〉

다. 此外如下吏之選字作遈, 歲字作歩, 暮·幕等字作㕡·帀, 湖南之人, 風字作迚. 皆鄕曲人率意省筆者, 此則不足以俗字言也〈書永編〉

(25가)의 边은 鮎貝房之進(1931: 69)에서 논의된 것이다. 边은 흔히는 邊의 약자로 알려진 것인데, 鮎貝房之進(1931)은 (25가)의 문맥에서는 動의 의미이고 力辵의 회의자라고 하였다. 이 경우에 있어서 辶은 본래의 뜻인 '천천히 가다'로 사용된 것이다.

(25나) [辶王]과 [辶斤]에서 辶은 匡과 匠의 乚획에서 온 것이다. 匚의 乚획을 辶로 서사하는 것은 중국 六朝 시대부터 碑誌文에서 더러 볼 수 있다고 한다.(陸明君, 2009: 84) 陸明君(2009)은 北魏 「元鑒墓誌」에 匝이 [辶巾]으로 서사된 예를 보여 주고 있다. 中國의 서사법이 (25나)처럼 우리에게도 전해진 것이 흥미롭다.

(25나)의 風과 迚의 관계를 살펴 보면, (24나)와 유사하게 風의 冂획을 辶으로 서사한 것으로 이해된다. 그러나 1예만 있어 더 자세한 내용을 말할 수 없다.

邊이 辶으로 생획되어 한국 고유한자 '辻, 迆, 迲, 迌' 등을 형성한 배경을 두 가지 측면에서 찾을 수 있다고 생각한다.

하나는 等의 생획자로 'ㅊ', 隱의 생획자로 'ㄱ' 등을 형성한 차자 표기법의 역량이다.

다른 하나는 남풍현(1989: 98-101)이 말하였듯 2자가 合字된 夻과 같은 한국 고유한자가 존재하는 점이다. 夻은 大等에서 온 것으로 等이 'ㅊ'로 생획되어 정자인 大와 합자된 것이다.

4. 결언

이 글에서 논의한 핵심 사항을 정리하면 다음과 같다.

첫째, 이 글에서는 한국 固有漢字 '迲, 迚, 遤, 迲' 등의 의미를 다음과 같이 규명하였다.

1) 迲는 '辶+守'의 결합적인 의미인 '울타리의 가장 자리'의 의미로 이것은 중세 국어의 '오래[門]'와 의미 상 연관된 것임을 밝혔다.

2) 迚의 뜻으로 알려진 '마두리, 말밑' 등이 '辶+斗'의 결합적인 의미로 '말을 되고 남은 주변, 곧 말을 되고 난 뒤의 남은 양'으로 이해될 수 있음을 밝혔다.

3) 遤의 뜻으로 알려진 '굳'은 '辶+地'의 결합적인 의미로 '땅의 밑, 곧 구덩이'의 의미로 이해될 수 있음을 밝혔다.

4) 迲의 뜻으로 알려진 'ᄌᆞ래'는 그 선대형이 '*ᄌᆞᆯ개'이며, '辶+去'의 결합적 의미인 '나무를 잘라 묶어 놓은 것의 둘레' 등을 의미함을 밝혔다.

둘째, 한국 고유한자 '迲, 迚, 遤, 迲' 등의 자형 구성 방법을 다음과 같이 규명하였다.

5) '迲, 迚, 遤, 迲' 등은 각각 '辶+守, 辶+斗, 辶+地, 辶+去' 등으로 결합된 것임을 밝혔다.

6) '迲, 迚, 遤, 迲' 등의 구성 요소로 사용된 辶은 邊의 의미임을 밝혔다.

7) '迲, 迚, 遤, 迲' 등이 會意字임을 밝혔다.

셋째, 한국 고유한자 '迚, 遤, 迲, 迲' 등을 구성할 때, 邊이 辶으로 생획되는 현상이 口訣字와 같은 省劃字를 발달시킨 차자 표기법에서 비롯되었을 것으로 추정하였다.

〈참고 문헌〉

1. 자료

『康熙字典』(http://tool.httpcn.com/KangXi)
『慶尙道地理志』(국립중앙도서관 소장 자료, 古2750-7)
『高麗國江陵三陟埋香碑』(장서각 소장 자료, B14B-93)
『高麗史』(아세아문화사 영인본, 1972)
『光州千字文』(東洋學叢書 第三輯, 1973, 단국대학교 동양학연구소 영인본)
『近世韓國五萬分之一地形圖』(경인문화사 영인본, 1982)
『大東輿地圖(규장각 소장 자료, 奎10333-v.1-22)
『龍龕手鏡』(국립중앙도서관 소장 자료 古朝41-68)
『方言類釋』(홍문각 영인본, 1985)
『百聯抄解』(大邱大學國文學會 1960, 국립중앙도서관 소장 자료, 古3641-5)
『百榴園志』(장서각 소장 자료, C14C-12)
『備邊司謄錄』(국사편찬위원회, http://db.history.go.kr)
『殯宮都監儀軌』(장서각 소장 자료, k2-2951)
『三國史記』(全國地理地, 한국학문헌학연구소, 아세아문화사, 1982)
『尙方各樣前例謄錄』(장서각 소장 자료, k2-3651)
『上諡封園都監儀軌』(장서각 소장 자료, k2-3069)
『世宗實錄地理志』(국사편찬위원회, http://db.history.go.kr)
『小學諺解』(단국대학교 퇴계학연구소 영인본, 1991)
『水城誌』(장서각 소장 자료, k2-4250, 1663)
『旬五志(국립중앙도서관 소장 자료, 古091-20)
『承政院日記 (국사편찬위원회, http://db.history.go.kr)

『新字典』(朝鮮光文會, 1915)
『新傳煮取焰焇方諺解』(장서각 소장본, 3-310)
『新增東國輿地勝覽 국역본』 (한국고전번역원정보시스템,
http://db.itkc.or.kr/itkcdb/mainIndexIframe.jsp)
『新增東國輿地勝覽』(景文社 1978)
『新增類合』(東洋學叢書 第二輯, 1979, 단국대학교 동양학연구소 영인본)
『盎葉記』(한국고전번역원정보시스템,
http://db.itkc.or.kr/itkcdb/mainIndexIframe.jsp)
『御營廳舊式例』(장서각 소장 자료, k2-3346)
『御營廳謄錄』(장서각 소장 자료, K2-3349)
『譯語類解』(대제각 영인본, 1986)
『研經齋全集』(한국고전번역원정보시스템,
http://db.itkc.or.kr/itkcdb/mainIndexIframe.jsp)
『五洲衍文長箋散稿』(한국고전번역원정보시스템,
http://db.itkc.or.kr/itkcdb/mainIndexIframe.jsp)
『月印釋譜』(대제각, 1985)
『六典條例(규장각 소장 자료, 가람古340.091-Y95-v.6)
『頤齋亂藁』(장서각 디지털 아카이브, http://yoksa.aks.ac.kr)
『日用集(국립중앙도서관 소장 자료, 한古朝21-115, 1882)
『字典釋要』
「淨兜寺五層石塔造成形止記」(盧明鎬 외, 『韓國古代中世古文書研究(上)』,
2000, 서울대학교출판부.)
『才物譜(국립중앙도서관 소장 자료, 한古朝91-23)
『朝鮮王朝實錄』(http://silook.history.go.kt/main/main.jsp)
『朝鮮地誌資料』(국립중앙도서관 소장 자료, 古2703-1, 1911)
『晝永編』(국립중앙도서관 소장 자료, 古3638-27-1-2)
『芝峯類說』(한국고전번역원정보시스템,
http://db.itkc.or.kr/itkcdb/mainIndexIframe.jsp)
『震覽』(규장각 소장 자료, 가람古 903-J563)
『惕齋集』(한국고전번역원정보시스템,

http://db.itkc.or.kr/itkcdb/mainIndexIframe.jsp)
『표준국어대사전』(국립국어원,
http://www.korean.go.kr/09_new/index.jsp)
『韓佛字典』(국학자료원, 2002)
『韓國漢字語辭典』 개정초판(단국대학교 동양학연구소, 2002)
『漢語大詞典』(漢語大詞典出版社, 1991~1993)
『海東地圖』(규장각 소장 자료, 古4709-61)
『顯穆綏嬪入廟都監儀軌』(장서각 소장 자료, k2-2214)
『戶口總數』(奎1602-v.1-9)』(서울대학교 규장각 영인본)
『訓局謄錄』(장서각 소장 자료, k2-3401)
『訓蒙字會』(東洋學叢書 第一輯, 1971, 단국대학교 동양학연구소 영인본)

2. 논저

국립가야문화재연구소(2011), 『韓國木簡字典』, 국립가야문화재연구소.
金鍾塤(1983), 『韓國固有漢字研究』, 集文堂.
金沢庄三郎(1994), 『日韓古地名の研究』, 草風館.
南豊鉉(1981), 『借字表記法研究』, 檀大出版部.
南豊鉉(1989), 「韓國의 固有漢字」, 『국어생활』 17, 국어연구소, 96-109.
南豊鉉(2000), 『吏讀研究』, 태학사.
盧明鎬 외(2000), 『韓國古代中世古文書研究(上)』, 서울대학교출판부.
檀國大東洋學研究所 編(1997), 『韓國漢字語辭典』, 단국대 동양학연구소.
도수희(2003), 『한국의 지명』, 아카넷.
柳在泳(1976), 「韓國漢字」, 『국어국문학』 30, 원광대학교 국어국문학과.
朴秉喆(2012), 「新增東國輿地勝覽에 나오는 遷계 地名語의 衰退에 관한 研究」, 『語文研究』 40-1, 한국어문교육연구회, 35-56.
朴盛鍾 (2005), 「韓國漢字의 一考察」, 『口訣研究』 14, 구결학회, 51-82.
송하진(1993), 「삼국사기 지리지 지명의 국어학적 연구」, 동국대학교 대학원 박사학위논문.
楊明璋(2008), 「論敦煌文學與文士的以文爲 戲書寫傳統」, 『敦煌學』 27, 南華大學敦煌學研究中心, 459-478.
陸明君(2009), 『魏晉南北朝碑別字研究』, 文化藝術出版社.

윤선태(2006), 「雁鴨池 出土 門號木簡과 新羅 東宮의 警備」, 『韓國古代史研究』 44, 한국고대사학회, 269-296.
이건식(2009), 「한국 고유한자의 발달-지명의 후부 요소 표기를 중심으로-」, 『구결연구』 22, 구결학회, 219-259.
이건식(2012), 「한국 고유한자 字形 構成 方法 연구 二題 -기존 연구의 비판적 검토와 形聲으로 만들어진 한국 고유한자의 몇 가지 사례-」, 『東洋學』 52, 단국대학교 동양학연구소, 187-211.
李京燮(2010), 「雁鴨池 木簡과 新羅 宮廷의 日常」, 『新羅文化』 35, 동국대학교 신라문화연구소, 21-49.
이기문(1968), 「高句麗의 言語와 그 特徵」, 『白山學報』 4, 백산학회, 101-142.
李基文(1980), 『國語史概說 改訂版』, 탑출판사.
이기문(1981),『韓國語形成史』, 삼성문화문고 160, 삼성미술문화재단.
이문기(2005), 「雁鴨池 출토 木簡으로 본 新羅의 宮廷業務」, 『韓國古代史研究』 39, 한국고대사학회, 157-207.
李丞宰(1992), 『高麗時代의 吏讀』, 태학사.
이장희(2006), 「고구려어의 '돼지'에 대하여」, 『지명학』 12, 한국지명학회, 219-245.
李忠九(1983), 「書永編」에 蒐集된 韓國漢字의 分析研究, 『首善論集』 8. 成均館大學校 大學院 學生會, 65-96.
鮎貝房之進(1931), 俗字攷, 『雜攷』, 東京 圖書刊行會.
최동언(2001), 『조선식 한문 연구』, 북한 사회과학원.
허웅(1975), 『우리 옛말본 형태론』, 샘문화사.
홍기문(1957), 『리두연구』, 과학원출판사.
황문환(1997), 「新傳煮硝方(諺解)」에 대한 國語學的 考察」, 『정신문화연구』 20-4, 한국학중앙연구원, 137-157.

제3장
한국에서의 한자 표기 禾의 원시적 의미와 용법에 대하여

1. 서언

이글은 한국 문헌 자료에서 한자 표기 禾가 가지는 原始的 의미와 용법을 고찰하고자 한다. 이글에서는 한자 禾의 古訓 '쉬'를 활용한 차자 표기 용법과 馬齒를 의미하는 한국 고유한자 禾의 용법을 중점적으로 고찰하고자 한다.

한자 禾가 古訓으로 곡식을 뜻하는 '쉬'의 의미를 가졌음은 널리 알려져 있다. 그러나 이 고훈 '쉬'를 활용한 차자 표기 용법은 심도 있게 연구되지 못하였다. 매우 제한된 범위에서 연구가 진행되어 왔다. 향명 표기 禾菁의 禾가 고훈 '쉬'를 활용하였음을 언급한 남풍현(1981)과 김두찬(1983), 인명 표기에 禾의 고훈 '쉬'를 활용한 인명 표기가 『朝鮮王朝實錄』에 있음을 논의한 최동언(2001) 정도를 찾을 수 있을 뿐이다. 그리고 일부 지명 연구 연구자들이 禾의 고훈 '쉬'를 활용한 지명 표기가 있음을 지적한 것을 추가할 수 있다.

이 글은 禾의 고훈 '쉬'를 활용한 '인명, 지명, 물명, 직명' 등의 표기를 분석하고자 한다. 특히 상대적으로 많은 용례를 보여 주는 지명 표기를 중점적으로 분석하고자 한다.

삼국 시대, 통일 신라 시대, 고려 시대의 자료에서 禾의 고훈 '쉬'를 활용한 차자 표기를 확인하기는 매우 어렵다. 그러나 조선 시대 자료에서는 禾의 고훈 '쉬'를 활용한 차자 표기를 적지 않게 발견할 수 있다. 그렇지만 차자 표기에 의한 지명 표기는 차자 표기의 불완전성에 말미암아 차자 표기를 정확하게 해독하는 것이 그리 쉽지 않다. 견강부회의 해석이 될 가능성이 늘 상존한다. 이글은 이러한 난점을 극복하기 위하여 同一 지명의 확실한 이표기를 확보하고, 현지인들의 한글 표기 명칭을 확보하고자 한다. 이를 위해 1757년에서 1765년 사이에 각 읍에서 편찬한 읍지를 성책하여 편찬한『輿地圖書』, 1789년에 작성된『戶口總數』, 1911년에 조사된『朝鮮地誌資料』[1], 1912년에 작성된『地方行政區域名稱一覽』[2] 등에 나타난 洞里村名 표기를 분석하여 이표기를 수집하고자 한다. 아울러『朝鮮地誌資料』에 나타난 현지인의 한글 표기 명칭 자료도 활용하고자 한다.

'『古今釋林』,『五洲衍文長箋散稿』,『吏讀便覽』' 등의 주석서를 거쳐 1914년에 朝鮮光文會가 편찬한『新字典』에 이르기까지 한국 문

1) 이 자료는 국립중앙도서관에 소장되어 있다. 청구기호는 古2703이다. 신종원(2007: 3-9)에 따르면 이 자료는 1911년에 작성된 것이다.

2) 이 자료는 태학사 출판사에서『舊韓國地方行政區域名稱一覽』으로 영인한 바 있다. 이 글에서는 국립중앙도서관 소장의 자료를 이용하였다. 이 자료의 범례에는 1912년(明治 45) 6월 1일에 작성된 범례가 실려 있다.

헌에서 㐎가 馬齒를 뜻하고, 더 나아가 '말의 나이'를 의미함은 분명하게 인식되었다. 이러한 의미를 가지는 㐎를 『五洲衍文長箋散稿』에서는 東國土俗字, 『新字典』에서는 朝鮮俗字, 김종훈(1983)에서는 한국 고유한자라 하여 㐎로 표현된 의미의 고유성을 주목하였다. 그럼에도 불구하고 馬齒를 뜻하는 㐎의 용례와 그 용법은 정리되지 못하였다. 이것은 우선은 용례 수집의 어려움에 기인한 것으로 이해된다.

오늘날 많은 주요 문헌 자료들이 전산화되어 정보 검색 서비스가 되고 있다. 이것을 활용하면 용례 수집에 큰 어려움이 없다. 이러한 상황에 힘입어 이글은 馬齒를 뜻하는 㐎의 용례를 수집하여 분석한 다음, 㐎의 용법을 밝히고자 한다. 이글의 이러한 작업은 馬齒를 뜻하는 㐎의 기원에 접근하는 토대가 될 것으로 생각한다.

한국 고유한자로 누구나 보편적으로 인정하는 畓은 會意의 방법으로 형성된 것으로 그 기원이 명확하다. 이에 반해 한국 고유한자 㐎의 字形 형성 과정은 매우 독특하다. 표면적으로 한국 고유한자 㐎는 자형의 변화 없이 한국 고유 의미 馬齒를 지니게 되었다. 한자가 字形 변화 없이 그대로 한국 고유 의미를 가진 배경과 절차에 대한 궁금증이 이 글의 출발점이다. 이 글은 이러한 궁금증을 풀기 위한 토대를 마련하기 위해서 馬齒를 뜻하는 㐎의 용법을 심도 있게 분석하고자 한다.

이글에서 차자 표기 㐎와 한국 고유한자 표기 㐎를 동시에 논의하고자 한다. 이것은 둘 간의 상관성 여부를 판단하기 위한 것이다. 한자 표기 㐎의 원시적 의미를 간략하게 정리한 다음 차자 표기 㐎와 한국 고유한자 㐎의 용법을 분석하도록 한다.

2. 한자 표기 禾의 원시적 의미

2.1. 한자 禾의 古訓 쉬/슈

오늘날 禾의 訓은 '벼'이다. 그런데 禾의 古訓은 '쉬'이다. 이점에 대해서는 이미 鮎貝房之進(1931: 53)[3]에서 언급한 바 있다. 禾의 訓을 언급한 조선 시대 字釋書를 가급적 많이 찾아 제시하면 다음과 같다. 문헌에 따라 音과 訓의 제시 순서가 다르나 여기에서는 일관되게 '漢字, 訓, 音' 등의 순서로 제시한다. 『字典釋要』는 '벼'와 '곡식'의 두 가지 訓을 제시하고 있어 (1다)와 (1라)로 나누어 제시했다.

(1) 가. 禾 쉬 화 穀之總名 〈訓蒙字會(1527) 下 2〉
　　禾 쉬 화 〈百聯抄解東京大本(1576) 16, 新增類合(1576) 上 10, 靈長寺板類合(1700) 7〉
　나. 禾 수 화 〈類合七長寺本(1664) 7〉
　다. 禾 벼 화 〈倭語類解(1709) 下 4a, 國漢文新玉篇(1908) 3, 字典釋要(1909) 下 33〉, 禾 稼之總名 벼 〈新字典(1915) 三卷〉, 禾 볘 화 〈初學要選(1918) 82〉
　라. 禾ᄂᆞᆫ 딥조ᄎᆞᆫ 穀食이라 〈法華經諺解(1463) 卷1 13〉, 禾 곡식 화 〈字類註釋(1856) 上 75, 字典釋要(1909) 下 33〉

(1가)와 (1나)의 자석서는 禾의 訓으로 '쉬/수'를, (1다)의 자석서는 '벼'를, (1라)의 자석서는 '곡식'을 보여주고 있다. (1)의 자료만

3) 국립중앙도서관에서 제공한 원문 이미지의 쪽수이다.

을 대상으로 하면 '쉬>수'의 음운 변화를 생각해 볼 수 있다. 그러나 禾의 訓 '쉬'를 활용한 차자 지명 표기에 대응한 20세기 초 한글 표기가 '쉬, 슈, 수, 시' 등으로 다양하게 나타나서 그러한 음운 변화를 단정할 수 없다. 또, (1가)와 (1다)를 통해 '쉬→벼'로 訓이 교체된 역사적 사실을 이해할 수 있다. 그리고 禾의 古訓에 '쉬'와 '곡식'의 2종이 있음을 알 수 있다.

李晩永이 1798년(정조 22)에 편찬한 『才物譜』에는 禾를 "嘉穀의 總名으로 찰기장, 뫼기장, 벼, 차조 등의 싹으로부터 씨에 이르기까지 모두 禾라 한다. 지금은 단지 벼만을 禾라 칭한다"[4]라는 설명이 있다. 이 설명은 한국에서 한자 禾의 의미가 축소되었음을 말하는 것이다. 신경철(1993: 185)은 '벼'가 '쉬'의 대표적인 것이어서 자주 쓰이게 되어 '벼'가 禾의 뜻으로 대체된 것으로 설명하고 있다.

『訓蒙字會』에서도 禾를 穀之總名으로 풀이하고 있다. 이것으로 우리는 '쉬'가 한자어 '곡식(穀食)'과 유의어 관계에 있음을 이해할 수 있다. '곡식'은 15세기 자료인 『南明泉繼頌諺解』에 '곡식 업실시오〈下 30〉'와 같이 나타나는 것은 물론 『同文類解(1748)』, 『漢淸文鑑(영조 말년)』 같은 자료에도 나타난다. 반면에 '쉬'가 단독으로 쓰인 용례를 『靈長寺板類合(1700)』 이후의 문헌에서는 찾기가 쉽지 않다. 결국 18세기 이후에 '쉬'가 死語化의 과정을 밟기 시작한 것으로 추측할 수 있다.

---

4) 『才物譜(국립중앙도서관 古031-35)』, 冬集, 穀譜, "禾嘉穀總名 黍稷稻梁 自苗至實皆曰禾 今但稱稻曰禾"

2.2. 한자 禾의 특수 의미

한자 표기 禾는 우리 문헌 자료에서 馬齒의 의미로 사용되었다. 이에 대해서는 鮎貝房之進(1931: 56-57)과 金鍾塤(1983)에서 이미 언급하였다. 이 연구들에서는 부분적으로만 조선 시대 주석서를 언급하였다. 馬齒의 의미를 가진 禾를 설명한 주석서를 찾아 제시하면 다음과 같다.

(2) 가. 禾 本朝 馬齒曰禾 音數 〈古今釋林(1789) 卷27, 東韓譯語, 一字類〉

나. 禾 音水 俗訓馬齒數 見郵驛馬籍 〈五洲衍文長箋散稿(19세 기 중엽), 詩文篇, 論文類, 文字, 東國土俗字辨證說〉

다. 禾 수 俗稱曰禾 一禾二禾是也 〈吏讀便覽(연대 미상), 行 用吏文〉

라. 禾 [슈][5] 馬齒數 말니수효 見郵驛馬籍 〈新字典(1915), 朝鮮俗字部〉

(2)는 禾의 독특한 訓인 馬齒를 설명하고 있다. 다만 (2가)는 馬齒로, (2나)와 (2라)는 馬齒數로 설명하고 있다. 馬齒와 馬齒數의 차이를 현재 정확하게 말할 수 없다. (2다)의 주석 一禾二禾是也를 고려하면, 馬齒數보다는 馬齒가 禾의 訓으로 적절하다.

(2다)를 제외하고 '(2가), (2나), (2라)' 등은 禾의 音을 數 또는 水로 기술하고 있다. '(2가), (2나), (2라)' 등에서 禾의 字義를 馬齒로 파악하고 字音을 數 또는 水로 파악한 것은 禾를 한자로 이해한 것이다. 馬齒의 의미를 가지는 禾를 漢字로 파악한다면, 禾는 한국

5) 『新字典』에서 音을 표시한 것이다.

고유한자가 될 것이다. 한자에서는 禾에 馬齒의 의미가 없기 때문이다. 『新字典(1915)』에서 禾를 朝鮮俗字로 파악한 것 역시 馬齒의 의미를 가진 禾의 고유성을 지적한 것이다. 한편 金鍾塤(1983)에서는 禾를 한국 고유한자로 파악하고 있는데, 이 연구도 禾가 가지는 의미의 고유성에 주목한 것이다.

그런데 禾가 어떤 글자의 생획자이고, 그 글자가 馬齒를 뜻하는 것이라면, 禾는 한국 고유한자가 될 수 없다. 예컨대 穗의 생획자로 禾를 생각할 수도 있다. 그러나 현재는 그러한 관계를 밝히기가 어려운 입장에 있다. 따라서 잠정적으로 禾를 한국 고유한자로 파악해 둔다.

한편 禾가 우리말 '쉬' 또는 '슈'를 표기한 차자이고, 우리말 '쉬' 또는 '슈'가 馬齒의 의미를 가지는 것으로도 이해할 수 있다. 이러한 사례로 『飜譯老乞大』에 '나히[年]'를 의미하는 '쉬'의 용례를 들 수 있다. 『飜譯老乞大』는 崔世珍이 1528년에 편찬한 것으로 한문본 『舊本老乞大』를 언해한 것이다. 이본 간의 차이를 보이는 표현은 다음과 같다.

(3) 가. 自己元買到 赤色騸馬 一疋 年五歲 / 내 본ᄃᆡ 사온 졀다 악 대ᄆᆞᆯ ᄒᆞᆫ 피리 쉬 다섯 서리오 〈飜譯老乞大(1528) 下 16a〉
나. 自己元買到 赤色騸馬一匹 年五歲 / 내 본ᄃᆡ 사온 졀다 악대 ᄆᆞᆯ ᄒᆞᆫ 필이 나히 다습이오 〈老乞大諺解(규2044, 1670[1745]) 下 14b〉

한문 年五歲를 (3가)에서는 '쉬 다섯 서리오'로 언해하고 있고, (3나)에서는 '나히 다습이오'로 언해하고 있다. '쉬 대 나히'의 대응관계가 성립된다. '나히'는 '年'의 의미이므로 (3가)의 '쉬'가 '나이'

의 의미로 사용되었음은 명확하다.

그런데 1예만 있어 '말의 나이'를 뜻하는 고유어 '쉬'가 존재했다고 단정적으로 말할 수 없다. 馬齒를 뜻하는 한국 고유한자 㭏를 한글로 전사한 것이 (3가)의 '쉬'라고 이해할 수도 있다. 만약 '말의 나이'를 뜻하는 고유어 '쉬'가 존재했다면, 우리가 지금까지 한국 고유한자라 생각했던 㭏는 고유어 '쉬'를 표기한 訓假字가 될 것이다. 그리고 '말의 나이'를 뜻하는 고유어 '쉬'가 고유어 '쉬[㭏]'에서 파생된 것이라면, 馬齒를 뜻하는 㭏는 訓讀字가 될 것이다. 그러나 현재는 관련 자료가 없어 이러한 주장을 증명하기가 어려운 실정에 있다.

3. 한자 표기 㭏의 원시적 용법

3.1. 인명의 차자 표기 㭏의 용법

南豐鉉(1991:62)에 따르면, 고려 시대 인명은 상류층에서는 거의 한자어 이름이고, 일반 서민이나 노비의 이름에서 고유어 이름을 확인할 수 있다고 한다. 한자를 빌려 고유어를 표기했음은 주지의 사실이다. 조선 시대 고유어 이름 역시 차자 표기로 고유어를 기록하였다. 이에 대한 연구로 최범훈(1977)을 들 수 있는데, 이 연구의 주요 내용이 南豐鉉(1991: 65-67)에 간명하게 정리되어 있다.

『朝鮮王朝實錄』과 조선 시대 고문서에서 禾를 사용한 인명을 간략하게 뽑아 제시하면 다음과 같다.

(4) 가.[6] 禾山 〈世宗實錄 1434년(세종 16) 6월 3일〉, 禾三 〈世宗實錄 1437년(세종 19) 12월 16일〉

나. 京中居世萬 · 禾古伊 · 周老味 · 李武 應松之父名不知者等諸人 〈英祖實錄 1730년(영조 6) 4월 16일〉, 罪人老味 金伊面質 老味曰 朝者捕廳面質時, 汝豈不盡言耶 金伊曰 禾塊何爲見漏耶 伊日踰墻之時 禾塊 必雄 世萬 吾與汝 五人入去矣 〈英祖實錄 1730년(영조 6) 4월 17일〉

다.[7] 奴禾仇知 年五十五 〈B00100072, 1447~1450년〉, 壹所生 奴禾里 年貳拾柒 乙亥生〈B20000565, 1601년〉, 奴禾音金 年參拾壹 庚午生 〈B20000565, 1601년〉, 奴禾音山 良妻 幷産二所生 婢愛月 年四十五 丙戌 〈B20000582, 1676년〉, 奴禾里同 年四十二 庚辰 父班奴 德南 母良女〈B20000051, 1741년〉, 禾里男伊 年五十一 辛丑生 〈규장각, 李九煥準戶口, 1771년〉

(4가)와 (4나)는 『朝鮮王朝實錄』에 나타난 인명이다. (4다)는 장

6) 용례의 출전을 당초에는 각주로 제시하였다. 어떤 심사자는 각주가 너무 많아 독해에 방해를 주므로 용례와 함께 제시할 것을 주문하였다. 『中宗實錄』으로 표시하고, 번잡함을 피하기 위하여 다른 용례들은 주석에서 기술한다. 그 용례는 다음과 같다. 官奴 禾萬 〈『世祖實錄』 1461년(세조 7년) 5월 12일〉, 禾間 〈『成宗實錄』 1480년(성종 11) 12월 7일〉, 兒婢 禾孔〈『中宗實錄』 1533년(중종 28) 5월 21일〉, 良人 李禾叱間 〈『中宗實錄』 1535년(중종 30) 10월 13일〉, 金禾九里 〈『英祖實錄』 1728년(영조 4) 3월 23일〉 등이다.

7) B00100072 등의 일련 번호는 장서각디지털 아카이브 (http://yoksa.aks.ac.kr)에서 채택한 식별 번호이다. 독자들은 이 식별 번호로 제시된 자료의 원본을 열람할 수 있다. 뒤에서 장서각 디지털 아카이브의 자료를 제시한 경우에도 이 식별 번호만을 제시한다.

서각 디지털 아카이브 정보시스템과 규장각의 고문서에 나타난 인명이다. 姓이 함께 나타난 '李禾叱間, 金禾九里' 등을 고려하면,'禾山, 禾三, 禾萬, 禾間, 禾孔, 禾古伊, 禾塊, 禾仇知, 禾里, 禾音金, 禾音山, 禾里同, 禾里男伊' 등이 이름만을 나타낸 것임을 짐작할 수 있다.

근거 자료가 없어 禾가 사용된 인명이 고유어 무엇을 표기하였는가를 밝히긴 어렵다. 다만 (4나)에 제시된 禾古伊와 禾塊, (4다)의 禾里男伊는 해독의 근거 자료가 있어 그 독법을 밝힐 수 있다.

禾古伊와 禾塊의 두 표기는 동일 인명을 차자를 달리한 차이만을 보여 준다. 이 인명의 차자 표기에 대하여 최동언(2001: 99)은 다음과 같이 독법을 제시하고 있다.

(5) 영조실록 25권에는 ≪禾古伊≫라는 기록과 ≪禾塊≫라는 기록이 나오는데 이 두 가지 서로 다른 표기는 다같이 ≪수고양이≫라는 뜻으로서 이때 ≪禾≫자는 그 음이 한자음인 ≪화≫가 아니라 우에서 말한 보태여 진 음인 ≪수≫임을 보여 주는 것이다.[8)]

최동언(2001: 99)이 근거한 『英祖實錄』의 기사는 4월 16일과 4월 17일의 기사로 동일 사건에 관한 내용이다. 따라서 禾古伊와 禾塊는 동일인을 표기한 것이다. 이 표기는 『譯語類解』에 출현한 '수괴[郎猫]'와 대응시킬 수 있다. 따라서 禾를 '남성'을 뜻하는 '수/숫'와 대응시킬 수 있다. 최동언(2001: 99)은 禾에 대응되는 '수'를 '보태여 진 음'으로 파악하고 있는데, 이는 禾를 한자로 파악하고자 하는 것이다. 그러나 한자를 빌려 우리말을 표기한 차자로 禾를 파

8) 최동언(2001), 『조선식 한문 연구』, 북한 사회과학원, p.99.

악하여야 할 것이다. 禾古伊와 禾塊의 차자 표기에서 禾는 고훈 '쉬'에 기반하여 '수'를 표기한 것이고, '숫고양이'의 '숫'과 차자 禾는 의미상 관련이 없으므로 訓假字가 된다.

禾里男伊의 독법을 추정하기 위한 근거 자료는 최범영(2008)에서 찾을 수 있다. 星湖 李瀷의 호적 자료에 나오는 동일인의 이표기 愁里男이 그것이다. 星湖 李瀷과 그 손자인 李九煥의 호적 자료를 검토해 보면[9], 禾里男과 愁里男이 동일인을 지칭한 것임을 알 수 있다. 이 대응에서 우리는 禾가 '수' 정도를 표기한 것임을 이해할 수 있다. 그러나 禾里男과 愁里男으로 표기한 우리말을 해독할 근거 자료는 없다. 따라서 현재는 禾를 訓借字 정도로 파악해 둔다.

3.2. 洞里村名의 차자 표기 禾의 용법

3.2.1. 차자 禾가 사용된 洞里村名 차자 표기 자료의 특징

지명 표기에 사용된 차자 표기 禾의 독법을 정확하게 밝히기 위해서는 앞의 경우와 마찬가지로 해독의 근거 자료가 충분히 있어야 한다. 이글에서 중요하게 생각하는 근거 자료는 두 가지다. 동일 명칭에 대한 다양한 이표기가 그 하나이고, 현지의 사람들이 부르는

9) 최범영(2008)은 단지 예만 들고 있다. 이글에서 근거 자료에 대해 간략하게 설명한다. 규장각 소장의 李瀷準戶口는 1753년(영조 29)의 것인데, 愁里男의 신상 정보를 "奴愁里男年辛丑生父私奴先伊母班婢雪香"로 기재하고 있다. 규장각 소장의 李九煥準戶口는 1765년(영조 41)의 것인데, 禾里男의 신상 정보를 '奴禾里男年四十五辛丑生父班奴先伊母班婢雪香'로 적고 있다. 李九煥은 李瀷의 손자이며, 愁里男의 신상 정보와 禾里男의 신상 정보의 내용은 일치한다. 따라서 愁里男과 禾里男은 동일인에 대한 이표기이다.

한글 표기 명칭이 다른 하나이다. 행정 구역의 최소 단위인 洞里村名의 표기는 이러한 해독의 근거 자료를 충분하게 제공해 준다.

『輿地圖書』에는 부분적으로 洞里村名이 수록되어 있으나 面名만이 제시된 군현도 있다. 거의 같은 시기에 작성된 『朝鮮地誌資料』와 『地方行政區域名稱一覽』에 수록된 洞里村名에는 큰 차이가 없다. 결국 전국의 洞里村名을 망라적으로 수록한 『戶口總數』와 『地方行政區域名稱一覽』의 차이를 음미해 보면, 우리는 洞里村의 증감 사실을 개략적으로 이해할 수 있다. 『戶口總數』와 『地方行政區域名稱一覽』[10]에 수록된 도별 동리촌의 수를 제시하면 다음과 같다.

〈표 1〉『戶口總數』와 『地方行政區域名稱一覽』의 전국 洞里村數

地域	戶口總數 洞里數	地方行政區域名稱一覽 洞里數
京畿	2490	5081
原春道	1544	3087
忠淸道	7896	11253
黃海道	1584	3884
全羅道	11922	17350
平安道	3754	5387
慶尙道	8826	11735
咸鏡道	2239	4755
합계	40255	62532

『地方行政區域名稱一覽』에 수록된 洞里村名에는 『戶口總數』에

10) 『戶口總數』는 洞里村名을 입력하여 그 수를 파악하였다. 『地方行政區域名稱一覽』의 경우에는 부록으로 제시된 동리수를 제시한 것이다. 『地方行政區域名稱一覽』을 태학사 출판사에서 『舊韓國地方行政區域名稱一覽』으로 영인한 것에는 부록에 洞里村數 통계표가 누락되어 있다. 국립중앙도서관 소장본에는 부록에 道別 洞里村數가 제시되어 있다.

비하여 '上[위]'와 '下[아래]' 등이 접두사로 또는 접미사로 첨가된 것이 많다. 이는 하나의 동리촌이 2개 이상의 동리촌으로 분화된 것을 말하는 것이다. 또한 이는 『戶口總數』의 洞里村名이 『地方行政區域名稱一覽』에 이르기까지 대폭적인 변화가 일어나지 않았음을 말해 주는 것이다. 물론 소폭적인 변화는 있었을 것이다. 이점에서 우리는 '道名, 郡縣名, 面名' 등에 근거하여 네 자료에 수록된 洞里村名을 비교적 정확하게 대응시킬 수 있다. 洞里村名의 이같은 대응 작업으로 우리는 洞里村名에 대한 이표기를 쉽게 획득할 수 있다. 우리는 이표기를 통해서 洞里村名에 적용된 차자 표기를 구체적으로 해독해 낼 수 있다.

더군다나 『朝鮮地誌資料』에는 洞里村名의 차자 표기는 물론, 한글 대역 표기까지 상당수가 제시되어 있다. 이 한글 대역 표기는 현지의 사람들이 부르는 것이다. 洞里村名의 차자 표기를 정확하게 해독하는 데에 큰 도움을 준다.

3.2.2. 차자 禾가 사용된 洞里村名의 이표기 자료

'『輿地圖書』, 『戶口總數』, 『朝鮮地誌資料』, 『地方行政區域名稱一覽』' 등에 수록된 洞里村名에서 禾가 사용된 것을 대략 150종을 찾을 수 있다.[11] 하나의 洞里村名이 네 자료 모두에 나타난 경우도 있지만 그렇지 않은 경우도 있다. 또 『朝鮮地誌資料』에서 한글 대

11) 『輿地圖書』는 국사편찬위원회에서 전산 데이터를 제공하므로 이를 활용하였다. 『戶口總數』는 직접 입력하여 활용하였다. 『朝鮮地誌資料』는 강원도와 황해도의 경우에는 색인집이 출간되었다. 황해도의 것은 임용기(2008)을, 강원도의 것은 김홍삼(2009)의 색인을 활용하였다. 나머지 도의 경우에는 일일이 읽으면서 자료를 수집하였다. 함경도의 것은 자료가 전하지 않는다. 『地方行政區域名稱一覽』도 일일이 읽어 가면서 자료를 수집하였다.

역 표기를 제시한 洞里村名도 있지만 그렇지 않은 洞里村名도 있다.

이 글의 목적은 禾의 고훈 '쉬'를 활용한 지명 표기를 확인하는 것에 있다. 따라서 禾를 사용한 지명 표기 모두를 제시하지 않는다. 다만 지명 표기의 지역적인 분포에 대해서만 대략적인 개요를 제시한다.

〈표 2〉 禾를 사용한 洞里村名의 종류

지역	禾를 이름에 포함한 洞里數	訓借字 禾 지명	音借字 禾 지명	기타
京畿道	8	1	1	0
原春道	12	4	1	1
忠淸道	32	16	1	1
黃海道	12	3	0	0
全羅道	34	2	0	0
平安道	7	1	0	0
慶尙道	38	10	1	0
咸鏡道	7	0	0	0
합계	150	37	4	2

訓借字 禾 지명은 禾의 고훈 '쉬'를 활용한 지명이다. 음차자 禾 지명은 禾의 음 '화'를 활용한 지명이다. 기타는 지명 표기와 관계없는 한글 대역 표기가 제시된 것이다. 이표기를 활용하면 禾의 고훈 '쉬'를 활용한 지명 표기를 더 찾을 수 있다. 이렇게 보면 禾의 고훈 '쉬'를 활용한 지명 표기가 보편적으로 사용되었음을 확인할 수 있다.

18세기 중반의 『輿地圖書』에서 1912년의 『地方行政區域名稱一覽』에 이르기까지 150여년 사이에 禾가 사용된 洞里村名의 표기에 큰 변화는 없다. 다만 부분적으로 표기의 변화가 있었을 뿐이다. 이 절에서는 이표기 자료에 대해 간략히 설명하고 다음 절에서 차자 禾의 용법을 밝히면서 한글 대역 표기 자료를 소개하도록 한다.

末音添記字의 省略 表記는 다음과 같다.

〈표 3〉 末音添記字의 省略 表記

이표기 구분	戶口總數				輿地圖書	朝鮮地誌資料		1912행정 구역[12]
	道	府,郡	部,面,坊	里,洞	里,洞	里,洞	한글표기	里,洞
禾巖回/禾巖	原春道	伊川	遷下面	禾巖回里	禾巖里	禾岩里	수바위	禾巖里
禾邑/禾	慶尙道	義城	舍谷面	禾邑谷里		禾呑(谷)洞	숩실	禾谷洞
禾皮/禾	慶尙道	彦陽	下北面	禾皮里		禾村里		禾寸洞
禾里/禾	忠淸道	結城	花山面	禾里	禾里洞里	禾里	슈리굴	禾里

禾巖回와 禾巖의 대응에서 巖回가 중세 국어의 '바회' 정도를 표기한 것임을 알 수 있다. 이것은 『朝鮮地誌資料』에 제시된 한글 대역 표기 '수바위'로 확실해 진다. 禾邑谷과 禾谷의 대응에서는 禾邑이 중세 국어 '숲'을 표기한 것임을 알 수 있다. 이것 역시 『朝鮮地誌資料』에 제시된 한글 대역 표기 '숩실'로 확실해 진다. 禾邑을 참고하면 禾皮里의 禾皮가 중세 국어 '수피' 정도를 표기했음을 짐작할 수 있다.

禾里洞里에서 뒤의 里는 행정 구역 단위를 표시한 것이다. 따라서 禾里의 里는 말음첨기자로 볼 수 있다. 1928年에 扶餘郡廳에서 편집 · 발행한 규장각 소장의 『扶餘誌(奎15705)』에는 禾洞에 대하여 音이 禾里이고 뜻이 炭이라 설명하였다.[13] 이 설명에 기대면 禾

12) 『地方行政區域名稱一覽』이다. 이하 주석으로 표시하지 않는다

13) 『扶餘誌(奎15705)』, 山川, 炭峴, "(전략)且一石城誌 甑山有川源 出縣北禾洞 禾里音卽炭也"

里가 '술[炭]' 정도를 표기한 것으로 이해할 수 있다. 그런데 '숯[炭]'과 '술'의 관계에 대해서는 보충적인 설명이 필요하다. 정호완(2001: 87-89)은 '살가지' 지명을 제시하고, 이것에 대응하는 '삿가지'의 지명을 제시하면서 '삿[間] 대 살'의 교체형을 설명하고 있다. 이에 기대어 '술'을 '숯[炭]'의 교체형으로 이해할 수 있다.

이표기의 수는 적지만 다음과 같은 유형의 이표기 사례가 발견된다.

〈표 4〉 異表記 種類

구분	戶口總數				輿地圖書	朝鮮地誌資料		1912 행정 구역
	道	府,郡	部,面,坊	里,洞	里,洞	里,洞	한글표기	里,洞
이체자	慶尙道	固城	大芚面	禾巖里				禾岩
	原春道	旌善	一南面	禾巖里		禾岩里	수바우	禾巖里
고유한자	慶尙道	慶州	杞溪面	禾代里		禾垈	숚듸	禾岱里
音假字	京畿	楊根	西終面	禾野谷里	禾野洞里			禾也里
	忠淸道	林川	八忠面	禾里	愁里			

禾巖과 禾岩의 대응에서 巖과 岩의 표기 차이가 보인다. 巖과 岩은 모두 같은 의미이므로 개연성 있는 이표기로 생각된다.

禾代와 禾垈의 대응에서 代와 垈의 표기 차이가 보인다. 代는 장소를 뜻하는 '듸'을 음차 표기한 것이고, 垈는 代로부터 土를 첨가하여 형성된 한국 고유한자로 표기한 것이다. 『朝鮮地誌資料』의 '숚듸'는 이를 잘 말하여 주고 있다.

禾垈와 禾岱의 대응에서 垈와 岱의 표기 차이가 보인다. 垈와 岱는 음은 동일하나 의미는 상이하다. 따라서 岱는 音假 용법으로 사용된 것이다. 이러한 이표기는 '禾野 대 禾也, 禾里 대 愁里' 등의 대응에서도 찾을 수 있다.

이표기 愁里는 禾里의 禾가 '수' 정도로 읽히는 訓借字임을 알려주는 중요한 사례이다. 여기의 禾里가 앞서 언급한 禾里처럼 炭의 의미를 가진다면 禾는 訓假字가 된다.

3.2.3. 洞里村名 표기에 사용된 차자 禾의 해독

차자의 이표기 자료만 가지고 차자 禾의 용법을 명확하게 밝히는 데에는 한계가 있다. 차자가 讀字로 쓰였는지 假字로 쓰였는지를 판별하기가 쉽지 않다. 그런데 차자 표기에 대한 한글 대역 표기가 있다면 우리는 보다 명확하게 차자의 용법을 밝힐 수 있다.

이글의 목적은 차자 禾의 용법을 밝히는 것에 있다. 따라서 禾의 용법을 정확하게 밝히는 정도에서만 禾가 사용된 洞里村名을 다루게 될 것이다. 근거를 분명하게 제시할 수 있는 것에 한하여 논의하기로 한다.

洞里村名 표기에 사용된 차자 禾가 訓讀字로 사용되었는지 아니면 訓假字로 사용되었는지를 밝히는 것은 차자 禾의 용법을 심도있게 이해하는 데에도 필요할 뿐만 아니라 洞里村名의 명칭 유래를 이해하는 데에도 도움이 된다. 근거가 확실한 자료만을 대상으로 이에 대해 논의하기로 한다.

1) 쉬[禾]의 訓讀 表記 용례

다음의 洞里村名에 사용된 차자 禾는 곡식을 뜻하는 '쉬'를 표기한 것으로 생각된다. 한자 禾의 본래 뜻을 표시하였으므로 禾는 訓讀字가 된다.

〈표 5〉 禾의 訓讀 表記

洞里村名 표기	戶口總數				輿地圖書	朝鮮地誌資料		1912 행정구역
	道	府,郡	部,面,坊	里,洞	里,洞	里,洞	한글표기	里,洞
禾場	黃海道	白川	花山面	禾場里		禾場洞	시맛	上禾場洞
	黃海道	白川	花山面	禾場里				下禾場洞
	全羅道	光州	西面	禾場里				禾場里
	全羅道	興陽	大西面	禾場里	禾場里			禾場里
禾館	忠淸道	槐山	南山面	禾館里	禾館里	禾館	쉬멋	禾館里
禾農	全羅道	咸悅	南一面	內禾農里		禾農里	슈롱곶	禾農里
禾井	平安道	中和	東井坊	禾井		禾井野	시우물벌	
禾日	原春道	襄陽	部南面	禾日里	禾日里	禾日里	쉬일	禾日里
	慶尙道	義城	丹村面	禾下里		禾上洞	아릿슈일	禾下洞
	慶尙道	義城	丹村面	上禾谷里		上禾洞	웃슈일	上禾洞
	忠淸道	沃川	安南面	禾日里	禾日里	禾日里		禾目里

규장각 소장 『1872년지방도』의 광주(전라도)와 흥양 지도에는 禾場里가 표시되어 있고, 근처에 社倉이 모두 표시되어 있다. 이에 기대면 광주와 흥양의 禾場里에서 禾가 '곡식'이나 '벼'의 의미로 사용된 것임을 이해할 수 있다. 황해도 禾場洞의 한글 대역 표기가 '시맛'인 점도 이를 뒷받침한다. 『訓蒙字會』에 場의 훈이 '맡'으로 제시되어 있으므로 '시맛'을 '시+맛' 정도로 분석할 수 있다. '맡'이 '맏'으로 표기되고 이 '맏'은 조선 후기에 '맛'으로도 표기될 수 있으므로 '시맛'의 '시'는 禾의 고훈 '쉬'와 관계된 형태임은 분명하다.

1902년에 작성된 규장각 소장의 『槐山郡邑誌(想白古 915.13-G553)』의 倉庫 조에서 "上南倉은 (생략) 南上面 禾館에 있다"고 하였다. 그리고 館은 한자에서 客舍의 뜻을 가지고 있으므로 이곳의

禾는 '곡식'이나 '벼'의 의미로 사용되었을 가능성이 높다. 따라서 禾館에 대응하는 한글 표기 '쉬몃'은 '쉬+몃' 정도로 분석될 수 있다. '쉬'는 禾館의 禾에 대응하고 '몃'은 館에 대응함을 알 수 있다. 용례를 하나 확인하여서 '몃'이 館의 의미를 가졌다고 말하기가 불안하기는 하다. 하여튼 禾館에서 우리는 訓讀字로 사용된 禾를 확인한 것이다.

禾農과 禾井의 禾를 農과 井에 근거해서 농사에 관계된 의미로 파악하고자 한다. 결국 禾는 '쉬' 또는 이형태인 '슈'를 訓讀 表記한 것으로 이해된다.

위에서 보는 바와 같이 禾日은 '쉬일' 또는 '슈일'을 표기하고 있다. '쉬일' 또는 '슈일'은 각각 '쉬실' 또는 '슈실'에서 온 것으로 생각된다. 즉 禾谷으로 '쉬실'을 표기하던 것이 '이' 모음 아래에서 'ㅅ'이 탈락되어 '쉬일'이 되어 그 표기가 禾日로 나타난 것이다. 사실 이곳의 禾를 곡식의 '쉬'로 판정할 근거는 없다. 다만 이 洞里村名이 여러 지역에 분포한다는 점에 근거하여 이곳의 禾를 곡식의 '쉬'를 표기한 것으로 추정할 수 있다. 이럴 경우 우리는 이곳의 禾를 訓讀字로 이해할 수 있다.

2) 쉬[禾]의 訓假 表記 용례

다음의 洞里村名에 사용된 차자 禾는 곡식을 뜻하는 '쉬'의 음만을 차자한 것으로 생각된다. 한자 禾의 본래 뜻과 무관하므로 禾는 訓假字가 된다.

〈표 6〉 禾의 訓假 表記

	戶口總數				輿地圖書	朝鮮地誌資料		1912행정 구역
	道	府,郡	部,面,坊	里,洞	里,洞	里,洞	한글표기	里,洞
숩[藪]	慶尙道	義城	舍谷面	禾邑谷里		禾谷洞	숩실	禾谷洞
	忠淸道	忠州	金生面			禾洞	슙골	禾洞
숫[炭]	忠淸道	靑山	北面	禾洞里		禾洞	숫골	禾里
	忠淸道	石城	北面			上禾谷	숫골	下禾里
	忠淸道	石城	北面			下禾谷	아릭숫골	上禾里
	忠淸道	淸州				禾倉里	윗숫골	
	忠淸道	淸州				禾洞	윗숫골	
슉[炭]	京畿道	仁川	多所面	禾洞里		禾洞里	슉골	禾洞
	忠淸道	公州	三岐面	禾玉洞	禾玉洞里	禾玉里		禾玉里
	忠淸道	唐津	下西面	禾谷里	禾谷里	禾谷里	슉골	禾谷里
	忠淸道	庇仁	西面	禾洞里		禾洞里	슉골	禾洞里
숙[炭]	忠淸道	新昌	南面上道	禾洞里	禾洞里	禾洞	숙골	禾洞
슈리 [炭]	忠淸道	結城	花山面	禾里	禾里洞里	禾里	슈리굴	禾里

禾邑谷의 邑과 한글 표기 '숩실'과 '슙실'의 종성으로 종성의 'ㅂ'을 확인할 수 있다. 따라서 한글 표기의 '숩'과 '슙'은 '숩[藪]'의 의미로 파악된다. 禾邑이 '숩'의 의미를 표기한 것이므로 이곳의 禾는 訓假字가 된다.

禾里가 炭을 표기한 것임은 이미 앞에서 언급한 바 있다. '숫'의 경우 '숯[炭]'의 의미로 이해하는 것에는 문제가 없다. '숫'으로부터 위치 동화에 의해서 '슉'으로 실현되므로 '슉'과 '숙'을 '숯[炭]'의 의미로 이해할 수 있다. 그런데 '슉'과 '숙'은 쑥[艾]의 의미로도 이해할 수 있다. 이글에서는 쑥[艾]보다는 '숯[炭]'이 우리 일상 생활에서 흔한 것이므로 '슉'과 '숙'을 '숯[炭]'의 의미로 이해한다. 하여튼 위에 제시한 차자 禾는 곡식을 뜻하는 '쉬'의 의미로 이해되지 않는다. 따라서 위의 禾는 禾의 본래 뜻과는 무관하게 사용된 訓假字임에는 틀림 없다.

3) 쉬[禾]의 訓借 表記 용례

다음의 예들은 禾의 訓 '쉬'를 활용한 표기로 생각된다. 그런데 지명의 어원을 밝힐 수 없는 것들이다. 현재로서는 訓讀과 訓假를 구분할 수 없는 訓借字로 파악해 둔다.

〈표 7〉 禾의 訓借 表記

戶口總數				輿地圖書	朝鮮地誌資料		1912행정 구역
道	府, 郡	部,面,坊	里,洞	里,洞	里,洞	한글표기	里,洞
原春道	寧越	上東面		禾羅里	禾羅峙	술랄이재	禾羅峙
忠淸道	新昌	小東面			禾達里	슈라리	禾達里
忠淸道	舒川	獐項面	禾好所里	禾好所里	禾好里	슈슈	禾好里
忠淸道	舒川	獐項面	禾里洞里	禾里洞里	禾里	시루골	禾里
忠淸道	懷德	內南面			大禾里	황슈	大禾里
黃海道	鳳山				禾易洞	수역이	
黃海道	甕津	龍淵面			禾圃洞	슉기	
全羅道	長水	任南面	禾平里		禾坪	슈리들	
慶尙道	固城	西里面	禾里		禾里峙	수리직	
慶尙道	慶州	今勿法坊	禾音峴		禾音	숣음	禾音洞
慶尙道	永川	還歸里			禾勿坪	시물들	

3.3. 物名과 職名에 사용된 借字 禾의 용법

3.3.1. 物名 表記[14] 禾菁

1633년의 간기를 가진 중간본『鄕藥集成方』에 漢語 蔓菁에 대한 향명 표기로 禾菁이 나타나 주목된다.『鄕藥集成方』의 초간본은 1443년에 간행되었으나 失傳되었다. 중간본의 향명 표기는 초간본의 것을 그대로 가져온 것으로 믿어진다. 禾菁을 漢語 蕪菁의 향명 표기로 규정한『鄕藥集成方』의 내용은 다음과 같다.

(6) 蕪菁及蘆菔 蕪菁鄕名禾菁 (중략) 圖經曰 蕪菁 卽蔓菁也 蘆菔 卽下萊菔[音蔔] 今俗呼蘿菖 是也 (하략) 〈鄕藥集成方 권85 1b〉

(6)에서는 蕪菁이 곧 蔓菁임을 설명하고 있다. 蔓菁에 대응되는 국어의 어형은 다음과 같다. 여러 이형태를 보여주므로 번거롭지만『이조어사전』에 수록된 것을 제시한다.

(7) 가. 쉿무수 즙 蔓著汁 〈救急簡易方(1489) 6, 37〉, 쉿무수 만(蔓) 〈訓蒙字會(1527)〉, 쉿무수 쳥(菁) 〈訓蒙字會(1527)〉, 쉿무우 쳥(菁) 〈新增類合(1576)〉, 蔓菁 쉿무우 〈朴通事諺解重刊本

14) 禾菁 이외의 물명 표기로 禾數를 고려할 수 있다. 禾數의 용례는 그리 많지 않다. 장서각 디지털 아카이브에서 제공하는 고문서에서 "以禾數一石式 每年納上以〈不忘記(B00000730), 연대미상〉"와 "同田庫乙 禾數 幷以 永永 放賣爲去乎 後〈土地明文(B01000074), 1614년〉"의 2건과 한국국학진흥원 정보 시스템(http://www.ugyo.net)에서 제공하는 고문서에서 "而申勅徵納價錢及禾數三石三斗之意是白加尼〈載寧李氏 愚溪宗宅, 所志, 연대미상〉"와 "禾数十二斗 永定〈醴泉林氏 錦陽派 錦圃古宅, 土地文記 · 田畓明文, 1892년〉의 2건을 확인하였다. 문맥으로 보아 禾數가 '슈슈[黍]'의 차자 표기로 해석될 수 있다. 그러나 禾數가 '禾의 數爻'로도 해석될 가능성이 있어 후일의 연구로 남겨 둔다.

(1677) 33, 譯語類解(1690) 下 10, 同文類解(1748), 蒙語類解(1768) 下, 漢淸文鑑(18세기)〉

나. 菁 쉰무우 쳥 〈倭語類解(18세기초 추정)〉

다. 蔓菁 쉰무우 〈東醫寶鑑(1613) 湯液編〉

라. 蔓著 숫무우 〈方藥合編 36, 醫宗損益〉

마. 蔓菁 숫무우 〈柳喜 物譜 三 草〉

菁이 '무'이다. 그리고 '쉿무수'는 '쉬+ㅅ+무수' 정도의 구성으로 파악된다. 따라서 禾菁의 禾에 대응되는 표기는 '쉬, 슈, 수' 등이 된다. '쉬, 슈, 수' 등은 이형태이고 禾는 禾의 고훈 '쉬'를 표기하였으므로 訓借字가 된다. '쉬'의 어원을 밝힐 수 없으므로 여기의 禾가 訓讀字인지 訓假字인지는 불명이다. 鄕名 表記 禾菁에 대해 남풍현(1981: 67)은 『圖經本草』의 설명에 기대어 "蔓菁이 중요한 물건이므로 '쉬[禾]'를 부가한 것"으로 이해하였다. 김두찬(1983: 61) 역시 이 견해를 따랐다. 그리고 김두찬(1983: 61)은 禾의 古訓 '쉬'에 근거하여 禾菁의 禾를 訓讀字로 판정하였다.

3.3.2. 職名 表記의 禾尺

禾尺은 『표준국어대사전』에 廣大, '버드나무를 세공하거나 소 잡는 일을 직업으로 하던 천민. 뒤에 백정이라 불렀다.'의 뜻으로 풀이되었다. 이 禾尺은 史書에서는 『高麗史』에 처음 보이며 禾尺에 관한 몇 건의 기사가 실려 있다. 『高麗史』에서는 "禾尺은 곧 楊水尺이다"[15]하였고, 楊水尺도 몇 건의 기사에 실려 있다. 한편 조선 전기의 『朝鮮王朝實錄』에 禾尺은 흔히 才人과 함께 출현하는데, 『高麗

15) 『高麗史』 卷134, 列傳47, 辛禑2, "禾尺卽楊水尺"

史』에도 禾尺이 才人과 함께 출현한다. 이같은 史書의 기사와 관련 문헌 자료를 폭넓게 활용하여 鮎貝房之進(1931: 140)은 楊水尺 곧 禾尺의 직업 변화의 시기를 다음과 같이 말하고 있다.

〈표 8〉 楊水尺/禾尺의 시기별 직업 변화

구분	고려 중기 이전	고려 중기 이후	조선
1	柳器匠	柳器匠	柳器匠
2	畋獵	畋獵	畋獵
3	妓	屠殺	屠殺

이상과 같은 '楊水尺/禾尺'의 시기별 직업 변화는 역사학의 분석 대상이다. 국어학의 입장에서는 이러한 직업을 가진 직명의 기원적 의미를 찾는 것에 관심이 있다.

禾尺은 楊水尺이란 『高麗史』의 기술, 倡曰水作이라는 『鷄林類事』의 설명, 한자 禾의 고훈 '쉬', 지명 표기에 사용된 禾가 '수'로 발음되는 점을 들어, 鮎貝房之進(1931: 53)은 禾尺의 禾가 訓借字인 점을 설명하고 있다. 또 『三國史記』의 '笳尺, 舞尺, 琴尺' 등 직명과 『高麗史』의 '墨尺, 刀尺' 등의 직명 등을 거론하면서 이들 직명과 禾尺의 동일성을 언급하고 있다. 그러나 楊水尺의 水와 禾尺의 禾가 표기한 '슈'에 대해서 정확한 의미는 기술하지 못하고 있다.

『鷄林類事』의 '倡曰水作'이란 설명에 기대면, 12세기 초에 高麗에서 '슈'는 倡優의 의미를 가졌던 것으로 이해된다. 倡優의 직업은 〈표 8〉에서 설명한 것처럼 高麗 중기 이후에 楊水尺의 직업에서 분화된 것이다. 倡優가 '슈'의 핵심적인 의미라면 倡優를 지칭하는 '슈'가 倡優의 직업 명칭으로 계승되어야 할 것이다. 그런데 '슈'는 분화되지 않은 직업의 명칭으로 계속 사용되어 왔다. 이것은 倡優가 '슈'의 기본적인 의미가 아님을 암시하는 것이다. 그러나 현재 관련 연구가 없어 자세치 않다.

'슈'를 표기한 글자가 音借字 水에서 訓借字 禾로 바뀐 것도 국어학의 입장에서는 흥미로운 주제이다. 그러나 현재 관련 연구가 없어 자세치 않다.

3.4. 馬齒를 의미하는 禾의 용법

3.4.1. 馬齒를 뜻하는 禾의 기원에 대한 黃胤錫의 견해 검토

황윤석은 馬齒를 뜻하는 禾의 기원에 대해서『頤齋遺稿』「華音方言字義解」와『頤齋亂藁』에서 다음과 같이 말하고 있다.

(8) 가. 東俗에서는 사람의 一歲, 二歲를 ᄒᆞᆫᄉᆞᆯ, 두ᄉᆞᆯ로 부른다. 'ᄉᆞᆯ'이라 하는 것은 歲除日을 세 번 합한 소리이다. 한번 굴러서[一轉] '서을'이 되고 다시 굴러서[再轉] 'ᄉᆞᆯ'이 되는 것이다.16) 또 말의 一歲, 二歲를 '수'라고 부른다. 禾字를 쓴 것은 잘못된 것이다. 대개 華語의 歲는 音이 '쉬'이다. 마땅히 歲字로 써야 한다.17)

나. 또 중국인들은 歲를 우리 나라의 搜와 같이 발음한다. 우리나라에서 歲를 世와 같이 발음한다. 馬齒의 많고 적음으로 나이[歲]를 계산하는 것을 華音을 사용하여 搜로 발음한다. 서사할

16) (8가)에서 한어 '歲'에 대응하는 'ᄉᆞᆯ'이 歲除日에서 기원했다는 황윤석의 주장은 잘못된 것으로 파악된다.

17) 黃胤錫,『頤齋遺稿』,「華音方言字義解」, "東俗以人之一歲二歲呼ᄒᆞᆫᄉᆞᆯ두ᄉᆞᆯ 其曰ᄉᆞᆯ者 卽歲除日三合聲 一轉而爲서을 再轉而爲ᄉᆞᆯ耳 又以馬之一歲二歲呼수 作禾字者誤 蓋華語歲音쉬 當作歲字"

때 歲를 쓰지 않고, 禾를 쓴다. 禾는 방언으로 搜와 같기 때문이다.[18]

(8)에 제시된 두 주장은 그 근거 제시에는 약간 차이가 있지만 모두 馬齒를 뜻하는 禾가 漢語 歲에서 온 것이라는 결론은 같다. 즉 한어 歲의 발음이 '쉬' 또는 搜이고, 이 발음을 방언 禾로 표기하였다는 것이다. 황윤석이 禾를 방언으로 파악한 것은 오늘의 관점에서 보면 禾를 訓假字로 파악한 것과 동일한 것이다.

禾가 馬齒를 뜻하고 그 발음이 '쉬'라고 설명한 점은 조선 시대 다른 주석서와 견해를 같이 한다. 그런데 禾가 漢語 歲에서 기원하였다는 황윤석의 주장을 우리가 비판적으로 이해할 필요가 있다. 馬齒를 뜻하는 禾는 우리 문헌 자료에서 禾七歲와 같이 '禾+수량사+歲'의 구문으로 많이 사용되었다. '禾+수량사+歲' 구문은 사람의 나이를 표시하는 '年+수량사+歲'의 구문과 그 구조가 완전히 같다. 따라서 禾는 歲보다는 年에 대응하는 것으로 이해하는 것이 합리적이라고 생각한다.

3.4.2. 馬齒를 뜻하는 禾의 용례

馬齒나 '말의 나이'를 뜻하는 禾는 '『朝鮮王朝實錄』, 『備邊司謄錄』, 『承政院日記』, 『日省錄』' 등의 편년 역사 자료, '『省峴道驛摠本各驛三等馬禾毛色成冊』[19], 『經理院可考件 慶尙南道 蔚山南北兩牧

18) 『頤齋亂藁』 卷15, 初八日壬午, "又中國人呼歲 如東音之搜 而東俗呼歲如世 惟於馬齒多少計歲 用華音呼如搜 寫字則不曰歲 而曰禾 禾方言如搜故也"

19) 『省峴道驛摠 第2冊』, 庚戌四月日 本各驛三等馬禾毛色成冊, 규장각 소장본 古

場 封進馬禾毛色成冊』[20]『幽谷驛本各驛三等馬案』[21], 「東萊府東下面古文書」[22]' 등과 같은 馬籍 資料, 조선 시대 賣買 明文 資料 등에서 주로 발견된다.

이 절에서는 禾가 출현한 용례를 몇 가지 유형으로 나누어 그 의미를 고찰하고자 한다.

1) 禾毛色

편년 역사 자료나 마적 자료에서 禾毛色은 말의 '나이와 털빛'을 지칭하는 용어로 사용된다.

국사편찬위원회에서 제공하는 편년 역사 자료 정보시스템 (http://db.history.go.kr)에서 우리는『朝鮮王朝實錄』의 사례 2건,『備邊司謄錄』사례 5건,『承政院日記』사례 470건을 찾을 수 있다. 그리고 규장각한국학연구원 정보시스템(http://e-kyujanggak.snu.ac.kr)에서『日省錄』사례 34건을 찾을 수 있다. 각 자료마다 연대가 이른 것 하나씩만 다음에 제시한다.

(9) 가. 말의 나이[禾][23], 털빛, 크고 작음, 높고 낮음 등의 尺寸數를 기록한 籍을 세 부 작성, 1부는 兵曹로 올리고, 1부는 司僕寺

4259-7, 19世紀 中盤(哲宗年間:1849-1863)

20) 經理院可考件 慶尙南道 蔚山南北兩牧場 封進馬禾毛色成冊(建陽2年), 1900 〈규장각소장본 奎22052〉

21) 本各驛三等馬案,『幽谷驛 關聯 古文書集, 임성진 소장 고문서』, 안동대학교 박물관총서 9, 2002.

22) 부산 유형문화재 제24호.

23) 이 번역은 국사편찬위원회에서 인터넷 서비스하는 것을 그대로 가져온 것이다. 다만 禾를 '말의 숫자'로 번역한 것을 '말의 나이'로 수정하였다. 뒤에서 인용한『朝鮮王朝實錄』,『備邊司謄錄』등의 번역문 역시 국사편찬위원회에서 인터넷 서비스하는 것을 그대로 가져온 것임을 밝혀 둔다. 구두점의 경우 필자가 임의로 삭제하였다.

로 보내고, 1부는 本官에다 비치하게 합니다.24)

나. 추방되는 말의 나이[齒]와 털의 색깔을 문서로 만들어 司僕寺로 보내서25)

다. 나이와 털빛을 기록한 分養冊과 그 모습이 같지 않다.26)

라. 實納한 말 141필의 나이와 털빛을 별단으로 써서 바쳤다.27)

禾毛色에서 毛色을 '털빛'으로 이해하는 데에는 어려움이 없다. 그러나 禾를 '말의 나이'로 이해하기 위해서는 보충적인 설명이 필요하다. 禾를 '말의 나이'로 이해하기 위한 결정적인 근거 자료는 편년 역사 자료에서 발견된다. 즉 禾毛色과 동일한 의미를 가진 齒毛色이 『朝鮮王朝實錄』에서 발견된다. 단 3건이 발견된다.

(10) 가. 年例의 馬籍 따위의 일이라면 縣監이 관할하는 마필의 齒毛色을 呈報하면28)

나. 東北面·西北面의 각 人의 馬匹을 그 齒毛色을 등록시켜29)

다. 그들의 이름 · 주소 · 나이 · 入格等級과 아버지의 관직 · 姓名과 田丁의 數와 타는 말과 짐싣는 말의 齒毛色을 기록하여 두고30)

齒毛色은 말의 '이빨과 털빛'을 나타낸다. 위 용례에서 '말의 이

24) 『朝鮮王朝實錄』, 1583년(선조 16) 2월 15일, "而錄其禾毛色大小高低尺寸之數 爲三籍 一上于兵曹 一送于司僕寺 一留于本官"
25) 『備邊司謄錄』, 1671년(현종 12) 5월 20일, "所放之馬禾毛色 成冊輸送司僕寺"
26) 『承政院日記』, 1632년(인조 10) 3월 3일, "與分養冊所錄禾毛色 大相不同"
27) 『日省錄』, 1776년(영조 52) 7월 14일, "實納馬一百四十一匹禾毛色別單書入"
28) 『朝鮮王朝實錄』 1416년(태종 16) 5월 6일, "年例馬籍等事 縣監以所管馬匹齒毛色呈報"
29) 『朝鮮王朝實錄』, 1428년(세종 10) 1월 18일, "東西北面各人馬匹 籍其齒毛色"
30) 『朝鮮王朝實錄』, 1430년(세종 12) 1월 5일, "錄其姓名 接處 年歲及入格等第 父職姓名 田丁之數 騎卜馬齒毛色"

빨'로 표현한 것의 종국적인 의미는 '말의 나이'를 말한다. 이것은 말의 나이를 이빨의 상태로 파악하는 것에서 기인한다. 말의 이빨 수효나 상태로 말의 나이를 판별하는 방법이 1399년에 간행된『新編集成牛馬醫方』의 相齒之圖와 1682년에 간행된『馬經抄集諺解』에 상세히 나타나 있다.31) 결국 齒毛色에서의 齒는 '말 이빨 수효나 상태'를 의미하며 종국에는 '나이'를 표현하게 된 것이다.

齒毛色에서의 齒와 같은 용법은 齒歲에서도 확인된다. 말이나 소의 나이를 표시하는 齒歲는『朝鮮王朝實錄』의 초기 기사에서만 6예가 발견된다.32) 齒歲의 성격을 이해하는 데 중요한 3건의 기사를 아래에 제시한다.33)

(11) 가. 간사한 사람들이 간혹 노비의 이름[名字]과 나이[齒歲], 그리고 전하여 오는 宗派를 변조하여 시행하는 자도 있으며34)
나. (전략) 조선국에 가서 말 1만 필을 바꾸었는데, (중략) 산 마필의 털빛과 나이[齒歲]를 갖추어 回報하고 咨文할 것입니다.35)

---

31)『新編集成牛馬醫方』의「相齒之圖」와『馬經抄集諺解』는 동일한 내용을 기술하고 있다. 1세부터 32세까지 말 이빨의 수효와 상태를 기술하고 있다.『馬經抄集諺解』는 한문 원문에 대한 번역문을 제시하고 있다. 이 내용의 일부를 소개하면 다음과 같다. "一歲駒ᄂᆞᆫ 齒二오/ᄒᆞᆫ ᄉᆞᆯ ᄆᆡ아지ᄂᆞᆫ 니 둘히오, 二歲駒ᄂᆞᆫ 齒四오/두 ᄉᆞᆯ ᄆᆡ아지ᄂᆞᆫ 니 네히오, 三歲駒ᄂᆞᆫ 齒六이오/세 ᄉᆞᆯ ᄆᆡ아지ᄂᆞᆫ 니 여ᄉᆞᆺ시오, 四歲에 成齒二오/네 ᄉᆞᆯ의ᄂᆞᆫ 인 니 둘히오." 등이다.

32) 국사편찬위원회가 제공하는 웹정보시스템은『朝鮮王朝實錄』뿐만 아니라『承政院日記』,『備邊司謄錄』등의 편년 사료에 대한 전자 텍스트를 제공하고 있다. 한국고전번역원의 웹정보스템(http://www.itkc.or.kr)에서는 조선 시대 文集의 전자 텍스트를 다량 제공하고 있다. 한국학중앙연구원의 장서각 디지털 아카이브 시스템에서는 의궤, 등록 등 주요 고서와 고문서의 전자 텍스트를 다량 제공하고 있다. 또 서울대 규장각한국학연구원의 웹정보시스템도 다량의 전자 텍스트를 제공하고 있다.

33) 번역문은 http://sillok.history.go.kr에서 가져온 것이다.

34)『朝鮮王朝實錄』, 1399년(정종 1) 6월 15일, "其奸詐之人 或有將奴婢名字·齒歲·傳來宗派 變易施行者"

다. 宣德 7년 5월 29일에 황제께서 太監 昌盛 등 관원을 보내어, (중략) 또 이제 소의 털빛과 암수의 나이[齒歲]를 낱낱이 列記하오니 (하략)36)

(11가)는 가장 이른 시기의 기사이고, (11다)는 가장 늦은 시기의 기사이다. 한편 (11가)는 朝鮮에서 작성한 기사이나 (11나)와 (11다)는 明에서 보내온 문서를 그대로 기록한 것으로 믿어 지는 기사이다.

서기 737년에 唐의 李林甫 등이 改修한『唐律疏議』, 南宋의 孟珙이 1221년에 작성한『蒙韃備錄』, 1368년에 공포된『大明律』등에 齒歲의 용어가 사용된 것이 확인된다. 이로 보아 齒歲는 중국의 용어를 차용하여 사용한 것으로 이해된다.

2) '禾少, 禾多, 禾老' 등의 구문

禾少는『備邊司謄錄』에 2건,『承政院日記』에 14건 등이 발견된다. 禾多는『備邊司謄錄』에 2건,『承政院日記』에 7건 등이 발견된다. 禾老는『備邊司謄錄』에 5건,『承政院日記』에 25건 등이 발견된다. 각 자료에서 연대가 가장 이른 것을 제시하면 다음과 같다.

(12) 가. 목장의 말은 항시 국가에서 사용하는 것으로, 잡아 올 때 모두 어린 말로 하며, 그 중에 나이가 많으나 건장한 말은 한가하게 놀다가 늙어 죽어 전혀 쓸모가 없게 됩니다.37)

---

35)『太宗實錄』, 1403년(태종 5) 4월 8일, "(전략) 前往朝鮮國, 易換馬一萬匹 (중략) 具買完馬匹毛色齒歲回報. 須至咨者"

36)『世宗實錄』, 1432년(세종 14) 7월 11일, "宣德七年五月二十九日, 欽差 太監昌盛等官, (중략) 今將牛隻毛色雌雄齒歲開坐 (하략)"

37)『備邊司謄錄』, 1644년(인조 22) 8월 8일, "牧場之馬 常時國用 所捉皆取禾少 其中

나. 而禾少之馬, 千里長途[38]

(13) 가. 禾多雄馬 1천여 필을 끌고 와서 나라 안에 흩어 놓기도 하고 관가에서 기르게도 한다면, 자연히 公馬와 私馬가 충분 할 것입니다[39]

나. 禾多雄馬 千餘匹牽來[40]

(14) 가. 남아 있는 것은 암수를 모두 합해 4백 13마리인데 끌어다가 점검해보니 늙고 몸집은 작았습니다.[41]

나. 남아 있는 것은 암수를 모두 합해 4백 13마리인데 끌어다가 점검해보니 늙고 몸집은 작았습니다.[42]

多少는 '분량이나 정도의 많고 적음'의 뜻이다. 반면에 老少는 '늙은이와 젊은이'의 뜻이다. 이 두 가지 기준을 고려하면, 우리는 '禾少 대 禾多'의 대립과 '禾少 대 禾老'의 대립 두 가지를 상정할 수 있을 것으로 생각된다. 그런데 이러한 두 가지 대립은 기묘한 일이다. 전자 대립의 경우 禾를 '이빨의 수효'나 '말의 나이'로 해석해야 하는 문제가 발생한다.

(13)은 禾多의 의미를 정확하게 알려 준다. (13가)의 전체 문맥을 고려하면, '禾多의 雄馬'는 '長成한 숫말' 정도의 의미로 이해된다. 관가에서 부릴 수 있는 말은 어리지도 않고 늙지도 않은 장성한

禾多 而健者 閑放老死 盡歸無用"

38) 『承政院日記』, 1629년(인조 7) 7월 28일.

39) 『備邊司謄錄』, 1641년(인조 19) 8월 3일, "禾多雄馬千餘匹 牽來散之國中 或留養官家 則自然公私馬足矣"

40) 『承政院日記』, 1641년(인조 19) 8월 3일, "禾多雄馬千餘匹牽來"

41) 『備邊司謄錄』, 1642년(인조 20) 4월 9일, "餘在雌雄竝四百十三頭 而牽來點閱 則禾老體少"

42) 『承政院日記』, 1642년(인조 20) 4월 9일, "餘在雌雄竝 四百十三頭 而牽來點閱 則禾老體少"

말이어야 하기 때문이다. 따라서 '禾少, 禾多, 禾老' 등은 '禾少 대 禾多 대 禾老' 등의 의미 대립을 보인 것으로 이해된다. 결국 禾少馬는 '어린 말', 禾多馬는 '장성한 말', 禾老馬는 '늙은 말'을 의미한 것이다.

禾少와 禾多의 경우에는 '말의 이빨이 적다'와 '말의 이빨이 많다'의 의미로 각각 '어린 말', '장성한 말'을 표현한다고도 볼 수 있으나 禾老의 경우에는 '말의 이빨이 늙었다'는 성립하기가 어렵고 '나이가 늙었다'의 의미만 성립한다. 따라서 '禾少, 禾多, 禾老' 등에서의 禾는 '말의 나이'를 의미한 것으로 파악된다.

3) '禾+수량사+歲' 구문

'禾+수량사+歲' 구문이란 '禾五歲, 禾七歲' 등의 표현을 말한다. 이 구문의 용례는 다음과 같다.

(15) 가. 禾九歲 雌牛 一〈B00200314, 1538년〉, 禾六歲 雌馬 壹匹 〈B01000064, 1585년〉
나. 禾柒歲在 中 雄馬 壹匹 〈B01000008, 1550년〉

(15나)의 禾柒歲在에서 在는 우리말 '-이견' 정도를 나타내는 吏讀吐이다. 결국 (15)는 모두 '禾+수량사+歲'의 구문이다. (15)의 자료는 토지 매매 명문에서 가져온 것이다. 토지를 매득하기 위하여 지불해야 할 '화폐'를 대신하여 '말'이나 '소'를 경제 교역의 수단으로 사용한 표현이다. 따라서 '禾+수량사+歲'의 구문은 말이나 소의 나이를 표현한 것이다. 이 구문은 사람의 나이를 표현하는 '年+수량사+歲'의 구문[43]과 동궤의 것이다. 결국 禾는 年의 의미인 것이

다.

그런데 牛馬를 교역의 수단으로 하는 조선 시대 매매 명문에서 '禾+수량사+歲'의 구문보다는 歲를 생략한 '禾+수량사' 구문이 흔히 사용된다. 그 예는 다음과 같다. '禾+수량사+歲'의 특징을 잘 파악할 수 있는 대표적인 예만 제시한다.

(16) 가. 禾三 雌牛 一首 〈B00200287, 1511년〉, 禾肆 雄牛 一首 〈B00200288, 1519년〉, 禾五 中大牛 一隻 〈B00200325, 154 7년〉, 禾柒貳 同丁 黃 雌牛 一首 〈B00200333, 1548년〉 禾柒 大中 壹首 〈B01000005, 1550년〉, 禾七 雌牛 壹首 〈B20000446, 1580년〉, 禾五中 雄牛 壹隻, 禾八 雄馬 一疋 〈B01000002, 1549년〉

나. 禾拾是在 雌牛 壹尾 〈B01000003, 1549년〉, 禾六是 花雌大牛 一隻 〈B01000036), 1554년〉, 禾八是在 雄馬 壹 〈B00200328, 1547년〉, 禾五是在 雄馬 一匹 〈B01000023, 1552년〉

(16나)의 是在은 마찬가지로 吏讀吐이다. 조선 시대 戶籍 資料에서는 사람의 나이 표시에 '年+수량사+歲'의 구문보다는 歲를 생략한 '年+수량사' 구문을 흔히 사용한다. 이 구문의 이른 시기 사례는 1391년에 작성된 『高麗末和寧府戶籍斷片』 제3폭의 "戶前判事 朴忠用戶奴 金上左 年肆拾肆"에서 찾을 수 있다. 따라서 말의 나이를 표시할 때도, '禾+수량사+歲'의 구문보다는 歲를 생략한 '禾+수량사'의 구문을 보편적으로 사용하는 것으로 추정된다.

---

43) 池田溫(1979: 167)은 周 大足元年(701)에 작성된 「沙州敦煌縣慈惠鄕籍」 자료를 소개하였다. 이 자료에 사람의 나이를 표현하는 '戶主趙瑞嚴秊參拾玖歲'의 표현이 나온다.

다음은 표면상으로는 '禾+수량사+歲'에서 禾가 생략되어 표기된 것이다.

(17) 禾九歲 雌牛 一 [今年生 犢 一] 六歲 雌牛 一 〈B00200314, 1538년〉

(17)의 '六歲 雌牛 一'과 같은 표현은 현재 1예만 발견되어 '禾+수량사+歲'에서 禾가 생략된 표기된 구문으로 말하기가 어렵다. 더군다나 (17)에서 '[ ]'로 표시한 부분은 교정부호 '○'를 사용하여 내용을 보충한 곳이어서 禾를 누락시켰을 가능성도 있다.

4) '수량사+禾' 구문

표면적으로 '수량사+禾' 구문의 용례는 『備邊司謄錄』과 『承政院日記』에서 발견된다. 연대순으로 제시한다.

(18) 가. 以馬籍所錄 抄出其中四禾以上壯雄馬 〈承政院日記 1675년(숙종 1) 3월 23일〉
나. 二禾牛 則能繭栗乎 〈承政院日記 1756년(영조 32) 3월 17일〉
다. 每年四禾以上 雄牛十三首 〈承政院日記 1791년(정조 15) 4월 18일〉
라. 可合戰馬 五六禾以上者 〈承政院日記 1682년(숙종 8) 12월 3일〉
마. 馬之三禾以上 禁其出來 而卽今一禾二禾者, 亦或出來 〈承政院日記 1747년(영조 23) 9월 11일〉
바. 諸處牧場馬 六禾以上 酌定匹數 〈備邊司謄錄 1675년(숙종 1) 1월 20일〉
사. 計其四禾以上 不過二千七百餘匹 〈備邊司謄錄 1710년(숙종 36)

12월 15일〉

(18가)-(18다)를 보면 '수량사+禾'의 표현은 후행하는 명사 馬나 牛를 수식한다. (18라)와 (18마)의 者는 선행 명사 馬를 대용 표현한 것이므로 결국에는 馬를 수식한 것이다. (18바)와 (18사)는 대용 표현 者가 생략된 것으로 이해할 수 있으므로 역시 후행 명사 馬를 수식한 것이다.

이러한 '수량사+禾' 구문은 '수량사+歲' 구문과 표면적으로는 동일한 것처럼 보인다. '수량사+歲' 구문의 용례는 다음과 같다.

(19) 가. 禁二歲馬出陸放賣 〈世宗實錄 1425년(세종 7) 9월 4일〉
　　나. 二歲牛 一首 〈承政院日記 1645년(인조 23) 윤6월 4일〉
　　다. 甚至有八歲馬兵 〈備邊司謄錄 1782년(정조 6) 5월 11일〉

'수량사+歲' 구문 역시 후행하는 馬나 牛를 수식하여 '수량사+禾' 구문과 동일한 것처럼 보인다. 이것에 근거하여 '수량사+禾' 구문의 禾를 歲의 의미로 파악할 수밖에 없다. 그런데 이러한 해석은 '禾 +수량사+歲'의 구문에서는 禾가 歲가 아니라 '年'과 대응되는 것과 충돌된다.[44] 현재 자료가 없어 이를 밝히기가 어려운 실정에 있다.[45]

---

44) 어떤 심사자는 일반 명사가 단위 명사로 사용되는 경우는 한국어에서 일반적이므로 충돌되는 것은 아니라고 지적하였다. 하지만 한국어에서 '나이'의 경우에는 단위 명사 '살'로 인해 '나이'가 단위 명사로 사용되는 경우는 없다고 생각한다.

45) 다만 『承政院日記』에서 단 1회 발견되는 "諸處牧場馬, 六世禾以上者"의 용례에서 그 해결책을 찾을 수 있을 것으로 기대된다. 이 용례는 '수량사+禾'의 구문이 '수량사+歲'의 구문과는 다른 구조를 가졌을 가능성을 암시하고 있다. 즉 六世禾가 六歲禾의 이표기라면 우리는 '수량사+禾'의 구문이 '수량사+歲+禾' 구문에서 歲가 생략되어 형성된 것으로 이해할 가능성이 있다.

한편 장서각 디지털 아카이브 정보시스템의 고문서 자료에서 '禾四生, 禾三生' 등의 구문도 발견할 수 있다. 물론 1건의 토지 매매 명문에서만 발견된다. 이에 대해서는 후일의 연구로 남겨 둔다.

4. 결언

이 글은 馬齒를 의미하는 한국 고유한자 禾의 형성 과정과 배경에 대한 궁금증으로 연구의 출발점을 삼아 차자 표기 禾와 한국 고유한자 禾의 용법을 동시에 고찰하였다.

이 결과 차자 표기 禾가 古訓 '쉬'를 활용하여 고유 명사 표기에 흔히 활용되었음을 확인하였다. 특히 禾의 古訓 '쉬'를 활용한 전국의 洞里村名 표기를 발굴하여 禾의 古訓 '쉬'를 활용한 차자 표기가 地名 表記에서 보편적으로 사용되었음을 확인하였다. 또 借字 禾가 지명 표기에서 訓讀字 용법과 訓假字 용법으로 모두 사용되었음을 확인하였다.

馬齒 또는 '말의 나이'의 뜻을 가지는 한국 고유한자 禾에 대해서는 '禾毛色', '禾少/禾多/禾老', '禾+수량사+歲', '수량사+禾' 등의 표현으로 나누어 그 용법을 분석하였다. '禾毛色'의 경우에는 漢語, 齒歲에 비추어 馬齒의 의미로 강하게 해석되며, '禾少/禾多/禾老', '禾+수량사+歲' 등의 경우에는 '禾老 대 年老'의 대응을 고려할 때, 馬齒 보다는 '말의 나이'의 의미로 강하게 해석될 수 있음을 논의하였다.

馬齒와 '말의 나이' 중에서 어느 것이 기본적인 의미인지는 관련 자료가 없어 자세히 밝힐 수 없다. 다만 후일의 연구를 위하여 한국 고유한자 未의 기원에 대하여 가능한 접근 방법 한두 가지를 언급하여 둔다. 이것은 崔世珍의 『번역노걸대』에서 '年 +수량사+歲'의 구문에 나오는 年을 '쉬'로 언해한 사실에 기초한 것이다.

하나의 접근 방법은 馬齒를 한국 고유한자 未의 기본 의미로 파악하는 것이다. 언해 자료에 나타난 '쉬'는 馬齒의 뜻을 가지는 고유어 '쉬'가 존재했을 가능성을 시사한다. 물론 馬齒의 뜻을 가지는 未를 단순히 한글 표기화한 것에 불과할 가능성도 배제할 수 없다. 그러나 1예만 있고 관련 자료도 충분하지 않아 현재는 이 주장을 적극적으로 개진할 수 없었다.

또 다른 접근 방법은 '말의 나이'를 한국 고유한자 未의 기본 의미로 파악하는 것이다. 이 방법 역시 언해 자료에 나타난 '쉬'에 기초한다. 이 방법은 『번역노걸대』에서 年五歲를 '쉬 다섯 서리오'로 언해한 것을 사람과 동물을 구별하여 어휘를 선택하는 국어 어휘 체계의 작용으로 이해하자는 것이다. 사람의 경우라면 年五歲를 '나히 다섯 서리오'로 언해했을 것이나 '동물의 나이'를 표현하는 경우이므로 '나히[年]' 대신 '쉬'를 선택한 것으로 해석하는 접근 방법이다. 동물의 수를 세는 단위로 '마리'는 사람의 경우에는 사용하지 않는 것과 유사하게 이해하자는 것이다. 관련 자료가 충분하지 않아 이 주장 역시 적극적으로 개진할 수 없었다.

한국 고유한자 未가 아무런 字形 변화 없이 한국 고유의 뜻인 馬齒 또는 '말의 나이'의 뜻을 가지게 된 배경을 밝히는 후일의 연구에 이 연구가 도움이 되기를 바란다.

〈참고 문헌〉

김두찬(1983), 「차자표기 향명의 통시적 연구-향약집성방을 중심으로」, 단국대학교 석사학위논문.

金鍾塤(1983), 『韓國固有漢字研究』, 集文堂.

김흥삼 책임편집(2009), 『강원도 땅이름의 참모습 색인집』, 경인문화사.

南豊鉉(1981), 『借字表記法研究』, 檀大出版部.

南豊鉉(1989), 「韓國의 固有漢字」, 『국어생활』 17. 국어연구소, 96-109.

南豊鉉(1991), 「韓國人의 이름의 變遷」, 『새국어생활』, 1-1, 57-75.

남풍현(1999), 「향약집성방의 향명에 대하여」, 『진단학보』 87, 진단학회, 171-194.

盧明鎬 외(2000), 『韓國古代中世古文書研究(上)』, 서울대학교출판부.

도수희(2003), 『한국의 지명』, 아카넷.

尾石剛毅(2005), 「구관습조사 I(공주 · 한성 · 평양)」, 『韓國地籍百年史 : 資料篇 2』, 土地調査參考書 제2호, 대한지적공사, 31-89.

朴盛鍾 (2005), 「韓國漢字의 一考察」, 『口訣研究』 14, 구결학회, 51-82.

서울대규장각 편(2001), 『고문서』 22.

서울대규장각 편(1998), 『고문서』 1.

신경철(1993), 『국어 자석 연구』, 태학사.

신종원(2007), 『강원도 땅이름의 참모습』, 경인문화사.

양오진(2008), 『한학서 노걸대 박통사 연구』, 제이앤씨.

塩田與助(2005), 「구관습조사 II(전주 · 대구 · 원산)」, 『韓國地籍百年史 : 資料篇 2』 土地調査參考書 제3호, 대한지적공사, 91-169.

王啓濤(2005), 『吐魯番出土文書研究』, 四川出版集團.

柳在泳(1976), 「韓國漢字」, 『국어국문학』 30, 원광대학교 국어국문학과.

이건식(2009), 「한국 고유한자의 발달 -지명 후부 요소 표기를 중심으로 -」, 『口訣研究』 22, 구결학회, 219-259.

李基文(1980), 『國語史概說 改訂版』, 탑출판사.

李忠九(1983), 「「書永編」에 蒐集된 韓國漢字의 分析研究」, 『首善論集』 8,

成均館大學校 大學院 學生會, 65-96.
임용기 편(2008), 『朝鮮地誌資料 황해도편』, 태학사.
鮎貝房之進(1931), 『雜攷』 第5輯, 東京 圖書刊行回.
丁海廉(2005), 『아언각비·이담속찬』, 現代實學社.
정호완(2001), 「사열이(沙熱伊/省熱)'의 형태와 의미」, 『우리말 글』 23, 우리말글학회, 77-83.
池田溫(1979), 『中國古代籍帳研究』, 東京大學出版會.
최동언(2001), 『조선식 한문 연구』, 북한 사회과학원.
최범영(2008.05.12), 삭부리, '우리말 칼럼', 한겨레, 2008.05.12.
최범훈(1977) 『한자차용표기 체계 연구』, 동국대학교 한국학연구소.
崔永俊(1990), 『嶺南大路-韓國古道路의 歷史地理的 研究-』, 고려대학교 민족문화연구소.
홍기문(1957), 『리두연구』, 과학원출판사.

제4장
한국 고유한자 㕁의 시대별 용례와 시원적 의미

1. 서언

이 글은 문헌 자료에서 '섭 새김'을 의미하는 한국 고유한자 㕁의 시대별 용례를 수집한 다음, 㕁와 관련된 어형을 규정하고 이 어형의 의미를 분석하고자 한다.

한국 고유한자 㕁는 和의 古字인 㕁와는 다른 의미를 가지고 한국에서 사용되어 왔다. 그럼에도 불구하고 이에 대한 정밀한 검토 없이 㕁를 國意字로 규정하여 왔다. 즉 和의 古字인 㕁의 의미에다 한국 고유의 의미를 덧붙여 왔다는 주장이 일반화되어 있다. 이러한 주장의 대표적인 예로 한국 고유한자에 대해 정밀하게 연구한 鮎貝房之進(1935)를 들 수 있다. 즉 鮎貝房之進(1935)는 한국 고유한자 㕁를 國意字, 곧 俗訓字로 규정하였다.

그러나 사실 한국 문헌에서 사용된 한국 고유한자 㕁는 和와는 어떠한 관련성도 찾을 수 없다. 이것은 한국 고유한자 㖙가 한국에서 만들어진 한자임을 말하는 것이다.

이 글은 㖙의 시대별 용례를 수집하고, 㖙와 관련된 국어 어형의 의미를 분석하여 한국 고유한자 㖙의 형성 원리를 이해하는 첫걸음으로 삼고자 한다.

2. 한국 고유한자 㖙의 시대별 용례

2.1. 고려 시대 이전의 용례 검토

2.1.1. 경주 월성해자 174번 목간의 '㖙' 字 판독에 대한 검토

국립 창원문화재연구소가 2004년에 간행한 『고대의 목간』에 경주 월성해자 174번 목간의 사진 자료가 다음과 같이 제시되어 있다.

두 번째 글자와 네 번째 글자는 각각 字와 作 등으로 확실하게 판독할 수 있다. 그러나 첫 번째 글자와 세 번째 글자는 자형이 또렷하지 않아 판독이 쉽지 않다. 다섯 번째 글자의 자형은 분명하나 이 글자의 원형을 추정하기가 쉽지 않다. 그런데 이용현(2007:120)은 다음과 같이 판독하고 있다.

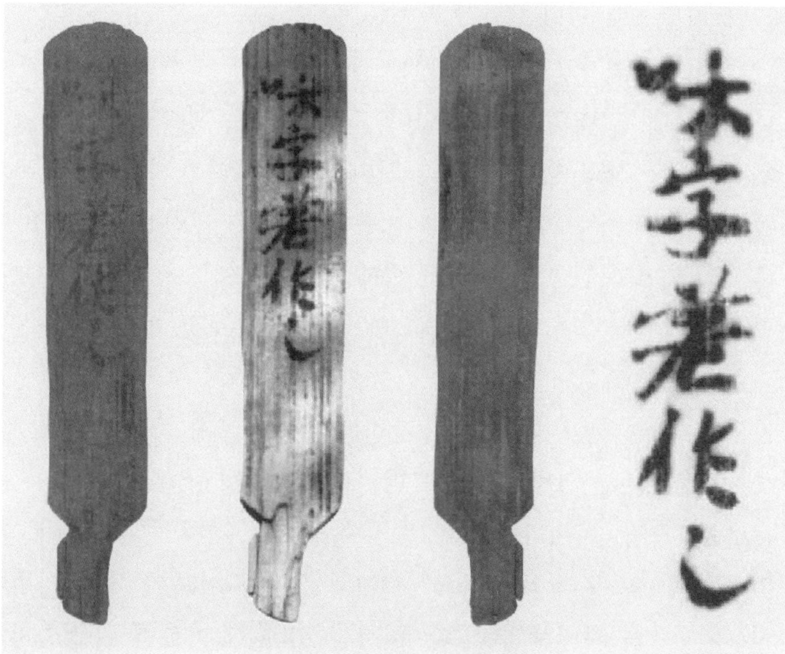

〈그림 1〉 경주 월성해자 174번 목간

1) 㖒字差作之 〈경주 월성해자 목간 174번〉

이용현(2007 : 120)이 판독한 글자 중에서 첫 번째 글자 㖒에만 주목하기로 한다. 첫 번째 글자를 이용현(2007 : 120)은 㖒로 판독하면서, 㖒는 和의 古字이며, 具允明의 『典律通補』 해설에 근거하여 조선 시대에 쓰인 㖒의 의미 '섭'으로 풀이하고 있다. 그러나 이용현(2007 : 120)의 설명은 자형 판독과 의미의 연관성을 결부시키지 않은 점에서 논거가 부족하다.

좌변의 口로 추정되는 획은 중앙에서 상단으로 치우쳐 있다. 우변의 획도 禾라고 단정적으로 말할 수 없다. 우변을 禾로 볼 수도 있지만 夭로 판독할 수도 있다. 그러므로 첫 번째 글자는 吠[1]로 판독될 가능성도 있다.

경주 월성해자 목간의 첫 번째 글자를 和의 고자인 咊로 판독한다고 할 때, 그것의 문맥적 의미가 설명되어야 한다. 그러나 경주 월성해자 목간에 나타난 咊의 의미를 설명하기가 어렵다. 판독된 咊를 和의 고자로 보아도 그 의미를 설명하기가 어렵다. 따라서 경주 월성해자 목간 174번의 첫 번째 글자를 조선 시대에 쓰인 고유한자 '咊'와 동일한 것으로 해독하는 것은 유보될 필요가 있다.

2) 고려 이전 시대 한국 고유한자 '咊'의 존재 가능성

이난영(1992 : 189-190)에 따르면 魏 泰和3年銘(229년) 熨斗, 提梁透彫香爐, 漢代의 博山爐 등의 유물에서 透刻의 기법을 볼 수 있다고 한다. 우리 나라 삼국 시대의 유물에서도 이 투각 기법이 사용되었음을 확인할 수 있다. 이한상(2004)에 따르면, 조선중앙역사박물관의 소장품으로 6세기 후반에 제작된 고구려의 眞坡里 7號墳 金銅板(이한상, 2004 : 64-65), 국립전주박물관의 소장품으로 5세기 후반에 제작된 백제의 笠店里 金銅冠帽(이한상, 2004 : 90-91), 국립경주박물관의 소장품으로 6세기에 제작된 신라의 天馬塚 金製冠帽(이한상, 2004) 등에서 透刻의 사례를 찾을 수 있다. 透刻 기법이 사용된 삼국 시대의 유물은 다음과 같다.

---

1) 漢나라 劉向이 쓴『戰國策』의「蘇秦為楚合從說韓王」에 呋이 쓰이고 있다.(≪戰國策·蘇秦為楚合從說韓王≫ : 甲, 盾, 鞮, 鍪, 鐵幕, 革抉, 呋芮, 無不畢具)

〈그림 2〉 고구려의 眞坡里 7號墳 金銅板

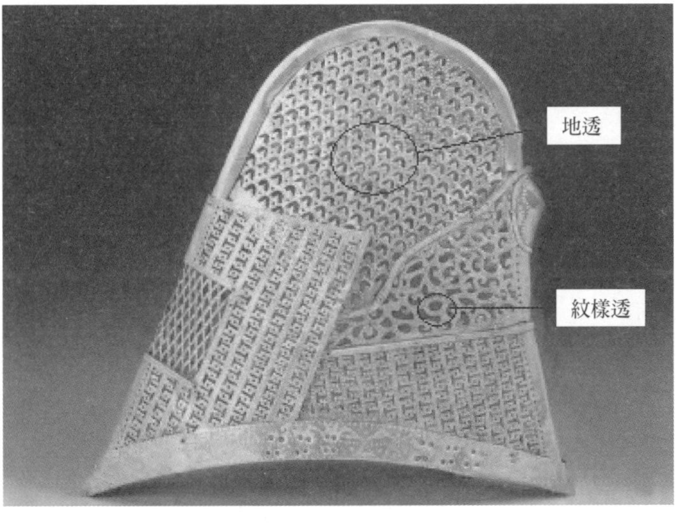

〈그림 3〉 국보 189호 천마총금제관모

〈그림 2〉는 地透의 기법이 사용된 것이다. 〈그림 3〉의 경우, 우측 중단 부분은 地透의 기법이 사용된 것이나 나머지 부분은 文樣透의 기법이 사용된 것이다.[2)]

透刻이 적용된 삼국 시대의 유물에 기대어 생각하면 '섭'의 뜻을 가지는 고유한자 㖀가 삼국 시대에 출현하였을 가능성을 추정할 수 있다. 이것은 경주 월성해자 목간 174번에 나타나는 첫 번째 글자를 '섭'의 의미를 가진 㖀로 판독할 가능성을 열어 주는 것이긴 하지만 앞서 말한 바와 같이 이 가능성을 신중히 고려할 필요가 있다.

2.2. 고려 시대 㖀의 용례

고려 시대 금석문이나 고문서 등의 1차 자료에서는 㖀의 용례를 찾을 수 없다. 그러나 고려 시대의 2차 자료인 『고려사』에서 㖀의 용례를 찾을 수 있다. 15세기에 간행된 『고려사』에서 발견되는 㖀의 용례는 다음과 같다.

(1) 가. 軍器監 米十石[皮甲匠指諭一 牟匠指諭一 㖀匠指諭一] 〈高麗史 80卷 志34 食貨3 祿俸 諸衙門工匠別賜〉

나. 掌冶署 米十石[銀匠指諭殿前一 㖀匠指諭內殿前一] 七石[銀匠行首校尉二 㖀匠行首校尉二] 〈高麗史 卷80 志34 食貨3 祿俸 諸衙門工匠別賜〉

『고려사』에 출현한 (1)의 㖀匠을 鮎貝房之進(1935)은 和匠으로 소개하고 있다. 그러나 필자가 확인한 『고려사』에는 분명하게 㖀匠으로 기재되어 있다.

---

2) 이난영(1992 : 190)에서는 透刻의 두 종류 기법인 地透와 文樣透를 제시하고 있다. 이난영(1992 : 190)에 따르면 地透는 '원하는 문양을 (남겨) 두고 다른 바탕 부분을 투각하는 것'이며, 文樣透는 '바탕을 남겨 두고 무늬 부분을 투각하는 것'이다.

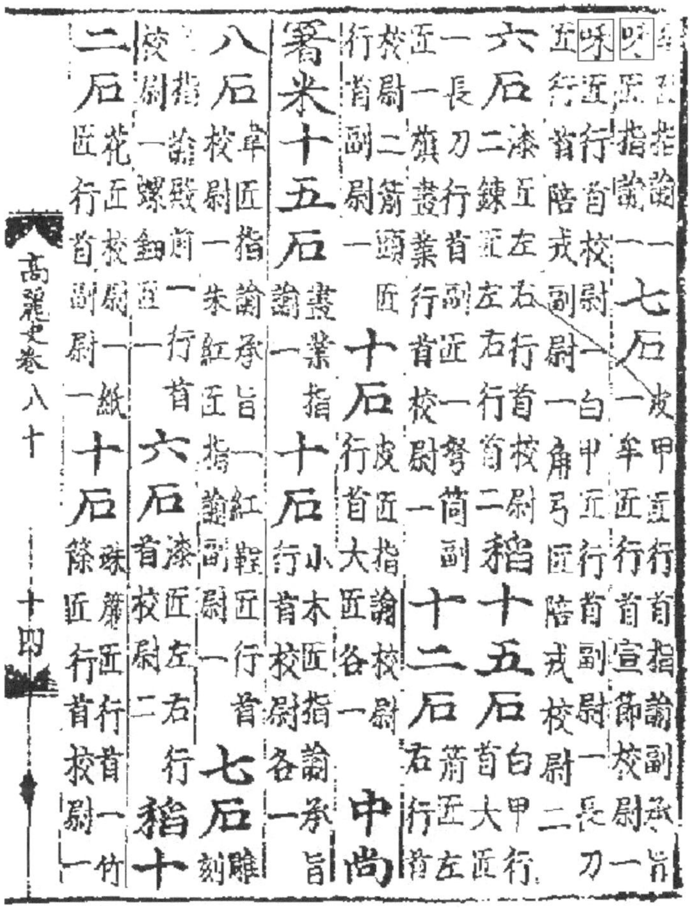

〈그림 4〉『高麗史』卷8:14

〈그림 4〉의 제1행 상단 부분은 (2나)의 일부에 대한 원문 이미지이다. 〈그림 4〉에서 오른쪽에서 첫 번째 네모 안의 글자는 그 획이 분명하지 않지만 두 번째 네모 안의 글자는 분명하게 㕧의 자형을 보여 주고 있다.

(1)의 기사는 㕧匠이 軍器監과 掌冶署에 소속된 匠人이었다는 것

임을 말해 주나 그 시기는 말해 주지 않는다. 軍器監이 고려 목종(998-1008) 때에 존재했고[3], 掌冶署가 고려 문종(1047-1082) 때에 존재했던[4] 사실을 감안하면 味匠이 고려 초기에 존재했을 가능성을 생각할 수 있다.

味匠에서 匠은 漢語에서 木工을 뜻하던 것[5]이다. 『唐六典』에는 '木匠, 錫匠, 修補制敕匠, 熟紙匠, 熟紙裝潢匠, 豉匠, 醬匠, 裝璜匠, 菹醢匠酒匠, 酢匠, 筆匠, 合口脂匠' 등이 실려 있는 것과 같이 匠은 당나라 시대에는 기술자의 칭호로 사용되었음을 말하는 것이다. 우리의 경우 기술자의 칭호는 591년에 세워진 것으로 추정되는 『南山新城碑』에서 尺으로 표기되어 있다. 남풍현(2000 : 163)이 지적한 바와 같이 현장 작업의 제1인자인 作上人이 거느리는 기술자들인 '匠尺, 工尺, 文尺' 등에서 기술자의 칭호를 뜻하는 尺을 발견할 수 있다. 盧重國(2001)에 따르면, 기술자의 칭호인 尺은 578년의 『戊戌塢作碑』에서 처음 보여 798년의 『永川菁堤碑貞元銘』까지 사용되었다.

그런데 755년의 『新羅華嚴經寫經造成記』에는 經心匠이 나타나 있다. 이 經心匠은 '두루마리 각 軸의 뒤에 붙인 나무'(노명호 외 2000 : 471)를 뜻하는 經心을 만드는 기술자이다. 『新羅華嚴經寫經造成記』에 나타난 經心匠은 8세기 중반에 기술자 칭호를 나타내는 尺이 匠으로 교체되고 있음을 시사하는 것이다. 고려 시대의 금석문이나 고문서 자료에서는 尺은 보이지 않고 匠만 나타나는 것도

---

3) 『고려사』 제76권 지 제30 백관 1 군기시, "목종 때에 軍器監이 있었고, 여기에 監, 소감, 승, 주부의 관직이 있었다. / 穆宗朝有軍器監監少監丞注簿"

4) 『고려사』 제77권 지 제31 백관 2 掌冶署, "금속을 녹여서 도구를 만드는데 관한 일을 맡는다. 문종이 令은 2명 종7품으로, 丞은 2명 정8품으로 정하였다. / 掌冶署掌鎔冶之事 文宗定 令二人秩從七品 丞二人正八品"

5) 『說文解字』, 匠, "木工也 从匚从斤 斤 所作器也"

그러한 사실을 뒷받침한다. 다음은 고려 시대 금석문이나 고문서 자료에 나타난 '匠'의 용례이다.

(2) 가. 石匠

石匠 神孥〈鷲棲寺石塔舍利函記(867)〉, 石匠 相昕〈鳴鳳寺境淸禪院慈寂禪師凌雲塔碑(941)〉, 石匠▨ ▨▨」〈五龍寺法鏡大師碑(944)〉, 石匠 仍尸依〈槐山覺淵寺通一大師塔碑(958)〉, 石匠 仍乙希〈高達寺元宗大師慧眞塔碑(975)〉, 于地右工重大師碩從石匠侅(以下缺)」〈靈通寺大覺國師碑(1125)〉, 朴瑾畫其緣 石匠校尉 林旦刻之等刻字畫士至十二月二十日畢工重大師世賢碩從申從申現指事以靈〈靈通寺大覺國師碑(1125)〉

나. 鍮匠

鍮匠 只未知〈統和銘安城長命寺石塔誌(997)〉

다. 鑄匠

寺主智均信 鑄匠 棟梁僧鏡环信」〈仙岳寺鐘(1066)〉, 大德五年辛丑四月日靑雲寺飯子入重三十斤結願香徒文氏夫人等上棟梁道人正元鑄匠鄭」〈大德五年銘靑雲寺飯子鼓(1301)

라. 鐵匠

鐵匠 仲源府人香淵〈菩提寺大鏡大師塔碑(939)〉, 鐵匠令 聰敏〈菩提寺大鏡大師塔碑(939)〉, 鐵匠 能弌居士〈鳴鳳寺境淸禪院慈寂禪師凌雲塔碑(941)〉, 鐵匠 富烏〈槐山覺淵寺通一大師塔碑(958), 鐵匠 會文〈淨兜寺五層石塔造成形止記(1031)〉

마. 入絲匠

入絲匠 徐勉 造〈表訓寺香爐(1368)〉

(2가)의 石匠과 (2라)의 鐵匠은 『고려사』에도 출현한 장인명이다. (2다)의 鑄匠은 鐘과 飯子鼓를 만든 장인이므로 鑄物의 장인이다. 따라서 『고려사』의 鑄鏡召鏡匠과 연관된 명칭으로 생각된다.

(2나)의 鍮匠 역시 『고려사』에 출현하지 않지만 『고려사』에 나오는 鍮銅匠과 연관된 것으로 생각된다. (2마)의 入絲匠은 『고려사』에 출현하지 않고, 또 이와 연관된 장인명도 찾을 수 없다. 그러나 入絲匠은 조선 시대 『經國大典』에는 출현한다.

『表訓寺香爐』의 銘文에 入絲匠이 기재된 것은 중요한 시사점을 준다. 실물은 전하지 않지만 『表訓寺香爐』는 入絲의 공예 기술로 紋樣이 만들어진 香爐로 알려지고 있다. 결국 入絲匠은 香爐의 入絲 紋樣을 장식한 장인을 가리키는 것이다. 이것은 '石匠, 鐵匠, 鍮匠' 등이 石塔의 조성과 관계된 장인임을 의미하며, 鑄匠은 飯子鼓의 제작과 관계된 장인임을 의미한다. 이러한 점에서 우리는 味匠을 포함하여 『고려사』에 나오는 66종의 장인명이 고려 시대에 실제로 존재했을 것으로 추측할 수 있다.

(3) 角弓匠, 鏡匠, 闒匠, 弓袋匠, 錦匠, 金箔匠, 螺匠, 泥匠, 大匠, 帶匠, 大韂匠, 刀匠, 羅匠, 螺鈿匠, 鍊匠, 柳器匠, 綾匠, 磨匠, 馬匠, 牟匠, 木匠, 巫匠, 墨匠, 白甲匠, 白銅匠, 幞頭匠, 生鐵匠, 石匠, 船匠, 梳匠, 繡匠, 鞍轡匠, 鞍褥匠, 鞍轎匠, 御盖匠, 焰焇匠, 韋匠, 鍮銅匠, 銀(器)匠, 粧覆匠, 赤銅匠, 箭頭匠, 田匠, 箭匠, 雕刻匠, 鑄鏡召鏡匠, 珠簾匠, 朱紅匠, 竹篠匠, 持馬匠, 紙匠, 鐵匠, 漆匠, 味匠, 皮甲匠, 皮帶匠, 皮匠, 笏袋大匠, 紅鞓匠, 花匠, 靴匠, 黃丹匠, 鏁匠, 靸鞋匠

(3)에 제시된 장인명 가운 데에서 '鏡匠, 螺鈿匠, 鍊匠, 墨匠, 銀匠, 漆匠, 味匠, 靴匠, 靸鞋匠' 등 9종의 장인명은 『經國大典』에도 실려 있으나 나머지는 그렇지 않다.

이것은 『經國大典』에 기재된 장인명의 역사가 오래된 것임을 시사하는 것이다. 『經國大典』에 기재된 장인명 중에서 조선 건국 직후에 만들어진 것도 일부 있을 수 있지만 대체로는 고려 시대의 것을 계승한 것이 대부분일 것으로 생각된다. 결국 우리는『고려사』의 㖘匠이 고려 시대에 흔히 쓰이던 용어임을 알 수 있다.

2.3. 조선 시대 㖘의 용례

먼저 조선 전기의 문헌 자료에서 㖘가 사용된 용례를 제시하면 다음과 같다.

(4) 가. 㖘匠 〈經國大典 吏典 雜織 尙衣院〉, 〈經國大典 工典 京工匠 本曹〉
나. 㖘匠 黃允琦 〈中宗實錄 1525년(중종 20) 2월 7일〉, 尙衣院 㖘匠 崔銀石妻 倫伊 〈中宗實錄 1540년(중종 35) 11월 17일〉, 招㖘匠 見之可也 〈中宗實錄, 1544(중종 39) 6월 20일〉

『經國大典』工典 京工匠 尙衣院 조에 나오는 (4가)의 㖘匠은 金銀帶匠을 뜻한다. 1750년(英祖 26)에 간행된『尙方定例』에 白丹香風牧丹㖘金帶의 제작에 필요한 물품이 기록되어 있기 때문이다.『한국민족문화대백과사전』의 尙方定例 조에 따르면『尙方定例』는 尙衣院에서 편찬한 궁중의복 관계의 책이므로 尙衣院에 소속된 㖘匠이 白丹香風牧丹㖘金帶을 제작했을 것으로 생각된다.

『經國大典』은 1466년에 편찬이 완성되었으므로 (4가)는 15세기 중엽의 용례라 할 수 있다. (4나)는『조선왕조실록』의 것으로 16세기의 용례라 할 수 있다. 이후의『조선왕조실록』에서는 㖘의 용례를 찾을 수 없다. 㖘가 사용되지 않았다기 보다는 㖘匠이 사건의 주제가 되지 않은 까닭으로 생각된다.

(4나)의 咊匠도 金과 밀접한 관련이 있음을 다음의 『조선왕조실록』 기사는 말해 주고 잇다.

(5) 가. 金은 확실히 알지 못한다 하니, 咊匠을 불러서 보게 하라. 여느 때에도 尙衣院에서는 臘藥에 금을 쓰고 祭享所의 金銀器를 改造할 때에도 금은을 쓰는데[6]

나. 咊匠 黃允琦가 금을 훔쳐다가 木綿 26同을 사고 집도 샀다.[7]

咊匠이 尙衣院에 소속되었기 때문에 咊匠 黃允琦가 금을 쉽게 훔쳐 내다 팔았을 것이다.

咊匠의 咊가 '섭 새김'의 의미로 사용된 것인지 불투명하지만 조선 전기 문헌 자료에서 咊의 용례를 다음과 같이 발견할 수 있다.

(6) 가. 且魚面江 咊乙外 中江等處, 〈世宗實錄 1446년(世宗 28) 4월 11일〉,

나. 李善老所啓咊乙獻之地 〈世宗實錄 1446년(世宗 28) 4월 11일〉 嘗與里人到咊乙獻等處 〈世宗實錄 1446년(世宗 28) 9월 5일〉, 一出咸吉道境咊乙軒站嶺下, 〈世宗實錄地理志 平安道 / 江界都護府〉, 咊乙岾 〈新增東國輿地勝覽 平安道 江界都護府 山川〉

다. 水鐵場一處 在郡東咊斤岩 〈世宗實錄地理志 平安道 朔州都護府 雲山郡〉

라. 是月, 築永安道長城 (중략) 咊倉洞口二百六十三尺 〈成宗實錄 1486년(成宗 17) 9월 29일〉

마. 茂昌之馬尙咊 〈世宗實錄 1446년(世宗 28) 4월 11일〉, 磨尙咊

6) 『中宗實錄』, 1544(중종 39), 6월 20일, "今現捉權仁佐 下義禁府 金則未能的知云 招和匠見之可也 常時尙衣院, 臘藥時用金 祭享所金銀器改造時 亦用金銀 銀則我國所産, 若金則常貿諸市上 今可置于尙衣院"

7) 『中宗實錄』, 1525년(중종 20), 2월 7일, "和匠黃允琦, 偸金以賣得木緜二十六同, 而買家舍"

〈新增東國輿地勝覽 江界都護府 山川〉

바. 咊等羅山〈新增東國輿地勝覽 渭原郡 山川〉

사. 蛤咊烽燧〈新增東國輿地勝覽 平安道 定州牧 烽燧〉

(6가)의 '咊乙外, 咊乙獻/咊乙軒/咊乙岾, 咊倉洞, 馬尙咊, 咊等羅山, 蛤咊烽燧' 등은 모두 지명이다. 이곳의 咊도 앞에서 말한 咊의 의미로 사용된 것으로 추측되나 명백한 근거는 없다. 한자 지명에 대응된 우리말 지명 표기를 비교적 많이 보여주는 『조선지지자료』를 검토하여도 관련된 자료를 찾을 수 없었다.

(6나)의 '咊乙獻, 咊乙軒, 咊乙岾' 등은 동일 지명의 이표기로 생각된다. (6마)의 馬尙咊와 磨尙咊는 동일 지명을 표기한 것으로 이표기 관계에 있다. (6바)의 咊等羅山은 『대동여지도』와 『문헌비고』에는 각각 和等內山과 和等羅山으로 표기되어 있음을 鮎貝房之進(1935)은 말하고 있다. 규장각에 소장된 조선 후기 고지도 자료에서 다음과 같은 이표기를 더 발견할 수 있다.

(7) 가. 小和等乃山〈東輿圖 6책 6열, 강계〉, 小和等乃山〈大東輿地圖 5첩 6면〉, 大和等乃山〈東輿圖 6책 6열, 강계〉, 大和等乃山〈大東輿地圖 5첩 6면〉

나. 禾等乃山〈팔도군현지도 평안도 위원〉, 禾等乃山〈朝鮮地圖(奎16030) 평안도 위원〉, 禾等乃山〈靑邱要覽 제6층 16판〉

(7)에서 咊의 이표기로 和와 禾를 발견할 수 있다. 결국 동일 지명이 '禾, 和, 咊' 등으로 표기된 것은 (6바)의 咊等羅山에서 咊가 '화'를 표기한 음차 표기임을 말하는 것이다.

조선 후기의 문헌 자료에도 咊의 용례가 발견된다. 1613년에 간행된『大典續錄』권6의 工典 工匠 조와 1866년에 간행된『六典條例』권10의 工典 尙衣院 조에 味匠이 기록되어 있다. 또한 味匠이 배치된 尙衣院의 의복 제작의 내용을 담고 있는『尙房定例』와 궁중의 행사에 필요한 물품명을 기록한 儀軌 자료에서 味의 용례를 찾을 수 있다.

(8) 가. 味玉帶
味玉帶〈尙房定例 권2 8a〉, 味玉帶壹部〈尙房定例,권2 29a〉, 味玉帶壹部〈國婚定例 권1〉
나. 味金帶
白丹香風牧丹味金帶〈尙房定例 권2 9a〉
다. 味金
風牧丹味金〈尙房定例 권2 9a〉, 味金一部〈山陵都監儀軌(1688) 假齋室進排秩〉, 味金一部〈嘉禮都監都廳儀軌(1759) 啓辭秩〉, 味金一部〈王世子嘉禮都監儀軌(1819) 권1 己卯六月初三日〉
라. 味錢
味錢鍍金次泥金〈尙房定例 권2 9a〉
마. 味煮
味煮一部〈山陵都監儀軌(1688) 假齋室進排秩〉, 味煮一部〈山陵都監儀軌(1701) 권2 假齋室進排秩〉, 味者一重十兩五戔〈王世子嘉禮時都監儀軌(1651) 工匠秩〉, 味者一介〈上諡封園都監儀軌(1776) 권1 乾隆四十一年丙申三月 日上 諡都監三房儀軌〉, 味者一介〈淑善翁主嘉禮謄錄(1804) 권1 啓辭〉, 銅味者一箇〈明溫公主嘉禮謄錄 권1〉, 銅味者一介〈淑善翁主嘉禮謄錄 권1〉, 鍮味者二箇〈王世子嘉禮都監儀軌 권1〉, 銅味者一減〈嘉禮都監都廳儀軌〉
바. 味花
大味花四介 小味花八介〈王世子嘉禮時都監儀軌〉
사. 味鐥

鍮味鐥一〈嘉禮都監儀軌〉

아. 味鍮鑞

味鍮鑞十六斤十四兩〈孝懿王后太廟都監儀軌〉

차. 味箸

味箸二箇〈哲仁王后殯殿魂殿都監儀軌 권1〉

카. 銀味注之

銀味注之是白去乙〈鞠廳日記 권8〉

(8가) 味玉帶와 (8나) 味金帶는 장식의 재료 차이만 있을 뿐 같은 물건을 지칭한다. 구체적으로 무엇을 말하는지 미상이다.

(8다) 味金은 '쉼쇠'를 말한다. 이에 대해서는 뒤에서 다시 논의된다.

(8라)의 味錢이 우리 말로 '싀돈'이라 함은 앞에서 설명하였다.

(8마)의 味煮는 味者의 이표기이다. 이 이표기로 味煮와 味者의 煮와 者가 우리 말로 '구기'를 뜻하는 한어 勺을 음차 표기한 것임을 알 수 있다.

(8바)의 味花는 '꽃무늬를 섭 새김한[8] 장식의 물품'을 뜻한다. 『표준국어대사전』에는 '섭화'의 한자 표기가 제시되지 않았는데, 味花가 '섭화'의 한자 표기이다. 味은 훈독하고 花는 음독한 것이 특이하다.

(8사) 味鐥과 (8차) 味箸에서 鐥과 箸는 각각 '대야'와 '젓가락'을 뜻한다. 따라서 味鐥는 '섭 새김한 대야', 味箸는 '섭 새김한 젓가락'으로 풀이되나 어떤 실물과 연결될지는 미상이다. 『社稷署儀軌』에 자루의 끝부분에 용문양을 새긴 龍勺의 그림[9]이 제시되었는데 味

8) 『표준국어대사전』, 섭-화03, "꽃무늬의 섭새김"

9) http : //yoksa.aks.ac.kr, G002+AKS-EE10_0001_003_033_00554.

鐥과 咊著도 이와 유사한 문양을 가진 것으로 생각된다. (8아) 咊鑰鐖는 전혀 알 수 없는 것이다.

(8카) 銀咊注之의 注之는 앞에서 설명한 바와 같이 '갓 위의 원통 모양의 것에 다는 장식'을 뜻한다. 銀 장식이 재료로 된 것을 의미한다.

3. 한국 고유한자 咊의 시원적 의미

3.1. 조선 후기 註釋書에 나타난 咊의 의미

咊는 漢語에서는 和의 古字이다. 그런데 한국 고유한자 咊는 漢語 和와는 다른 의미를 가지고 있다. 즉 한국 고유한자 咊는 '섭새김'의 의미로 사용되었다.

한국 고유한자 咊의 의미는 정확하게 이해되지 못하여 왔고, 和의 고자인 咊와 혼동되기도 하였다.

(9) 또『大典』안에는 和匠[10]의 명칭이 있다.『大廣益會』을 살펴보면 和는 옛날에는 咊字이다. 咊匠이라 말하는 것이 어느 시대부터 시작된 것인지는 알 수 없다.[11]

---

10)『經國大典』에는 和匠이 아니라 咊匠으로 기록되어 있다.

11) 魚叔權,『寒皐觀外史』, 卷二, "又大典內 有和匠之名 按大廣益會 和古咊字 所謂咊匠者 不知始於何代"

(9)는 魚叔權이 咊의 정확한 의미를 이해하고 있지 못하여 咊匠의 咊를 和의 古字로 이해하고 있음을 말하여 준다.

그러나 조선 시대 후기의 다른 주석서에는 咊의 의미가 잘 설명되어 있다. 咊를 설명한 것과 咊匠을 설명한 것을 나누어 살펴 보도록 한다.

먼저 咊를 설명한 주석서는 다음과 같다

(10) 가. 咊 本朝 雕鏤謂之咊 〈古今釋林 권27 東韓譯語 一字類〉
　　나. 刻鏤有高深者 曰禾셥刻 〈晝永編[12]〉
　　다. 咊【화】幹長 섭수 ○ 기장 見經國大典 〈新字典 朝鮮俗字部〉

(10나)는 咊가 아니라 禾의 의미를 설명하고 있다. 이에 대해 鮎貝房之進(1935)은 『晝永編』의 禾를 咊의 誤寫로 판단하였다. 禾에 그 訓으로 추정되는 '셥'이 주석되어 있어 鮎貝房之進(1935)의 판단에 동의할 수 있다. (10가)와 (10나)는 雕鏤 또는 '새겨진 鏤가 높고 깊은 것[刻鏤有高深者]'으로 설명하여 咊의 의미를 동일하게 설명하고 있다. (10다)는 咊의 의미를 '幹長, 섭수, 기장' 등으로 설명하고 있다. 幹長[13]과 '기장'은 동일한 뜻을 가진다. 그러나 '섭수'의 의미는 미지의 것이다. '『經國大典』을 보라'고 주석하고 있으나 『經國大典』에는 咊匠으로 제시되었고, 의미도 幹長이나 기장과 거리가 멀다.

鏤刻은 서구의 용어로 말하면 浮彫[relief]이다. 글자나 문양을 도드라지게 조각하는 것을 말한다. 古書를 인쇄하기 위해 제작한

12) 국립중앙도서관본, 古091-7.
13) 『표준국어대사전』, 간장05(幹長), "나무나 풀의 줄기 높이. '대 길이', '줄기 길이'로 순화. ≒줄기 길이."

木板에는 보통은 글자가 양각되어 있어 이를 흔히 鏤板이라고 한다. (10가)에서 吙를 鏤와 같은 것으로 파악했으나 (10가)-(10다)의 주석된 내용을 참고할 때, 吙에는 鏤의 의미 이외에 深의 의미를 추가적으로 가지고 있음을 알 수 있다.

다음은 吙匠의 의미를 설명한 주석서이다.

(11) 가. 吙匠 金銀帶匠 〈經國大典註解〉
나. 吙匠 金銀帶匠 俗稱 셥쟝 〈典律通補[14] 別編 匠名〉
다. 吙匠 옥셥쥬디쟝 〈百憲總要[15] 六十九 難解匠名〉
라. 吙【音禾 經國大典 셥쥬지장】〈五洲衍文長箋散稿 文字 東國土俗字辨證說〉
마. 吙匠 金銀帶匠 或 셥주지 或云 冠玉匠, 或云 셥쟈 或云 띄쏜 사기는 쟝인, 셥쟝 〈經國大典抄解[16] 평양본과 만력본〉

(11다)의 '옥셥쥬디쟝'에서 '옥'은 玉으로 사용된 재료를 나타낸 것이고 '디'는 구개음화되어 '지'로 표기된 것이다. 결국 '옥셥쥬디쟝'과 '셥쥬지장'은 동일한 방법을 적용한 표현으로 생각된다. (11마)의 '셥주지'는 匠을 표기한 '쟝'이 생략 표기된 것으로 '셥쥬지장' 계통의 표현이다.

(11마)의 '띄쏜'은 別錢으로 허리띠의 장식으로 사용되며 모양은 화폐와 똑같다. 鮎貝房之進(1935)이 소개하듯 『尙方定例[17]』「白丹香風牧丹吙金帶」 조의 "風牧丹想錢 吙錢鍍金次泥金"에 나오는 吙錢이 '띄쏜'과 연관된다. '띄쏜'은 '띄[帶]+ㅅ+돈[錢]' 정도로 분석된다.

14) 국립중앙도서관본, 古6022-11.
15) 국립중앙도서관본, 韓古朝31-64.
16) 국립중앙도서관본, 古6023-1.
17) 鮎貝房之進(1935)은 『尙房條例』라 하였다.

결국 金銀帶匠과 '쐬똔 사기는 쟝인'은 동일한 匠人을 달리 표현한 것으로 생각된다.

'섭주지'에서 '주지'는 한어 鍗子[18]에서 온 것으로 '頂兒, 冠玉' 등의 한어와 같은 뜻을 가졌다. '주지'는 최세진의 『번역박통사』에서 확인된다. 이에 대해 유창돈(1964 : 671)의 『이조어사전』에서 羊脂로 풀이하였는데, 이는 '주지'의 의미를 잘못 파악한 것이다. 즉 '주지'는 『번역박통사』 上 27b의 한어 '綴著上等玲瓏羊脂玉頂兒'은 '샹등 됴흔 옥으로 령롱히 설픠에 사긴 주지 브텻는듸'로 언해된 것에 나타난다. 綴著가 동사인데 이것의 목적어는 頂兒로 보아야 한다. 따라서 '주지'는 羊脂에 대응된 것이 아니라 頂兒에 대응된 것으로 파악해야 한다. 한어 원문의 羊脂가 '됴흔'으로 언해되어 있다고 파악해야 할 것이다.

결과적으로 㕲匠은 金銀帶匠과 '섭쥬지장'을 말하는 것이다. 이 장인들이 사용하는 기법의 특징은 『번역박통사』의 표현인 '령롱히 설픠에 사긴'에 잘 드러나 있다. 곧, '두드러지면서 듬성듬성 새기는 것'이 㕲刻인 것이다. 허리띠나 冠의 장식에 쓰이는 金銀玉의 장식품은 무게를 가볍게 하기 위하여 透刻 기법을 적용한 문양을 조각한다고 한다. 透刻은 紋樣을 남기고 나머지 부분을 도려 내거나 紋樣을 도려 내는 기법이다. 따라서 우리는 㕲刻의 의미를 透刻으로 이해할 수 있다.

『이두편람』의 行用吏文에는 㕲金와 㕲者의 용례가 다음과 같이 제시되어 있다.

18) 『표준국어대사전』, 鍗子, "전립 따위의 위에 꼭지처럼 만들어 달던 꾸밈새. 품계(品階)에 따라 금, 은, 옥, 석 따위의 구별이 있었다. ≒정자11(頂子)·징자."

(12) 가. 哛金 쉵쇠 魚肉炙鐵也 〈行用吏文〉

나. 哛者 쉵자 油煎物淘出者 〈行用吏文〉

(12가)에서 哛金과 '쉵쇠'에 대한 뜻풀이로 '물고기를 굽는 쇠[魚肉炙鐵]'를 제시하고 있다. 그리고 (12나)에서는 哛者와 '쉵자'에 대한 뜻풀이 '끓는 기름에서 물건을 일어 꺼내는 것[油煎物淘出]'을 제시하고 있다.

哛金에 대응한 '쉵쇠'는 오늘날 '석쇠', 哛者에 대응한 '쉵자'는 오늘날 '석자'로 표기된다. '석쇠'와 '석자'의 실물을 통해서 哛의 의미를 파악해 보기로 한다. 다음은 국립민속민속박물관에 소장된 '석쇠'[19]와 '석자'[20]의 실물이다.

〈그림 5〉 화덕과 석쇠

19) 국립민속박물관 유물번호 999999-109477
20) 국립민속박물관 유물번호 999999-111723

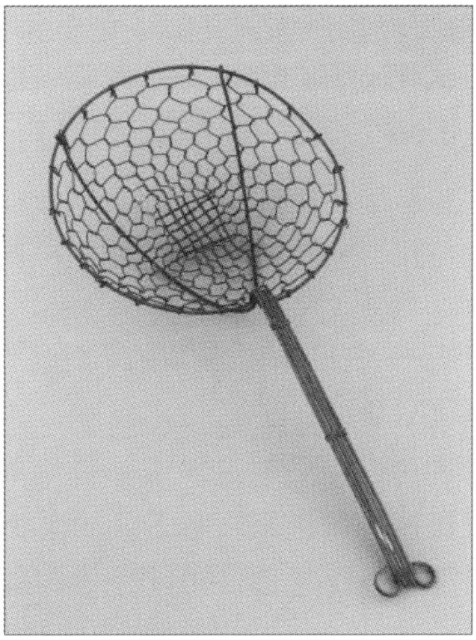

〈그림 6〉 석자

위의 실물을 통하여 '석쇠'와 '석자'에 사용된 '석'의 의미를 추정할 수 있다. 즉 '석쇠'와 '석자'의 주요한 특징은 '그물같은 형상'인 점이다. 결국 㖵는 '일부분을 도려 내어 줄기들이 일정한 문양을 형성한 것' 정도의 의미로 파악된다.

3.2. 㖵의 先代 語形 '셝'과 '섭'

한국 고유한자 㖵와 관련된 어형에는 '셝'과 '섭'의 두 가지가 있다.

㖵와 관련된 어형 중 '셝'은 㖵金와 㖵者 등에 관련된 어형을 통해서 확인할 수 있다. 㖵金와 㖵者의 어형을 보여 주는 용례는 다음과 같다. 〈行用吏文〉의 경우는 앞에서 이미 제시했지만 논의의 편의를 위해 여기에서 다시 제시한다.

(13) 가. 쇩쇠 〈뎡미가례시일긔〉, 味金 쇩쇠 〈行用吏文〉, 灸床 고기 굽ᄂᆞᆫ 쇩쇠 〈方言類釋〉 炙牀 쇩쇠 〈廣才物譜〉
나. 灸床 고기 굽ᄂᆞᆫ 섯쇠 〈譯語類解 下 13〉

(14) 가. 유[21]쇩쟈 〈뎡미가례시일긔(1727)〉, 味者 쇩자 〈行用吏文〉 漏勺 석쟈 〈廣才物譜〉
나. 銅杓曰섯쟈 曰漏杓 〈訓蒙字會(1527) 中 9b〉, 漏杓 섯쟈 〈譯語類解(1690) 下 13〉, 漏杓 섯쟈 〈方言類釋〉, 漏勺 섯쟈〈同文類解〉
다. 漏勺 설쟈〈蒙語類解 下〉, 漏勺 설자 〈五洲衍文長箋散稿 人事篇 器用類 什物 鄉居器什物名辨證說〉

(14)의 金은 '쇠'에 대응하는 차자 표기이고 (14)의 者는 '자/쟈'에 대응하는 차자 표기이다. 따라서 味에 대응하는 국어의 표기는 '쇩, 섯, 설' 등임을 알 수 있다.

'섯'의 'ㅅ'은 속격 표지로 해석된다. 즉 (13나)의 '섯쇠'는 '[쇩/설]+ㅅ+쇠[金]' 정도의 구성에서 음절말 자음군 단순화 규칙에 의해서 '섯쇠'의 어형이 형성된 것으로 이해된다. 마찬가지로 (14나)의 '섯자'는 '[쇩/설]+ㅅ+자[者]' 정도의 구성에서 음절말 자음군 단순화 규칙에 의해서 형성된 것으로 이해된다.

'석쇠'의 방언형으로 강원도와 평안도에 '설쇠'[22]가 남아 있으나 현대 국어의 다른 방언에서 '쇩'은 남아 있지 않다. '읽-'의 어간 활용에서 '[익-]' 과 '[일-]'의 두 가지 변이형을 보여 주는 것을 참고한다면, 味를 뜻하는 국어의 선대형이 '쇩'이었음을 추정할 수 있다. 『뎡미가례시일긔』(1727)의 '쇩쇠'와 '쇩쟈'가 이러한 추정을 뒷

21) 놋쇠로 만든 '쇩쟈'를 뜻한다.
22) 『표준국어대사전』, 설쇠, '석쇠01'의 방언(강원, 평안).

받침한다.

味와 관련된 어형 중 '섭'은 현대어 '섭 새김'에서 확인할 수 있으며, 다음과 같은 16세기의 문헌에서도 '섭' 어형을 확인할 수 있다.

(15) 가. 銀絲兒獅子頭的花鐙 / 은ᄉᆞ로 입ᄉᆞᄒᆞᆫ ᄉᆞᄌᆡ 머리옛 섭 등ᄌᆡ오 〈飜譯朴通事 上 28b〉 / 銀 입ᄉᆞᄒᆞᆫ 獅子 머리 섭 사긴 등ᄌᆞ에 〈朴通事諺解 上 26b〉

나. 做銀厢花帶 / 은젼 메워 섭화 ᄯᅴ ᄒᆞ나 ᄆᆡᇰᄀᆞᆯ여지라 〈飜譯朴通事 上 19b〉 / ᄒᆞᆫ 올이 銀 젼 메온 섭 사긴 ᄯᅴ를 ᄆᆡᆫ들게 ᄒᆞ라 〈朴通事諺解 上 19a〉

다. 鈒一箇好花樣兒 / 톱 우희 ᄒᆞᆫ 됴ᄒᆞᆫ 고즐 섭ᄒᆞ고 〈飜譯朴通事 上 16a-16b〉 톱 우희 ᄒᆞᆫ 됴흔 花樣을 사기고 〈朴通事諺解 上 15b〉

(15나)의 '섭화'는 '꽃무늬를 섭 새김한 의미'로 사용되는 현대어의 '섭화'와 직결되는 어형이다. 현대어 '섭화'는 조선 시대 의궤 자료의 味花에 대응되는 것이다. 이것으로 우리는 '섭 새김'의 '섭'이 味와 직접 관련된 것임을 확인할 수 있다.

(15)에 제시된 한어 원문만 가지고는 (15)에 나타난 조각 기법이 '돋을 새김'인 鏤刻인지, '섭 새김'인 透刻 곧 味刻인지는 구별할 수 없다. 그러나 透刻 곧 味刻은 鄭東愈가 『晝永編』에서 말한 것처럼 '높고 깊게 새기는 것'이므로 鏤刻의 의미도 포함된 것으로 보아야 할 것이다.

3.3. '섥'과 '섭'의 의미 분석

한국 고유한자 㖅가 '섥'과 '섭'의 두 가지 어형에 대응되므로 '섥'과 '섭'의 의미를 밝히는 것은 한국 고유한자 㖅의 의미를 밝히는 것이 된다.

'섥'의 의미는 다음과 같은 15세기와 16세기 용례로 분석할 수 있다.

(16) 가. 笥ᄂᆞᆫ 설기라 〈月印釋譜 권10 65〉
　　나. 설긧 옷ᄃᆞᆯ히 화예 나아 걸이며 〈月印釋譜 권2 33〉
　　다. 笥 섥 ᄉᆞ 〈訓蒙字會 中 13〉
　　라. 샹ᄌᆞ과 섥의 간ᄉᆞ티 아니ᄒᆞ며 〈小學諺解 권2 50〉

(16)의 '섥'은 현대어에서는 '설기'가 되었다. 현대어 설기는 '싸리나 버들가지로 만든 상자[23]'를 뜻한다. (16라)의 '섥'에 후행한 '샹ᄌᆞ'에 기대어 생각하면, 싸리나 버들가지로 만들었기 때문에 '섥'의 상자 면은 보통의 상자와 다르게 촘촘하지 못하다. 결국 '섥'은 '성글다'의 의미로 파악된다.

앞절의 (15)에서 제시한 '섭'은 '설픠-'와 관련 지어 그 의미를 분석할 수 있다. 다음은 문헌 자료에 나타난 '설픠-'의 용례이다.

(17) 가. 夏裏系玉鉤子　最低的是菜玉　最高的是羊脂玉　秋裏系減金鉤子　尋常的不用　都是玲瓏花樣的 / 녀르메ᄂᆞᆫ 옥으로 쬣 그데 갈[?]갈이 ᄒᆞ니 띄요ᄃᆡ ᄀᆞ장 사오나와ᅀᅡ ᄎᆡ옥이오 ᄀᆞ장 노프

23) 『표준국어대사전』, 설기02, "싸리 채나 버들 채 따위로 엮어서 만든 네모꼴의 상자."

니ᄂᆞᆫ 양지옥이오 ᄀᆞᄉᆞᆯ히ᄂᆞᆫ 금으로 입ᄉᆞ ᄒᆡ욘 구ᄌᆞ씌 씌ᄂᆞ니 샹녯 거슨 쓰디 아니코 다 설픠게 사곤 거시러라 〈飜譯老乞大 下 51a-51b〉 녀름에ᄂᆞᆫ 옥으로 씌 굿톄 갈구리 ᄒᆞ니를 씌오되 ᄀᆞ장 ᄂᆞᄌᆞ니아 菜玉이오 ᄀᆞ장 놉프니ᄂᆞᆫ 羊脂玉이오 ᄀᆞᄉᆞᆯ히ᄂᆞᆫ 금 입ᄉᆞᄒᆞᆫ 구ᄌᆞ를 씌ᄂᆞ니 샹녜 써ᄉᆞᆫ 쓰디 아니코 다 설픠게 곳 사긴 거시러라 〈老乞大諺解 下 45a-6b〉

나. 綴著上等玲瓏羊脂玉頂兒 / 샹등 됴ᄒᆞᆫ 옥으로 령롱히 설픠에 사긴 주지 브텻ᄂᆞᆫ ᄃᆡ 〈飜譯朴通事 上 27b〉 / 上等에 玲瓏히 ᄒᆞᆫ 羊脂玉 〈朴通事諺解 上 26a〉

(17)에 나타난 '설픠게 사곤, 설픠게 곳 사긴, 령롱히 설픠에 사긴' 등은 '꽃 무늬[花紋]'을 새기는 방법을 묘사한 것이다. 한편 '구ᄌᆞ[鉤子]'는 한어이다. 이를 우리 말로 하면 '씌돈[味錢]'이 된다. 이 '씌돈'은 앞서의 '섭화 씌', '섭 사긴 씌' 등과 상통하는 것이다. '씌돈'을 透刻하여 만든 것을 味錢으로 표기했으므로, 透刻 곧 味刻은 '설픠게 사곤, 설픠게 곳 사긴, 령롱히 설픠에 사긴' 등의 의미를 가지는 것이다. 결국 '설픠-'는 '섧+픠-' 정도의 구성에서 음절말 자음군 단순화 규칙의 적용을 받아 '설픠-'의 어형을 형성한 것으로 이해된다.

'설픠-'가 '성글다[疎]'의 의미로 사용된 예는 다음과 같다.

(18) 가. 寒風疎草木 / ᄎᆞᆫ ᄇᆞᄅᆞᆷ맨 플와 나모왜 설픠오 〈杜詩諺解 初刊本 七 39a〉 ᄎᆞᆫ ᄇᆞᄅᆞᆷ맨 플와 나모왜 설픠오 〈杜詩諺解 重刊本 7 39a〉

나. 入門四松在步堞萬竹疎 / 門의 드로니 네 소리 잇고 다매 건뇨니 萬竹이 설픠옛도다 〈杜詩諺解 重刊本 6 39b〉

다. 稀篦子 설픤 ᄎᆞᆷ빗 〈譯語類解 下 19a〉 密篦子 빈 ᄎᆞᆷ빗 〈譯語

類解 下 19a〉

(18가)와 (18나)에서 '설픠-'가 疎에 대응하고 있고, (18다)에서는 稀에 대응된다. 따라서 우리는 '설픠-'가 '성글다'의 의미를 가진 것임을 알 수 있다. '설픠-'가 『번역박통사』에 사용된 '설픠'와 동일한 성조를 가진 점에서도 이러한 사실을 받아들일 수 있다. 결국 '섭' 역시 '성글다'의 의미임을 이해할 수 있다.

4. 결언

이글은 한국 고유한자 咊의 시대별 용례를 문헌 자료에서 수집하고, '咊'와 관련된 국어의 선대 어형이 '섥'과 '섭'임을 밝혔다. 그리고 '섥'과 '섭'의 의미가 '성글다'임을 밝혔다.

따라서 한국 고유한자 咊도 '성글다'의 의미를 가진 것이라 하겠다. 이것은 흔히 '뚫음 새김'이라고 부르는 '섭 새김'인 咊刻이 재료를 '성글게 만드는 조각 기법'임을 말해 준다. 결국 咊刻이란 '재료를 뚫거나 잘라내어 紋樣을 만들어 내는 조각 기법'으로 이해된다. 곧 咊刻에 의해 재료에 줄기와 빈 구멍이 생기고, 이에 따라 일정한 紋樣이 만들어지는 것으로 생각된다. 이것은 한국 고유한자 咊가 곧 줄기의 의미를 가지는 禾와 구멍의 의미를 가지는 口가 합성된 會意字임을 말하여 주는 것이다.

〈참고 문헌〉

金龍善(2001), 『高麗墓誌銘集成(第三版)』, 한림대학교 아시아문화연구소.
金鍾塤(1983), 『韓國固有漢字硏究』, 集文堂.
南豊鉉(1981), 『借字表記法硏究』, 檀大出版部.
南豊鉉(1989), 「韓國의 固有漢字」, 『국어생활』 제17. 국어연구소, 96-109.
南豊鉉(2000), 『吏讀硏究』, 태학사.
盧明鎬 외(2000), 『韓國古代中世古文書硏究(上)』, 서울대학교출판부.
도수희(2003), 『한국의 지명』, 아카넷.
尾石剛毅(2005), 「구관습조사 I(공주·한성·평양)」, 『韓國地籍百年史 : 資料篇 2』, 土地調査參考書 제2호, 대한지적공사.
朴盛鍾(2005), 「韓國漢字의 一考察」, 『口訣硏究』 14, 구결학회, 51-82.
서울대규장각 편(2001), 『고문서』 22.
서울대규장각 편(1998), 『고문서』 1.
塩田與助(2005), 「구관습조사 II(전주·대구·원산)」, 『韓國地籍百年史 : 資料篇 2』, 土地調査參考書 제3호, 대한지적공사.
柳興世(2005), 「양전제도 및연혁의 조사」, 『韓國地籍百年史 : 資料篇 2』 土地調査參考書 제1호, 대한지적공사.
李基文(1980), 『國語史概說 改訂版』, 탑출판사.
李丞宰(1992), 『高麗時代의 吏讀』, 태학사.
李丞宰(1984), 「古代地名 '古尸'에 대하여」,『兪昌均博士還甲紀念論文集』, 계명대학교 출판부. 481-492.
李忠九(1983), 「書永編에 蒐集된 韓國漢字의 分析硏究」, 『首善論集』 8, 成均館大學校 大學院 學生會, 65-96.
鮎貝房之進(1931), 『雜攷』, 東京 圖書刊行回.
丁海廉(2005), 『아언각비·이담속찬」, 現代實學社.
최동언(2001), 『조선식 한문 연구』, 북한 사회과학원.
崔永俊(1990), 『嶺南大路-韓國古道路의 歷史地理的 硏究-』, 고려대학교 민족문화연구소.

許興植(1984), 『韓國金石全文』 中世下, 亞細亞文化社.
홍기문(1957), 『리두연구』, 과학원출판사.

제3부

한국 고유한자와 일본의 국자

제1장

일본 국자와 한국 고유한자의 고유성 판단 기준 설정의 필요성

1. 서언

이 글은 日本 國字와 韓國 固有漢字[1)]의 고유성 판단 기준 설정의 필요성을 논의하면서 일본에 유입된 한국 고유한자를 발굴하고자 한다.

일본 國字 연구의 경우, 國字에 대한 정리가 매우 이른 시기부터 착수되어 지금까지 연구가 지속되고 있다. 1965년 이전까지 일본

---

1) 이 글에서 말하는 일본 國字와 한국 固有漢字의 개념은 丁若鏞의 『雅言覺非』에서 말한 吾東之造字를 말한다. 吾東之造字에는 우리 말의 의미가 담겨 있기 때문에 비록 그 자형이 기존의 漢字와 동일할지라도 造字法이 다르기 때문에 자형이 동일한 漢字와 다른 지위를 가진다고 생각한다. 일본의 경우 新井白石의 『同文通考』에서 國字와 國訓字를 구별하고 있는데 『同文通考』의 國字는 대체로 吾東之造字가 지시하는 개념과 동일한 것으로 판단된다. 다만 國訓字의 경우 용어의 정의가 명확하지 않을 경우 借字로 활용된 漢字와 구별되지 않는다. 이 글에서는 國訓의 개념을 명확히 하여 기원이 된 漢字의 의미를 한국이나 일본에서 대폭적으로 변개시켜 사용한 경우에만 國訓이나 國義의 개념을 가지는 것으로 판단한다.

국자에 대한 연구 동향은 横山七郎(1965)에 의하여 간명하게 정리되었다. 横山七郎(1965: 55-68)에 따르면 昌泰年間(898-900)에 성립된 『新撰字鏡』의 小學篇에서 일본 國字가 다수 포함된 405자 규모의 한자들이 정리되는 것을 시작으로 菅原爲長(1158-1246)의 『字鏡集』, 新井白石의 『同文通考』 등에서 일본 國字가 논의되었으며, 일본의 메이지(明治) 시기에는 國字論이 활발하게 전개되었으며, 20세기에 간행된 여러 종류의 現代 字書에서는 흔히 사용되는 일본 국자의 목록이 제시되었다고 한다.

横山七郎(1965: 55-68)에 따르면 新井白石의 『同文通考』에서 80자, 伴值方의 「國字考」에서 44자, 『大字典』에서 200자 등의 일본 국자가 논의되었다. 그런데 일본 국자에 대한 최근의 연구에서는 일본 국자의 수가 대폭 증가하였다. 菅原義三(1990)에서는 1,554자, 笹原宏之(2017)에서는 1,502자의 일본 國字가 논의되었으며, 大原 望(2014)에서는 이체자를 다수 포함한 3,233자의 일본 국자가 논의되었다.

菅原義三(1990)에서 논의한 일본 국자의 수가 대폭적으로 증가한 것은 새로운 자료의 발굴에 힘입은 바도 있지만 개인이 만든 글자를 대폭적으로 포함시키고, 日本 국자로 규정할 수 없는 것들을 포함시킨 결과라고 생각된다. 다시 말해, 菅原義三(1990)에서 논의한 일본 국자의 경우에 일본 국자의 고유성을 가지지 않은 것들도 포함되어 있다. 이것은 일본 국자의 고유성을 판단하는 엄격한 기준이 없음을 말하는 것이다.

한국의 경우, 實學 時代 초기의 실학자 이수광(李睟光 1563-1628)의 『芝峰類說』에서 한국 고유한자에 대한 논의가 시작되어 여러 실학자들의 관심을 받아 논의되다가 鮎貝房之進(1931)에 이르러 한국 고유한자의 造字法이 심도 있게 논의되었으며, 『한국한자어사전』에 이르러 모두 201자의 한국 고유한자가 정리되었다.[2)]

鮎貝房之進(1931)은 조자법을 밝히는 것에 중점을 두고 한국 고유한자를 연구했다. 그리하여 鮎貝房之進(1931)의 연구로 한국 고유한자의 조자법이 많이 밝혀졌다. 그러나 어떤 경우에는 조자법이 밝혀지지 않은 것도 있으며, 어떤 경우에는 조자법을 잘못 제시한 경우도 있다. 鮎貝房之進(1931)의 뒤를 이어 남풍현(1989, 2014)에서는 고대 국어 시기에 존재했던 合字에 의한 한국 고유한자가 정밀하게 논의되었으며, 『한국한자어사전』에서도 일부 글자의 조자법을 설명하고 있다. 또한 이건식(2009ㄱ, 2009ㄴ, 2012, 2013, 2015) 등의 연구에서도 몇 가지 한국 고유한자에 대하여 그 造字法을 논의하였다. 이건식(2009ㄱ, 2009ㄴ, 2012, 2013, 2015) 등의 연구에서는 形聲의 방법으로 조자된 한국 고유한자는 우리말에 대한 차자 표기가 한자의 압력으로 漢字로 전환된 것으로 파악하고, 形聲에 의한 한국 고유한자의 전 단계 상태인 우리말 차자 표기를 발굴하는 데에 주안점을 두었다. 예컨대 한국 고유한자 垈가 고유성을 가지는 증거로 垈와 동일한 의미로 쓰인 차자 표기 代가 있어야 한다는 원칙을 제시했다.

한국 고유한자의 조자법을 밝히기 위한 이상과 같은 연구에도 불구하고 한국 고유한자 중에는 아직도 여러 글자가 그 고유성을 증명할 수 있는 근거를 가지고 있지 못한 실정에 있다.

일본과 한국이 고대 국가 이래로 漢字를 통하여 지속적으로 문화

---

2) 한국 고유한자에 대한 주요한 연구에 대해서는 이건식(2012: 189-191), 이건식(2015: 144-145) 등에서 간략하게 정리되었다. 다만 이건식(2012), 이건식(2015)의 논의에서는 丁若鏞의 『雅言覺非』에서 한국 고유한자에 대해 논의한 것이 누락되었다.

교류를 해 온 것과 일본과 한국의 고대 국가 시기에는 주로 한국의 문화가 일본의 문화에 유입된 것은 주지의 사실이다. 따라서 현재에 일본 國字로 논의되는 것 가운데에는 한국에서 발생한 固有漢字가 일본에 유입되어 사용된 것이 있을 것으로 추정된다.

일본 국자로 논의되는 것을 한국의 고유한자로 규정하기 위해서는 日本 國字와 韓國 固有漢字의 고유성 판단 기준의 설정이 필요하다. 그러나 현재 일본 국자와 한국 고유한자 연구의 분야에서 고유성 판단 기준이 명확하게 밝혀져 있지 않다. 이러한 연구 상황 아래에서 이 글에서는 日本 國字와 韓國 固有漢字의 고유성 판단 기준 설정의 예비적 연구로 네 가지 측면에서 고유성 판단 기준 설정의 필요성에 대해 논의하고자 한다.

日本 國字와 韓國 固有漢字의 고유성 판단 기준이 엄격하다면 발굴되지 않은 중국의 漢字를 일본의 국자와 한국의 고유한자로 판단하는 착오를 제거할 수 있을 것으로 기대된다. 또한 정밀한 고유성 판단 기준은 자형이 동일한 일본 국자와 한국 고유한자의 조자법 차이를 인식케 하여 자형이 동일한 일본 국자와 한국 고유한자가 아무런 수수 관계에 있지 않다는 사실을 확실히 할 수 있다. 그리고 정밀한 고유성 판단 기준은 한국에서 일본으로 유입된 한국 고유한자를 발굴하는 기회도 제공해 줄 수 있을 것으로 기대된다. 더 나아가서 정밀한 고유성 판단 기준은 일본의 자료에 흔적으로 남아 전하는 한국 고유한자의 흔적을 시사해 줄 것으로 기대된다.

이 글의 제2장 제1절에서는 일본 국자와 한국 고유한자의 고유성 판단 착오의 문제를 다룰 것이며, 제2장 제2절에서는 자형이 동일한 일본 국자와 한국 고유한자의 조자법 차이를 논의할 것이며 제2장 제3절에서는 일본 국자와 한국 고유한자의 수수 관계를 논의할 것이며, 제2장 제4절에서는 일본 자료에 남아있는 한국 고유한자의 흔적을 찾아서 한국 고유한자의 조자법에 대해 논의하도록 한다.

2. 일본 국자와 한국 고유한자의 고유성 판단 기준 설정의 필요성

2.1. 고유성 판단 착오의 제거

2.1.1. 日本 國字의 固有性 判斷 誤謬 事例[3]

1) 症

일본 국자로 논의되다가 한자로 정정된 사례로 症이 있다.

(1) 가. 症 (常用漢字) [しょう] [漢字の研究 和作] [解說] 病氣 徵候의 뜻을 나타낸다. [4] 〈菅原義三(1990:72)〉

---

3) 어떤 한자를 일본 國字로 규정할 때 그 글자가 일본 국자인 근거를 제시할 필요성 있음을 언급하는 것이 이 글의 초점이다. 따라서 이 글에서는 大原 望(2014)의 논의에 힘입어 종래 일본 국자로 취급하여 왔던 症과 喰이 일본 국자가 아니고 한자인 증거를 제시한다. 종래 일본 국자로 취급해 왔던 것들을 大原 望(2014)은 한자로 규정하고 있다. 이러한 사례로 하나를 더 들면 搾이 있다. 菅原義三(1990)과 笹原宏之(2017)에서 搾이 'しぼる(쥐어짜다)'의 의미를 가지는 일본 국자로 규정했으나 大原 望(2014)은 『漢語大詞典』에도 동일한 의미의 搾이 실려 있는 것을 근거로 搾이 일본 국자가 아니라 한자로 판명하였다.

4) 菅原義三, 『國字の字典』, 1990, p.72, "症 (常用漢字) [しょう] [漢字の研究 和作] [解說] 病氣の徵候の意を表わす"

나. 症 漢字 [음훈] ショウ〔解説〕 … 『簡化字源』에서 宋代의 『文渓集』에 「症候」라고 하여[5] … 〈大原 望(2014, 症)〉

(1)의 症은 菅原義三(1990)에서는 일본 국자로 파악되었다. 그러나 大原 望(2014)에서는 漢字로 판명하였고 笹原宏之(2017)에서는 症을 일본 국자로 다루지 않았다. 症이 중국 자서에 실려 있지 않아서 菅原義三(1990)은 '病氣 徵候'의 뜻을 가지는 症을 일본 국자로 판단한 것으로 생각된다. 그런데 『漢語大詞典』에서는 症의 뜻으로 '症候, 病象' 등을 제시하고 있다. 또 大原 望(2014)은 宋代 『文渓集』의 症候를 들어 症을 한자로 판단하고 있다.

2) 喰

喰도 일본 국자로 논의되다가 한자로 정정되었다.

(2) 가. 喰 [大字典 國字] 먹다(くらう)의 뜻. 食과 같은 뜻. 뒤에 다시 口를 더하여 만들었다고 함.[6] 〈菅原義三(1990: 15)〉

나. 喰 漢字 [음훈] サン(sen), ソン(son), くらう(먹다/마시다), はむ(먹다/마시다), なめ, くう(먹다) [解説] 国字라고 생각되기도 하지만 『龍龕手鑑』에 '湌飱音孫以飲澆飰也 飽同'라는 것이 있음. 国字가 아니다. 『漢語大詞典』등에서 『敦煌変文集』으로부터 인용한 것도 있음. 『中華字海』는 「音餐同餐」라 함.[7]

---

5) 大原 望, 『和製漢字の辞典』(2014), "症 漢字 [読み] ショウ 〔解説〕 (전략) 『簡化字源』が宋代の『文渓集』に「症候」とあるのが、(후략)"

6) 菅原義三, op_cit.,1990, p.15, "喰 [大字典 國字] 食う義 食と同議なり 後更に口を加えて作るとある "

7) 大原 望, op_cit., 2014, "喰 漢字 [読み] サン ソン くらう はむ なめ くう 〔解説〕 国字とされることがあるが、『龍龕手鑑』に「湌飱音孫以飲澆飰也 飽同」とあり、国字ではない 『漢語大詞典』などに『敦煌変文集』からの引用もあり、『中華字海』は「音餐同餐」とする"

〈大原 望(2014, 喰)〉

(2)의 喰은 菅原義三(1990)과 笹原宏之(2017)에서는 일본 국자로 파악되었으나 大原 望(2014)에서는 漢字로 판단하였다. 喰이 『康熙字典』에는 실려 있지 않아 菅原義三(1990)은 '먹다(食う)'의 뜻을 가지는 喰을 일본 국자로 판단한 것으로 생각된다. 그런데 大原 望(2014)은 『龍龕手鑑』과 『敦煌変文集』 등에 喰이 출현한 것을 근거로 喰를 漢字로 파악하고 있다. (2나)에서 보듯이 『龍龕手鑑』의 喰은 일본 국자로 논의된 喰과 그 의미가 동일하다.

중국의 새로운 자료가 정리되면서 일본 국자로 규정되던 症과 喰이 한자로 규명된 사례는 일본 국자의 판단 기준이 일본 국자의 고유성에 기반하지 않고 단순히 중국 자서나 운서의 등재 여부에 따라 일본 국자로 판단한 것에서 비롯된다.

2.1.2. 한국 고유한자의 고유성 판단 오류 사례

1) 艅

艅의 경우 한국 고유한자로 규정하여 왔으나 『韓國漢字語辭典』에 이르러서는 艅이 한자로 규정된 바 있다. 鮎貝房之進(1931: 202)에서 제시했듯이 한국 문헌에서 艅은 '30척이 한 선단을 이루어[8]'와 '세 배마다 한 선단을 이루어[9]'의 문맥에서 나타난다.

鮎貝房之進(1931: 202)은 艅이 중국 자서에 실려 있지 않은 것을 근거로 한국 고유한자의 개념으로 파악될 수 있는 俗字로 규정

8) 『大典通編』, 戶典, "三十隻作一艅"
9) 『六典條例』, 工典, 舟橋司, "每三船作一艅"

한 바 있다. 김종훈(1993: 38)에서도 艅을 중국 자전에 실려 있지 않은 한자로 파악하여 國字로 규정하였다. 그런데 1993년에 완간된 『漢語大詞典』에는 『明史』에서 '宜修飭海舟, 大小相比, 或百或五十聯爲一艅'의 용례를 채집하여 제시하고 있음은 이건식(2015: 156)에서 제시한 바 있다. 『明史』에 나오는 艅은 한국의 艅과 의미가 같다. 그리하여 『韓國漢字語辭典』에 이르러서는 艅을 한자로 규정한 것으로 생각된다.

2) 艍

艍의 경우에는 한국 고유한자가 아니라 한자일 가능성도 있다. 艍가 중국의 자서에 실려 있지 않은 것을 근거로 鮎貝房之進(1931: 202)은 艍를 한국 고유한자로 규정하였고, 김종훈(1983: 38) 역시 艍를 國字로 규정하고 있다. 또한 鮎貝房之進(1931: 202)과 김종훈(1983: 173)은 艍가 현대 국어 '거룻배'의 '거루'와 연관시키고 있다. 하지만 두 연구 모두 艍와 '거룻배'의 관계에 대한 근거는 제시하고 있지 못하다. 그런데 다음과 같은 『漢語大詞典』의 용례를 참고하여 『韓國漢字語辭典』에 이르러서는 艍를 한자로 규정하고 있다.

(3) 가. 艍, 배이다.10) 〈漢語大詞典〉
　　나. 舠, 1. 작은 배이다.11) 〈漢語大詞典〉

『대전통편』(1785)에 나타난 艍舠船의 艍와 舠가 (3가)의 艍와

10) 『漢語大詞典』, 艍, "船"
11) 『漢語大詞典』, 舠, "1. 小船"

(3나)의 舠와 그 의미가 일치하는 것으로 파악하여『韓國漢字語辭典』에서 艍를 한자로 규정한 것으로 생각된다. 이건식(2015: 156)도『韓國漢字語辭典』의 이 같은 견해에 묵시적으로 동의했었다. 그러나 艍舠船의 이표기로 '居刀船, 居舠船' 등이 나타나고 있다는 점에서 한국 고유한자 艍는 중국의 艍와는 의미가 다를 가능성이 있다.

(4) 가. 【居刀船 거도선】 거룻배. 선체(船體)가 가볍고 속력이 빠른, 돛을 달지 아니한 작은 배. 〈韓國漢字語辭典〉

나. 【居舠船 거도선】 "居刀船"과 같다. 〈韓國漢字語辭典〉

다. 【艍舠船 거도선】 거룻배. 또는 거룻배와 같게 만든 작은 兵船 〈韓國漢字語辭典〉

라. 여러 나라의 大·中·小의 배에 각각 鼻巨刀船이 있는데, 비거도선은 本船의 대소에 따라 만들되, 혹은 통나무[全木]로 만들기도 하여 行船할 때는 본선 안에 실었다가, 쓸 일이 있으면 곧 내려 놓는데, 우리 나라의 병선은 본디 몸이 모두 크고 또 비거도선을 배 꼬리에 달고 다니므로, 배가 다니기에 느릴 뿐 아니라, 큰 바람을 만나면 능히 구조할 수 없으며, 잡아 맨 줄이 혹 끊어지면 버리고 가게 되니,[12] 〈世宗實錄 1430년(세종 12) 5월 19일〉

마. 【懸居刀船 현거도선】 옛날에 쓰던 병선(兵船)의 한 가지. 〈韓國漢字語辭典〉

(4라)에서는 鼻巨刀의 의미를 '큰 병선에 줄로 딸린 배'로 설명하

12) 『世宗實錄』, 1430년(세종 12) 5월 19일, "諸國大中小船 各有鼻巨刀 隨本船大小造之 或以全木爲之 行船則載於本船中 有用輒下 本國兵船 則本皆體大 又以鼻巨刀 懸於船尾 非唯舟行遲緩 如遇大風 則不能救護 懸索或絶 棄之而去 請自今 於大船 孟船 劍船 皆置大造鼻巨刀及全木鼻巨刀各一隻 留浦則用大鼻巨刀 行船則用全木鼻巨刀 載之船上以行"

고 있다. (4마) 懸居刀船의 '매어 달다'의 의미를 가지는 懸 역시 이를 보충하여 설명하고 있다. 따라서 '居刀船, 居舠船, 艍舠船' 등의 표기가 보여 주는 '거도'는 收의 의미인 '거두다/*거도다'의 '거도'를 표기한 것으로 생각된다. 居刀船에서 출발하여 '배'라는 문맥 상황과 船의 영향으로 居舠船의 표기가 나타나고, 또 舠의 영향으로 艍舠船의 표기가 나타난 것으로 이해된다. 鼻巨刀에서 鼻는 '코'를 표기한 것으로 居刀船의 크기가 작은 것을 형용한 말로 생각된다. 15세기의 '居刀/巨刀/거도'는 18세기 말에 이르러서는 '거로/去櫓'의 음운 변화를 거쳐 현대 국어 '거룻배'로 계승된 것으로 이해된다. 李義鳳(1733-1801)의 『古今釋林』 28, 東韓譯語, 釋器 조에 '去櫓 本朝 俗稱小艇曰去櫓 謂不用帆檣 用櫓來去也'의 설명이 있다.

결국 한국 고유한자 艍는 중국의 한자 艍와는 달리 조자 방법 상에 있어서 한국 고유성을 가지고 있다고 할 수 있다. 이러한 기준에서 마찬가지로 艍舠船의 舠 역시 중국의 한자 舠와는 달리 조자 방법 상에 있어서 한국 고유성을 가지고 있다고 할 수 있다. 중국의 艍와 舠가 會意의 방식으로 조자된 것이라면 한국의 艍와 舠는 형성의 방식으로 조자된 것이라 할 수 있다.

한편으로는 중국의 艍와 舠가 중국으로부터 한국에 유입된 사실이 확인된다면 艍舠船은 우리말 '거둣배'에 대한 단순한 음차 표기일 가능성도 있다.

2.2. 同形異義 日本 國字와 韓國 固有漢字의 조자 방식 차이

2.2.1. 同形異義 日本 國字와 韓國 固有漢字 목록

일본 국자와 한국 고유한자 중에서 그 자형이 동일한 경우가 있다. '垈, 侤, 鐥, 魟, 鰤, 鮰13), 椧14)' 등이다. 그러나 이들 글자들은 자형이 같지만 일본 국자와 한국 고유한자는 조자 방식에 차이가 있으며 그 의미도 다른 것으로 추정된다.

〈표 1〉 同形異義 日本 國字와 韓國 固有漢字

자형	일본 국자		자형	한국 고유한자	
	훈	의미		음	의미
垈	ぬた	지명 藤垈, 沼田15)	垈	대	터
侤	はたらく	생각해서(고민해서) 일하다16)	侤	고	다짐. 다짐을 둠. 억지로 다그쳐서 확실한 대답을 받는 일.
鐥	みずかね	水銀17)	鐥	선	복자, 술을 담는 그릇. 또는 대야
魟	(ど)じょう	미꾸라지18)	魟	정	가물치
鰤	はも	鱧 갯장어	鰤	마	삼치

---

13) 일본 국자 鮰은 'からかこ, ぎぎ' 등의 훈을 가지고 있다. 義義(ぎぎ)의 학명은 pelteobagrus nudiceps이다. 한국에서는 이 학명의 물고기를 '메기'로 부르고 있다. 한국 고유한자 鮰의 의미를 鮎貝房之進(1931: 255)에서 '삼치'로 제안했지만 『攷事要覽』의 용례 '鮰魚一尾二戔' 하나만 발견되므로 이 글에서는 논의에서 제외한다.

14) 椧의 경우 일본에서는 はば(강둑에 인접한 협소한 토지[菅原義三, 1990: 51 참조]를 의미하고, 한국에서는 '홈통'을 의미한다. 일본어 はば와 한국어 '홈통' 간에는 유사성이 있을 가능성도 있으나 현재 관련 근거를 말할 수 없으므로 이 글에서는 椧에 대해 논의하지 않기로 한다.

15) 菅原義三, op cit., 1990, p.19, "藤垈[ぬた] (지명).(전략) 藤垈는 본래 ふじぬた라고 읽는다. (중략) 沼田을 ぬた 혹은 にた라고 읽는다. / 藤垈[ぬた] (地名) (전략) 藤垈は本来ふじぬたと読む(중략)沼田をぬたあるいはにたと読む"

16) 菅原義三, op cit., 1990, p.19, "侤[はたらく] (중략) [解說] 考えてはたらくことの意"

17) 菅原義三, op cit., 1990, p.126, "鐥[みずかね] [新撰字鏡, 和字] 水銀(みずかね)과 같다. / 鐥[みずかね] [新撰字鏡, 和字] [解說] 水銀(みずかね)と同じ

또한 '垈, 鐥, 鱇' 등의 경우에는 중국의 『中華字海』에서 중국에서 사용된 예를 소개하고 있으나 그 의미는 일본이나 한국에서 사용하는 의미와는 다르다. 다음에서 이러한 사실을 간략하게 설명하도록 한다. 한국 고유한자의 경우에는 『韓國漢字語辭典』에서 설명한 것을 제시한 것이다.

2.2.2. 垈의 조자 방식

일본 국자 垈에 대해 '菅原義三(1990), 大原 望(2014), 笹原宏之(2017)' 등은 모두 沼田의 의미인 垈(ぬた)의 조자 방식에 대해 언급하지 않고 있다. 笹原宏之(2017)는 沼田의 의미를 '늪을 밭으로 개간한 것'19)으로 풀이하고 있다. 垈를 구성한 代와 土의 의미 결합만으로는 沼田의 의미를 도출할 수 없고, 沼田의 의미를 가진 代田의 용례를 찾지 못한 것에 근거한 것으로 생각된다. 하지만 垈가 가진 沼田의 의미는 代와 土의 의미 결합 작용에 의한 것일 가능성이 있다.

이러한 가능성은 한국 고유한자 垈는 '터'의 의미인데, 垈에 대해 '戶代〈太祖家屋許與文記〉 대 家垈〈大典通編〉' 등의 충실한 자료를 제시했으면서도 鮎貝房之進(1931)은 垈가 代土에서 온 것으로 파악하였다. 그러나, 『한국한자어사전』에서 垈를 代에 意符 土가 첨가된 형성자로 파악한 바 있으며 또, 이건식(2009ㄱ: 242)에서도 垈를 '代/딕[장소]'에서 意符 土가 첨가된 形聲字로 파악한 바 있다.

---

18) 菅原義三, op cit., 1990. p.143, "魟[じょう] 土魟(どじょう)이다. [解說] 鰌[미꾸라지]이다. / 魟[じょう] 土魟(どじょう) [解說] 鰌(どじょう)のこと"

19) 笹原宏之, 『ビジュアル国字字典』, 2017, p.260, "늪을 밭으로 改良한 것을 沼田이라 한다. / 沼を田に改良した沼田のことだ "

중국의 경우에도 垈가 있다. 『중화자해』에서 원나라 시기 지명 落垈村에 사용된 垈[20]를 소개하고 있다. 그러나 중국의 垈가 일본 국자나 한국 고유한자의 垈와 의미가 동일한 것인지는 더 검토될 필요가 있다.

2.2.3. 偖의 조자 방식

일본 국자 偖에 대해서 笹原宏之(2017)는 人과 考가 합한 것으로 '頭腦 勞働을 强調해서 표현한 것'[21]으로 설명하고 있다. 단순히 人과 考의 의미를 합해서는 '두뇌 노동'의 의미를 표현할 수 없는 것으로 생각된다. '육체 노동'을 뜻하는 日本 國字 働이 존재하는 환경에서 人과 考의 의미를 합해서 '두뇌 노동'의 의미를 표현할 수 있을 것으로 생각된다.

한편 한국 고유한자 偖의 경우 『大明律直解』에 처음으로 '白偖是遣[22]/숣다딤이견'으로 나타나는데 白偖是遣은 '아뢰어 다짐함이고'의 뜻이다. 偖는 偖音의 생략 표기인데 『吏文輯覽』에서 偖音의 의미를 供招라 하였다.[23] 『韓國漢字語辭典』에서는 供招를 供辭와 같은 말로 파악하고, 그 의미를 '죄인이 범죄 사실을 진술한 말'로 제시하고 있고 있다. 『儒胥必知』의 彙編에서 偖音을 '다짐을 받다'의 '다짐[24]'으로 제시한 것도 이러한 사실을 뒷받침한다. 偖音의 이러한

20) 『中華字海』, 垈, "音代 地名用字 落垈村 見元史河渠志"
21) 笹原宏之, op cit., 2017, p.123, "偖는 人과 考가 합한 것인데, 肉体勞働은 없이 頭腦 勞働을 强調해서 表現했던 것일 것이다. / 偖は人と考の合わせなので肉体労働ではなく頭脳労働を强調して表現したものだろう"
22) 『大明律』 1, 名例律, 八議, 犯罪事發在逃, 直解, "在逃人是沙 爲首如 白偖是遣"
23) 『吏文輯覽』, "所供 供卽供招 國俗所謂偖音也"
24) 『儒胥必知』, 彙編, "偖音 다짐"

의미를 고려하면, 侤는 人과 考의 會意字로 侤의 의미는 '사람의 행위를 조사·고찰한 것'으로부터 발생된 것으로 파악된다.

2.2.4. 鐥의 조자 방식

일본 국자 鐥에 대하여 '菅原義三(1990), 大原 望(2014), 笹原宏之(2017)' 등은 모두 鐥이 水銀(みずかね)의 의미임을 말하였으나 그 조자 방식에 대해서는 언급하지 않고 있다. 그러나 鐥에 대하여 『天治本新撰字鏡』의 「小學篇」에서 다음과 같은 주석을 제공하여 주목된다.

(5) [金水]鐥 [둘은 水金이다.][25) 〈天治本新撰字鏡 金部第六十八 小學篇〉

일본어 みずかね에서 みず는 水의 뜻이고, かね는 '금속'의 뜻이므로 일본어 みずかね와 표기 상 직접 대응되는 것은 (5)의 [金水]로 생각된다. 결국 'みず[水]'와 'かね[金]'를 [金水]로 조자한 것으로 생각된다. 일본어 'みずかね([金水])'는 '액체 상태의 금속'의 뜻으로 水銀의 특성을 지칭한 것이라면 한자어 水銀은 '액체 상태의 銀'의 뜻으로 水銀의 특성을 지칭한 것으로 생각된다. 일본어 'みずかね[金水]'는 水銀이 '상온에서 액체 상태에 있는 특성을 지칭한 것'이라면 한자어 水銀은 '수은의 액체 상태'와 '銀과 동일한 색깔' 특성을 동시에 지칭한 것으로 파악할 수 있다. [金水]를 金과 水의 의미를 조합한 회의자로 파악하면 이 회의자는 '액체 상태의 금속'을 나타낸 것으로 생각된다.

25) 『天治本新撰字鏡』, 金部第六十八, 小學篇, "金水鐥 [二水金]"

水銀의 다양한 활용도를 고려하면 일본 국자 鐥의 조자 방법을 추정해 볼 수 있다. 동서양을 막론하고 오래 전부터 水銀은 연금술을 위한 중요한 물질이며, '불상, 의약품, 화장품' 제작 등에 있어서 필요한 물질로 알려져 왔다. 따라서 鐥은 금속 중에서 가장 좋은 것의 의미를 金과 善으로 표시했을 가능성이 있다.

일본인들이 水銀을 고려에 제공한 사실이 『고려사』에 기록되어 있다.[26] 또 『續日本紀』 권34의 寶龜 8년(777) 5월 23일 조의 기사에는 渤海 사신 史都蒙에게 귀국 선물로 水銀을 주었다는 기사[27]가 있다. 이러한 것들은 일본이 水銀 생산국이었음을 말해 주는 것이며 水銀을 뜻하는 일본 국자 [金水]와 鐥의 탄생 배경일 것으로 추정된다. 결국 일본 국자 鐥은 金과 善의 회의자로 추정된다.

한국 고유한자 鐥은 『고려사』 卷54 志8 五行2 金 조의 高宗 十年 三月 기사 내용에 一水鐥으로 나타나기 시작한다. 一水鐥의 鐥은 '병[甁]'은 아니고 액체를 담는 '대야'로 추정된다. 『同文類解』에 나오는 '셰슈대야[28]'의 예를 볼 때, '대야'의 기본적 의미는 '액체를 담는 그릇'의 의미일 것으로 생각된다. 그런데 조선 시대에 '대야'는 '술을 담는 그릇'이나 '술을 계량하는 단위'의 의미로 사용되었다.[29] 한편 20세기 초의 『字典釋要』에 이르러서는 鐥의 훈은 '대

26) 일본인들이 高麗에 水銀을 제공했다는 사실은 『高麗史』의 世家 文宗 23년(1073) 조, 宣宗 원년(1084) 조 등에 있다.

27) 『續日本紀』 권34 777년 5월 23일, "又綠都蒙請 加附黃金小一百兩 水銀大一百兩 金漆一缶 漆一缶 海石榴油一缶 水精念珠四貫 檳榔扇十枝"

28) 『同文類解』, 下:15b, "洗臉盆 셰슈대야"

29) 『雅言覺非』, 卷之二, "鐥者 量酒之器 吾東之造字也 今郡縣餽贈 以酒五盞謂之一鐥【中國無此字】 方言謂之大也 盥器亦謂之大也 唯大小不同耳 按匜者酒器 亦稱盥器 然則去鐥從匜 不害爲書同文矣 / 鐥은 술을 계량하는 그릇이다. 우리 나라에서 만든 글자이다. 지금 군현에서는 선물할 때에 술 다섯 잔을 한 鐥[중국에는 이 글자가 없다. 방언으로는 '大也/대야'라고 한다. 盥器도 또한 大也라고 한다. 다만 큰 것과 작은 것의 다름만 있을 뿐이다. 匜는 酒器인데 盥器라고 칭한다. 그런즉 鐥을

야' 대신 '복ᄌᆞ'로 제시된다.30) 「1737年金啓鐸書簡31)」에는 '燒酒二鐥'의 표현이 있지만 1755년에 작성된 것으로 추정되는 『仁嬪上諡封園都監儀軌』에는 '燒酒 二 卜子'로 나타나기도 한다.32) 그러나 鐥의 조자 방식은 현재까지 알려지지 않았다. 다만 鮎貝房之進(1931: 262)이 『雅言覺非』의 어떤 본에 실려 있는 鐥에 대한 주석 '鐥은 반드시 鏇을 써야 한다'의 주장33)을 소개하고 있으나 鐥과 鏇의 이체자 관계에 대한 근거 자료가 제시될 필요가 있다.

『漢語大詞典』에 따르면 鐥은 『龍龕手鑑』에 음이 善으로 제시되어 있으며 淮北 地區에서 사용되는 割麥刀(한국의 낫과 유사한 형태)라고 한다.34) 그런데 한중일 삼국의 鐥이 각기 다른 의미를 가진 점이 주목된다. 이것은 한중일 삼국의 鐥이 각기 서로 다른 조자의 방식으로 형성된 것임을 시사한다고 생각된다.35)

2.2.5. 鱼丁의 조자 방식

일본 국자 䲆의 경우 土䲆(どじょう)으로 사용된다. 일본어 'ど

버리고 匜를 따른다고 해도 글을 쓰는 데에 해롭지 않아 같은 글이 된다. 여기의 번역은 김종권 역주(1976)을 참고한 것임"

30) 『字典釋要』, 鐥, "[鮮] 量酒之器 복자 선"

31) 이 자료는 『고문서집성 19 -하회 풍산유씨편-』(한국정신문화연구원, 1994)에 실려 있다.

32) 규장각한국학연구원의 http://kyu.snu.ac.kr/center/inspection/ins_view.jsp?uci=GK13493_00 에서 확인할 수 있다.

33) 『雅言覺非』 卷之二의 鐥을 설명하는 항목에서 '不害爲書同文矣'의 구절 뒤에 '鐥當作鏇 一本無此註'의 내용을 제시하고 있다. 鮎貝房之進(1931: 262)은 雅言覺非 대신에 疋言覺非로 출전명을 제시하고 있다.

34) 『漢語大詞典』, 鐥, "《龍龕手鑑》音善, 淮北地區用的割麥刀. 后來撚軍仿照它制成一種武器. 《撚軍歌謠·等死不如來起反》: "竹竿子能擋西瓜炮, 齊頭鐥能把妖兵趕.""

35) 『倭語類解』 下:14b에 실려 있는 '鐥 다야 션'의 의미도 검토할 필요가 있다.

じょう'는 '미꾸라지'의 뜻이다. 笹原宏之(2017: 91)에 따르면 '미꾸라지'를 뜻하는 일본 국자에는 '[魚尼], [魚於]' 등이 더 있다. 笹原宏之(2017: 91)는 [魚尼]의 조자법에 대해서 泥의 약자인 尼와 魚가 합한 것으로 설명하고 있는 것에 반하여 魟의 조자법에 대해서는 '菅原義三(1990), 大原 望(2014), 笹原宏之(2017)' 등이 모두 魟의 조자 방식을 설명하지 않았다. 그러나 한국 고유한자 魟의 경우 『晝永編』에서 魟의 의미를 蠡魚로 풀이하였다.[36] 『東醫寶鑑』 湯液篇 卷之二에는 蠡魚가 '가모티'로 되어 있다. '가모티'는 현대에는 '가물치'인데 鮎貝房之進(1931: 194)는 '가물치'의 '가물'이 '검다'에서 온 것임을 말하였으나 魟의 조자 방식에 대해서는 언급하지 못하였다. 지금까지 魟의 조자 방식이 알려져 있지 않았으나 다음 자료에서 魟을 형성한 조자 방식을 파악할 가능성이 있다.

(6) 가. 苧 秀魚 釘魚 綿魚 鯽魚 白魚 葦魚 蟹. 『신증』 蓴 鱸魚 〈新增東國輿地勝覽 咸悅縣 土産〉

나. 咸悅 物產[苧蓴 秀魚 魟魚 綿魚 蟹 鯽魚 白魚 葦魚 鱸魚] 〈攷事新書 卷1 八道程路〉

다. 咸悅使隨至 米四斗· 租一石 丁魚 十冬音 鹽小魚 五冬音 蝦醢 四升 載來 〈瑣尾錄 甲午日錄 十一月卄二日〉

라. 丁魚 江門에서 나는데 곧 小水魚이다.[37] 〈惺所覆瓿藁 卷2 說部 5 屠門大嚼〉

마. 고무래 「명사」 『농업』 곡식을 그러모으고 펴거나, 밭의 흙을 고르거나 아궁이의 재를 긁어모으는 데에 쓰는 '丁' 자 모양의 기구. 장방형이나 반달형 또는 사다리꼴의 널조각에 긴 자루를 박아 만든다. ≒노파04(耮耙) · 목궤(木机)「1」 · 파로(把撈).

---

36) 『晝永編』, 下, "蠡魚稱魟(音명)"
37) 『惺所覆瓿藁』, 卷26, 說部 5, 屠門大嚼, "丁魚 產于江門 卽小水魚也"

〈표준국어대사전〉

(6가)의 釘魚는 (6나)의 魟魚를 고려할 때, 魟魚의 오자일 가능성이 있다. 金과 魚의 자형 상 유사성에 기인하여 오자가 발생한 것으로 생각된다. (6다)의 咸悅使는 함열현의 현령을 말하므로, (6다)의 丁魚는 (6가)의 釘魚와 (6나)의 魟魚를 가리키는 것이다. 魟의 조자 방식은 丁에다가 魚 符를 첨가한 것[38]으로 볼 수 있어 형성자로 판단할 수 있다. 더군다나 魟이 중국 자서에서는 발견되지 않는다.

한편 (6마)는 丁의 훈이 '고무래'일 수 있음을 말하고 있다. '고무래'는 '*고물+개' 정도의 구성에서 온 것이므로 丁과 魟의 丁이 '*가물' 정도를 표기했을 가능성이 있다. 하지만 (6라)에 나오는 小水魚의 의미가 정확하게 밝혀져야 하며, '*가믈'과 '*고물'의 음운론적 변화 관계도 더 고찰될 필요가 있다.

2.2.6. 鱇의 조자 방식

일본 국자 鱇는 はも(갯장어)의 의미를 가진다. '菅原義三(1990: 152), 大原 望(2014), 笹原宏之(2017: 62)' 등에서 모두 鱇(はも)가 漢語에서는 鱧인 것으로 설명하고 있다. 한국에서는 『훈몽자회』 上:11a의 '鱧 가모티 례'에서 보는 바와 같이 漢語 鱧는 '가물치'의 뜻이다. 한편 '菅原義三(1990: 152), 大原 望(2014), 笹原宏之(2017)' 등에서 모두 鱇의 조자 방식을 설명하지 않았다. 다만 笹原宏之(2017: 62)의 경우, 'はむ(はも)'의 뜻을 가지는 일본 국자 '[魚長], [魚+比/車]' 등을 더 제시하고, [魚長]의 長이 'はも(갯장어)

38) 이건식(2009ㄴ: 166)에서 '鰱魚:連魚, 鰍:秋魚, 魟魚:亡魚, 烏鰂魚:烏賊魚, 鱸魚:盧魚, 魴:方魚, 鯽:節魚, 鯊魚:沙魚' 등으로 제시했다.

의 가늘고 긴 체형을 지칭한 것'으로 말하였다.

한국 고유한자 鮇에 대해 鮎貝房之進(1931: 262)은 鮇의 의미와 조자 방식을 정확하게 해독하였다. 麻의 훈인 '삼'을 활용하여 鮇가 '삼치'의 의미이며, 『신증동국여지승람』 結成縣 土山 조에는 麻魚로 나오나 『結成縣邑誌』에는 鮇魚로 나오는 것을 근거로 차자 표기 麻에 意符 魚를 첨가하여 鮇의 자형이 형성된 형성자로 파악하였다.

大原 望(2014)은 『中華字海』를 인용하여 중국에도 鮇가 있었다고 말하고 있다. 즉 『中華字海』에서 鮇는 李石의 『續博物志』에 사용되었으며 '音麻。同蟆'이라고 한다.[39] 蟆은 '큰 조개'를 뜻하는 것이므로 일본, 한국, 중국 등에서 사용된 鮇와 그 의미가 다른 것이다.

2.3. 日本 國字와 韓國 固有漢字 수수 관계 인식

2.3.1. 논의의 범위

일본 국자와 한국 고유한자에서 자형이 동일하면서 그 의미도 동일한 것으로 '椋, 獤, [金瓮], 鎰, 鰯, 腺, 膵' 등이 있다. '椋, 獤, [金瓮], 鎰' 등에서 '椋, 獤, [金瓮]' 등은 한국 고유한자이고, 鎰는 이체자이다. 이들은 고대의 이른 시기부터 한국에서 일본으로 전래된 것으로 추정되고, '鰯, 腺, 膵' 등은 일본 국자인데 근대 시기에 일본으로부터 한국에 유입된 것이다.

일본 국자 '畠(はたけ)'의 경우에도 일부 연구에서 한국에서 일본

39) 그러나 필자는 『中華字海』에서 鮇를 찾을 수 없었다. 또 李石의 『續博物志』에서도 鮇를 찾을 수 없었다.

으로 전래된 것으로 언급하기도 하나[40] 「나주 복암리 목간 5호(561)」의 '水田 白田 麥田'에서 白田은 한 글자가 아니라 白田의 두 글자로 파악될 가능성도 있다. 白田이 확실하게 한 글자로 파악되는 자료가 나오기 전까지 白과 田이 합자되어 畠이 조자된 것은 일본 국자의 특성으로 파악하고자 한다. 또한 炑의 경우에도 일본 자료에만 발견되기 때문에 炑을 한국 고유한자로 파악하는 것을 유보하고자 한다. 鮎貝房之進(1931: 125-126)에 따르면 경상도 창녕의 고지명인 比自火가 『일본서기』의 神功紀 조에는 比自炑로 나타나고, 大原 望(2014)에 따르면 일본의 答炑 씨는 百濟人 答炑의 자손들이라고 한다.

2.3.2. 日本에 유입된 韓國 固有漢字

1) 椋

稻葉岩吉(1936: 1-50)는 중국 사서 『翰苑』에 나오는 백제의 관부인 椋部에 대해 논의하였고, 椋이 '창고'의 의미임을 논의하였다. 椋은 일본과 한국의 목간 자료에서 모두 사용되었는데,[41] 한국의 목간 자료가 일본의 목간 자료보다 연대가 앞서므로 그 동안의 관련 연구에서 椋은 백제를 통해 일본으로 전파된 것으로 이해하여 왔다. 그리하여 일본 국자를 논의한 '菅原義三(1990: 152), 大原 望

40) 권인한, 한국 고유한자의 생성과 전개, 2018, p.22.

41) 권인한(2018: 21)에 따르면 6세기 후반 유물로 추정되는 능산리사지 300호 목간에 仲椋이 있고, 7세기 초반 유물로 추정되는 부여 쌍북리 280-5번지 출토 목간에 外椋卩鐵이 있고, 8세기 유물인 경주 황남동 281호 목간에 '下椋 仲椋'이 있고 8-9세기 후반 유물로 추정되는 안압지 출토 벼루 묵서에 椋司이 있다고 한다. 또 일본의 경우에는 7세기 후반 유물로 추정되는 西河原森ノ内遺跡木簡 2호 목간에 '椋植傳之 我持往稻者'이 있다고 한다.

(2014), 笹原宏之(2017)' 등에서도 椋을 일본 국자로 설정하지 않고 있다.

笹原宏之(2007: 211)에서는 京에 木偏이 첨가되어 椋이 조자된 것으로 파악하였다. 木 偏이 첨가된 것을 고려하면 椋이 조자된 기저는 중국 사서인『三國志』魏志 東夷傳의 고구려 조에 나오는 桴京으로 생각된다. 다시 말해 京에 木 偏이 첨가될 수 있었던 기저는 桴라고 생각된다.

稻葉岩吉(1936: 18-21)는 桴京을 '창고'를 뜻하는 일본어 くら와 연결시키고자 하였다. 그리하여 桴京을 'フキヨウ'의 寫音이라 하고 있다. 그러나 고구려의 경우 '창고'를 뜻하는 말로는 首乙이 있다.『삼국사기』권37 한산주 조에 '康谷縣(一云首乙呑)'이 나오는데, 고구려어 呑이 谷에 대응되는 사실은 널리 알려져 있으므로 康과 首乙이 대응되는데 한어 康은 '곳집'을 뜻하므로[42] '창고'를 뜻하는 고구려어는 '술/首乙' 정도가 된다.

2) 獤

한국에서 전래된 獤을 일본 국자로 파악한 설명 자료와 한국의 글자로 설명한 자료를 제시하면 다음과 같다.

(7) 가. 獤 (ふろき) [重修本草綱目啓蒙] 일본에서는 산출되지 않음. 朝鮮의 名物이다. [해설] 黑貂(くろてん, 검은담비)의 古名[43] 〈菅原義三(1990: 15)〉

나. 獤 朝鮮國字 [읽기] くろひょう(黒豹) [解説]『漢韓最新理想玉

42)『康熙字典』, 康, "【集韻】居卿切 , 音京 【廣雅】倉也"

43) 菅原義三, op_cit., 1990, p.15, "獤 (ふろき) [重修本草綱目啓蒙] 和産なし 朝鮮の名物とある [해설] 黑貂 (くろてん) の 古名 "

篇』에 '韓國國字이다. 貂의 뜻이다'라고 함. 일본에서는 산출되지 않으므로 國字가 될 가능성은 낮다.[44] 〈大原 望(2014, 獤)〉

菅原義三(1990)는 獤을 일본 국자로 판단하였으나 大原 望(2014)은 獤이 일본 산물이 아니므로 일본 국자가 아닐 가능성을 제안하고 있다. 1488년에 조선에 사신으로 왔던 董越은 『朝鮮賦』에서 '토인들은 貂을 獤이라 한다'[45]하여 獤이 가지는 한국 고유성을 언급하고 있다.

鮎貝房之進(1931: 218)은 『名物紀略』의 다음 설명을 참고하여 獤을 형성(해성) 造字로 파악한 바 있다.

(8) 가. 貂鼠 됴셔 俗言 獤皮 돈피 字書에 보이지 않은다. 털이 깊은 것을 취하여 뜻을 삼고 만든 글자이다. 크기는 獺와 같으나 꼬리의 (털은) 거칠다. 털의 깊이는 1寸쯤이다. 자흑색이다. 가죽으로 '갓옷'을 만든다. 바람을 맞아도 따뜻하고 물에 담가도 젖지 않는다. 눈을 맞아도 약해지지 않는다.[46] 〈名物紀略, 走獸〉

나. 趙克寬과 韓昌이 아뢰기를, "평안도 백성은 勞苦함이 다른 곳의 갑절이나 되오니, 다른 道에서 나지 않는 담비가죽[獤鼠皮]과 인삼(人蔘) 외의 다른 공물(貢物)은 전부 면제하게 하소서."[47] 〈世宗實錄 1447년(세종 29) 7월 27일〉

44) 大原 望, op_cit., 2014, "獤 朝鮮国字 [読み] くろひょう [解説] 『漢韓最新理想玉篇』に 「韓国国字貂也」とある 和産のないものに国字を作る可能性は低く"

45) 『朝鮮賦』, "士人名貂爲獤"

46) 『名物紀略』, 走獸, "鼠 됴셔 俗言 獤皮 돈피 而字書不見 意其取毛深而作字也 大如獺而尾粗 其毛深村許 紫黑色 用皮爲裘 得風更暖 着水不濡 得雪卽消"

47) 『世宗實錄』, 1447년(세종 29) 7월 27일, "趙克寬及韓昌等又曰: "平安之民, 勞苦倍他 他道不産獤鼠皮人蔘外, 其餘貢物, 全免"

다. 貂 돈피 됴 俗呼貂鼠 〈訓蒙字會 上:10a〉

(8가)에서는 獤皮로 만든 가죽 옷은 '바람, 물, 눈' 등에도 강하고 따뜻하다는 언급을 하고 있다. 이것은 獤皮가 敦皮(두터운 가죽)에서 왔을 가능성을 시사해 준다. (8나)의 獤鼠皮는 獤이 '담비/貂'의 의미는 아님을 시사해 준다. 獤鼠 전체가 '담비'의 의미를 표현하기 때문이다. 그런데 (8다)에서는 '돈피'가, (8가)에서는 獤皮가 貂(담비)의 의미를 가지고 있음을 시사해 주고 있다. 鮎貝房之進(1931: 220)에서도 언급된 바 있지만 '담비'의 가죽이 명품이므로 '담비 가죽'이 '담비'를 가리킨 것으로 이해된다. 敦皮에 意符 犭이 첨가되었다기보다는 敦鼠에서 鼠가 가지는 의미의 압력으로 형성의 방법에 따라 意符 犭이 첨가된 것으로 이해된다. 이러한 점에 대해서는 鮎貝房之進(1931: 218-220)은 명확하게 언급하지 않았다.

3) [金瓮]

일본에서 사용된 [金瓮]과 한국에서 사용된 [金瓮]의 의미가 유사하여 주목된다.

(9) 가. [金瓮] [ほとぎ] [新撰字鏡 和字] [解說] 缶(ほとぎ, 장군)과 같다. 배가 크고 주둥이가 작아 술이나 물을 담는 토기이다[48] 〈菅原義三(1990: 15)〉
나. [金瓮] 保止支 〈天治本 新撰字鏡, 金部六十八 以下出自小學篇〉
다. 三寶 內 鍮[金瓮] 一 入 〈傳密陽小臺里寺址堂塔造成記(1109)〉

48) 菅原義三, op_cit., 1990, p.15, "[金瓮] [ほとぎ] [新撰字鏡 和字] [解說] 缶(ほとぎ)と同じ 胴が太く口の小さい 酒や水を 入れた 土器 "

라. [土武] [읽기] ほとぎ [解說]『享和本新撰字鏡』에 '同亡反 瓫也 盂也 保止支'라고 있음. 缶(ほとぎ)의 뜻인 國字라는 설명이 있음.『中華字海』에 '音은 五 뜻은 미상,《篇海》에 보인다'라고 함. 國字가 아니다.[49] 〈大原 望(2014, [土武]〉

[金瓮]의 의미를 일본에서는 'ほとぎ'로 파악하고 있는데, 이 'ほとぎ'는 '배가 크고 주둥이가 작아 술이나 물을 담는 토기'라고 (9가)에서 설명하고 있다. 한편 한국 [金瓮]의 의미를 이건식(2015: 160)에서는 '놋쇠로 만든 쇠항아리(독)'라 파악하였는데 이는 鍮瓮에다 意符 金이 형성의 방식으로 첨가되어 鍮[金瓮]이 형성된 것으로 추정한 것이다.

한국의 '항아리나 독' 역시 일본의 'ほとぎ'와 그 형태와 구조가 유사하다. 따라서 일본의 [金瓮]와 한국의 [金瓮]은 그 의미가 유사하다. 그러나 (9가)의 설명에 따르면 일본의 [金瓮]은 '토기 제품'이나 한국의 [金瓮]은 '청동 제품'이라는 점에서 차이가 있다. 그런데 笹原宏之(2017: 228)은 (9라)의 [土武](ほとぎ)를 '토기 제품'으로 파악하고 (9가)의 [金瓮]은 '금속 제품'으로 파악하고 있다. 笹原宏之(2017: 228)의 견해를 따른다면 일본과 한국의 [金瓮]은 동일한 의미를 표현한 한자이다.

(9라)에서 보는 바와 같이 [土武]과 동일한 자형이 중국의『篇海』에 출현하는 것에 근거하여 大原 望(2014)에서 일본 국자 [土武]를 국자가 아닌 것으로 단정한 것에는 문제가 있다. 일본의 [土武]와 중국의 [土武]가 의미 측면에서 동일한 것인지를 확인하지 않았기

49) 大原 望, op_cit., 2014, "[土武] [読み] ほとぎ [解説]『享和本新撰字鏡』に「同亡反瓫也 盂也 保止支」とあり､「缶（ほとぎ）」の意の国字とする説がある『中華字海』に「音五義未詳 見《篇海》」とある 国字ではない "

때문이다.

일본의 [金瓫]은 901년에 성립된 『新撰字鏡』에 출현하였다. 그런데 한국의 [金瓫]은 일본보다 200년이나 늦은 자료인 「傳密陽小臺里寺址堂塔造成記」(1109)에 출현하여 한국으로부터 [金瓫]이 일본에 전래되었다고 단언할 수는 없다. 하지만 한국에서는 [金瓫]의 의미를 '청동 제품'의 경우에만 사용했으나 일본에서는 '토기 제품'이나 '청동 제품'의 구분 없이 'ほとぎ'를 사용했고 한국의 경우 [金瓫]이 형성의 방법으로 造字 되었다는 근거가 있기 때문에 [金瓫]이 한국에서 일본으로 전래되었을 가능성이 높은 것으로 추정된다.

4) 이체자[50] 鎰

한어에서 鎰[51]은 명수사로 쓰이는 글자이다. 그런데 『龍龕手鑑』에서 '자물쇠'를 뜻하는 鑰의 주석으로 鎰을 鑰의 俗字로 제시하고 있어 주목된다. 일본의 자료에서는 鎰이 'かぎ(열쇠)'로 쓰인 용례가 있고, 한국에서는 鎰이 '자물쇠'로 쓰인 용례가 있기 때문이다. 일본 자료와 한국 자료 모두 윤선태(2006: 286-291)를 참고하여 다음에 제시한다.

(10) 가. 器殿鎰 〈열쇠부찰목간 平城京 左京三條二坊八坪 二條大路濠狀遺構(南)에서 출토〉

나. (앞면) 東殿門鎰 〈열쇠부찰목간 平城京 左京三條二坊八坪 二

50) 岾은 일본과 한국 모두 그 고유성을 주장하고 있다. 하지만 지금까지 일본과 한국 모두에서 岾의 조자 방식을 설명해 내지는 못하였다. 그런데 일본 국자 岾과 한국 고유한자 岾의 의미가 유사하여 일본 국자 岾과 한국 고유한자 岾은 모종의 수수 관계에 있을 것으로 추정된다. 岾은 岾의 이체자일 가능성이 있다.

51) 『漢韓大辭典』, 鎰, "一. 명수사. 무게 단위. 20냥(兩). 일설에는, 24냥. 二. 쌀 1되〔升〕의 24분의 1. 《集韻, 質韻》 鎰, 米謂二十四分升之一."

條大路濠狀遺構(南)에서 출토〉
(뒷면) 東門鎰 〈열쇠부찰목간 平城京 左京三條二坊八坪 二條大路濠狀遺構(南)에서 출토〉

(11) 가. 合零闈(閘?)鎰 〈안압지 출토 자물쇠〉 東宮衛鎰 〈안압지 출토 자물쇠〉
나. (앞) 策事門思易門金 〈안압지 213번 목간〉
(뒤) 策事門思易門金 〈안압지 213번 목간〉

윤선태(2006: 289-290)에 따르면 (10가)의 鎰는 '열쇠'의 뜻으로 쓰였고, (10나)는 '자물쇠'의 뜻으로 쓰였다고 한다. 또 '열쇠'의 뜻은 匙로도 표기하였다고 한다. 이에 반해서 윤선태(2006: 286-297)는 한국에서는 (11가)처럼 鎰는 '자물쇠'의 뜻으로 쓰였고, '열쇠'는 (11나)처럼 '金/쇠'로 표기했다고 한다. 고려 시대 관직인 司鑰이 '열쇠'와 '자물쇠'에 관한 일을 맡아 본 사실을 고려하면 일본에서 '자물쇠'를 뜻하는 鎰를 '열쇠'의 뜻에까지 확대하여 사용한 사정도 이해할 수 있다.

한편 윤선태(2006: 290)는 '자물쇠'를 뜻하는 鎰를 신라에서 만든 글자라고 하였으나 주장의 근거는 제시하지 못하였다. 앞에서 제시한 『龍龕手鑑』의 자료에 근거하여 鎰를 鑰의 이체자로 파악하는 것이 좋을 듯 하다.

2.3.3. 韓國에 유입된 日本 國字

1910년 일본이 한국을 강제 병합한 사건 전후로 한국은 어쩔 수 없이 일본과 긴밀한 문화 접촉을 하게 되었다. 이러한 문화 접촉의 결과 일본 국자가 다량으로 한국에 유입된 것으로 추정된다. 다음 자료는 이러한 상황을 잘 말해 주고 있다.

(12) 가. 【問】'峠, 畑, 畠, 働'와 같은 글자들이 지금에 안 쓰이는데, 일본글자라는 말이 있습니다 참말입니까? 그러면 우리式 漢字는 없습니까?(신당동 임근)

나. 【答】지금 안 쓰이는 것에 '枉, 麿, 躾, 鱈, 噺, 喰'들이 있고 지금 더러 쓰이는 것에 '癪, 叺, 込, 籾, 鰯'들이 있고 흔히 쓰이는 것에 '搾, 腺, 樺'들이 있습니다 이상은 모두 왜글자인데 그런 따위가 약 1백 40자 있습니다 우리式 글자도 있습니다 우리가 흔히 쓰는 것에 '畓, 垈, 岾, 媤'들이 있고 그 밖에도 '侤, 褓 및 火 변에 旦, 土 변에 同, 火 변에 甬' 들 약 80자 가량 있습니다 여기에 다 보여드렸으면 좋겠는데 漢字가 아니어서 흔히 쓰이는 것이 아니면 活字가 없습니다. 왜글자 이야기가 나온 김에 한마디 덧붙여 둡니다마는 '搾, 腺' 따위는 당분간 어쩔 수 없겠지만 구태여 쓸 것이 없습니다. 叺은 '가마'나 '가마니'로 籾는 '벼'로 鰯은 '멸치'로 써야 합니다. 〈경향신문 1962년 3월 27일 韓·倭式漢字〉

(12나)는 '峠, 畑, 畠, 働, 枉, 麿, 躾, 鱈, 噺, 叺, 籾, 鰯, 込, 腺' 등의 일본 국자가 한국에서 쓰였음을 말하여 주고 있다.[52] 樺

52) (12나)에서 일본 국자로 제시한 것들 중에는 한자로 규정되어야 할 것들이 있다. 일본 국자로 제시된 것들 중에 '喰, 癪, 搾' 등은 한자이다. '喰, 搾' 등이 한자임은 앞의 장에서 설명하였고, 癪의 경우 '菅原義三(1990: 73), 大原 望(2014), 笹原宏之(2017: 131)' 등의 연구에서 일본 국자인 근거를 제시하지 못하고 있다. 菅原義三(1990: 73)에서 癪의 음을 'しゃく'로 제시하고 '흉부에 통증을 발생시켜서 경련을 일으키는 일종의 병기 / 胸部にさし込みを生じて痙攣を起こす一種の病気'로 설명하고 있다. 癪이 훈을 가지지 못하고 음만을 가지는 점에서 癪은 일본 국자가 아니라 漢字일 가능성이 있다. 대만 이체자자전(http://140.111.1.40/yitib/frb/frb02811.htm)에서 癪을 '中醫病名 痟積俗寫為痟癪'로 설명하고 있다. 『승정원일기』 1822년(순조 22) 5월 23일 기사에 素患疝癪가 나타나는 것도 癪이 한자임을 말해 주는 것이다.

는 한자로 '菅原義三(1990), 大原 望(2014), 笹原宏之(2017)' 등에서 일본의 국자로 논의하고 있지 않다. 아마도 膵의 오자일 것으로 생각된다. (12나)에서 畠를 일본 국자로 단정하고 있으나 이는 재고의 여지가 있다. 「나주 복암리 목간 5호(561)」의 白田이 한 글자로 증명이 된다면 畠은 고대 시기에 한국에서 일본으로 전파된 글자가 된다.53)

20세기 초의 일간 신문이나 잡지류에서 '峠, 畑, 働, 枉, 鱈, 叺, 籾, 込, 鰯, 腺, 膵' 등이 한국에서 사용된 사례를 찾을 수 있다. 54)

(13) 가. 元谷面과 陽城面 境界인 峠에 至하자 〈동아일보 1920년 7월 23일 3면 今日公判開廷되는 安城事件豫審決定書〉

나. 畑의 地目을 變換하야 畓으로할 만한 者 〈동아일보 1921년 4월 1일 4면 最大急務인 產業開發〉

다. 朴約翰君 獨唱이 有한 後來賓 鄭建常君은 "働하라" 金斗燮君은 깨엿스니 일하자 〈동아일보 1920년 9월 2일 4면 勞農青年會創立會〉

라. 枉=男女直履의 意 〈동아일보 1939년 9월 3일 6면 主要 게다의 名稱과 取引單位〉

마. 대구(鱈) 一尾에 都賣時價로 今月十日 〈동아일보 1925년 12월 15일. 4면 馬山魚市閑散〉

바. 繩, 叺, 莚 六五 八二一 〈동아일보 1921년 2월 24일 2면 中旬鮮鐵在貨〉

사. 原料인 籾이 二三厘나 昂騰함을 不拘하고 玄米는 引續下押狀

---

53) 어떤 심사자는 "白田은 우측 행의 '滛'자와 같은 크기로 서사된 合字일 뿐만 아니라, 그 훈의 '하타(-케)'는 한국어 '밭'의 차용임이 분명하다는 점에서 고대 한국에서 일본으로 건너간 글자로 볼 가능성이 농후하다"는 의견을 제시해 주었다.

54) 잡지 자료의 경우에는 국사편찬위원회의 한국사데이터베이스(http://db.history.go.kr)에서 검색한 것이고 일간 신문의 경우에는 네이버의 뉴스 라이브러리(http://dna.naver.com)에서 검색한 것이다.

態를 持續함은 〈동아일보 1920년 9월 13일 2면 京城正米將來樂觀〉

아. 證劵信託拂込 京城證劵信托會社第一回株式拂込 一株에 對하야 十圓은 二月부터 四月까지 徵收한다는대 〈동아일보 1921년 3월 2일 證劵信託拂込〉

자. 今番大會는 以前과 달나 前津近海岸에서 豊富히 産出하는 鰯(정어리)기름 짤 일에 對하야 〈동아일보 1926년 6월 15일 4면 洪原勞組大會 十五日에 開催〉

차. 맛참내 사십사개소 가운데에 멸치(鰯)를 보호할 곳과 〈동아일보 1920년 9월 19일 3면 問題이던 公家漁場〉

(14) 가. 腺病이 有ᄒᆞᆫ 小兒는 無論何病ᄒᆞ고 均易犯染이니 〈서우 제6호 家政學 (續) 譯述者 會員 金明濬, 1907년 5월 1일〉

나. 例解[齒, 舌 食道 胃 腸 肝, 膵] 相倚消化系統 〈서북학회월보 제19호 1910 1월 1일〉

(13)의 일본 국자들은 한자나 우리말을 대신하여 사용된 것들이다. (13가)의 峠는 일본어 'とうげ(고개)'를 의미하는 것으로 '고개'나 '재'를 뜻하는 '峴, 峙, 岾' 등을 대신하여 사용된 것이다. (13나)의 畑은 일본어 'はたけ(밭)'을 의미하는 것으로 '밭'을 뜻하는 한자 田을 대신하여 사용한 것이다. (13다)의 働는 일본어 'はたらく(일하다)'를 의미하는 것으로 우리말 '일하다'를 대신하여 사용된 것이다. (13라)의 柾은 일본어 'まさめ(나무의 곧은 결)'를 뜻하는 것이며, (13마)의 鱈는 일본어 'たら(大口魚)'를 의미하는 것으로 우리말 '대구어'를 대신하여 사용된 것이다. (13바)의 叺는 일본어 'かます(가마니)'를 의미하는 것으로 우리말 '가마니'를 대신하여 사용한 것이다. (13사)의 籾는 일본어 'もみ(벼)'를 의미하는 것으로 우리

말 '벼'를 대신하여 사용한 것이다. (13아)의 込는 일본어 'こめる(속에 담다)'를 의미하는 것으로 한자어 拂入의 入을 일본 국자 込으로 대체하여 사용한 경우이다. (13자)의 鰯은 일본어 'いわし(정어리)'를 의미하는 것으로 우리말 '정어리'를 대신하여 사용된 것이다.

한편 (13차)에서 보는 것처럼 鰯은 우리말 '멸치'를 대신해서 사용되기도 한다. 일본 국자 鰯을 '멸치'로 대응시킨 것은 '정어리'와 '멸치'의 생김새가 유사한 것에서 비롯된 것이다. 이러한 혼동을 보여 준 것으로 이규경 『五洲衍文長箋散稿』의 鰹節酒盜辨證說 조를 들 수 있다.

(15) 鰯字는 정어리이다.[속훈은 멸어(멸치)이다][55] 〈五洲衍文長箋散稿 鰹節酒盜辨證說〉

'정어리'는 청어목(Clupeiformes)의 청어과(Clupeidae)에 속하고 '멸치'는 청어목(Clupeiformes) 멸치과(Engraulidae)에 속한다. 따라서 '정어리'와 '멸치'는 다른 종이다.

(14가)의 腺은 음이 'せん'이고, 그 의미는 '분비샘'이라고 한다. 大原 望(2014)에 따르면 笹原宏之 교수의 저서 『国字と位相』(일본國語學 163所収)에서, 에도 시대 후기에 네덜란드 의학자 宇田川玄眞(1769-1834)이 번역을 하면서 만든 글자라고 한다.[56] 菅原義三(1990: 92)에 따르면 腺은 肉과 線의 생획자 泉이 합자된 것이라 하였다. 笹原宏之(2017: 125)에 따르면 (14나)의 膵는 '췌장'을 뜻

55) 『五洲衍文長箋散稿』, 鰹節酒盜辨證說, "鰯字 卽鰮【俗訓蔑魚】也"
56) 大原 望(2014), "腺, [読み] セン [解説] 笹原宏之著『国字と位相』(國語學163所収)に「江戸時代後期に蘭医の宇田川玄眞(1769-1834年)が訳に用いた造字"

하는데 일본 국자 膵 역시 宇田川玄眞(1769-1834)이 번역을 하면서 만든 글자라고 한다.

(13)에 제시한 '峠, 畑, 働, 椛, 鱈, 叺, 籾, 込, 鰯' 등의 일본 국자는 1945년 해방 이후로 우리의 문자 생활에서 차츰 자취를 감추었으나 새로운 개념을 담고 있는 (14)의 '腺, 膵' 등은 지금까지도 한국의 문자 생활에 남아 사용되고 있다. 腺이 포함된 전문 용어 '扁桃腺, 淋巴腺, 分泌腺, 腺病' 등이 『표준국어대사전』에 실려 있으며, 膵이 포함된 전문용어 膵臟이 『표준국어대사전』에 실려 있다.

2.4. 일본 자료에 남겨진 한국 고유한자의 흔적

2.4.1. 논의의 출발점

이 절에서는 일본 자료에 남겨진 한국 고유한자 '栍, 閪, 澘' 등의 흔적에 대해 논의하고자 한다. 栍의 경우 寬元 3년(1245) 이전에 성립된 것으로 추정되는[57] 『寬元本字鏡集』과 『応永本字鏡集』 등에 동일한 자형이 실려 있으며, 閪의 경우에는 鎌倉 시대 초기에 성립한[58] 『世尊寺本字鏡』에 동일한 자형이 실려 있고, 澘의 경우에는 1653년에 간행된 『法華三大部難字記』에 동일한 자형이 실려 있다. 이들 사서와 주석서에는 해당 글자에 대응하는 일본어 어휘가 편가명으로 기록되어 있고 일본어 어휘의 의미를 고려하면 한국 고유한자 '閪, 栍, 澘' 등의 造字 방식을 이해하는 데에 도움이 되어

57) 오미영, 『일본의 고사전에 대하여』, 2008, pp.51-52, "7卷本(寬元本)과 20卷本이 있다. 菅原爲長(1158-1246)이 편찬하였고 성립은 寬元 3년(1245년) 이전으로 추정된다.

58) 오미영, 2008, p.51, "『字鏡』은 일반적으로 『世尊寺本字鏡』이라 일컬어지는 東洋文庫 소장 零本 2帖을 가리킨다. 鎌倉 時代 초기에 성립한 것으로 보인다."

주목된다.

이 글의 앞에서 '椋, 獤, [金瓮]' 등의 한국 고유한자와 한국에서 사용된 이체자 鎰가 일본에 유입되었음을 말하였는데 이러한 사실을 고려하면 일본의 고사서와 주석서에 실린 해당 한자들은 한국에서 유입된 것으로 가정해 볼 수 있다. '閪, 栍, 澿' 등에 대해서 大原 望(2014)은 일본 국자로 논의했다. 그러나 일본 국자를 총체적으로 다룬 '菅原義三(1990), 笹原宏之(2017)' 등은 '閪, 栍, 澿' 등을 일본 국자로 다루지 않고 있는 것도 '閪, 栍, 澿' 등이 한국에서 일본으로 유입되었을 가능성을 열어 준다. 이러한 가정을 가지고 한국 고유한자 '閪, 栍, 澿' 등의 造字 방식을 설명하고자 한다.

1) 閪

일본의 古辭書에 실린 閪[59]에 대해 大原 望(2014)은 다음과 같이 언급하고 있다.

(16) 閪 國字이다. [읽기] みやこ(도회지) [解說] 『世尊寺本字鏡』·『天文本字鏡鈔』에 「ミヤコ」라고 함. (중국) 廣東語의 地域文字로 女陰의 뜻으로 사용되고[60] 〈大原 望(2014)〉

(16)에서 '閪 参照'란 설명을 고려하면 (16)의 표제자로 제시한 자형과 閪은 이체자 관계에 있다고 할 수 있다. 일본 국자를 총체적으로 다룬 '菅原義三(1990), 笹原宏之(2017)' 등에서 閪에 대해 다루지 않았고, 또 築島裕編(2007: 452-453)에서는 일본어 'ミヤ

59) 편의상 閪으로 제시한 것이다. 西의 자형은 佃에서 人을 제외한 나머지 자형이다.

60) 大原 望, , 2014, "閪 国字 [読み] みやこ [解説] 『世尊寺本字鏡』·『天文本字鏡鈔』に「ミヤコ」とある 広東語の地域文字として女陰の意で用いられるが (하략)"

コ'에 대응하는 한자나 한자어로 '京(ミヤコ), 京城(ミヤコ), 京師(ミヤコ), 京都(ミヤコ), 城(ミヤコ), 皇居(ミヤコ)' 등만이 제시된 것으로 보아 (16)의 閪은 한국 고유한자 閪의 흔적이라 추정해 볼 수 있다. 물론 중국의 광동어에서 閪이 女陰의 뜻으로 사용되고 있으나 광동어에서 사용하는 閪과 한국 고유한자 閪는 그 조자법이 다른 것으로 추정된다.

上代語辭典編纂委員會(1992)에 따르면 일본어 'ミヤコ'는 'ミヤ(宮)'와 'コ(土地)'가 복합된 것[61]이라고 한다. 한편 日本大辭典刊行會(소화 56년)에 따르면 일본어 'ミヤコ'는 '황궁이 있는 곳, 정치, 경제, 문화의 중심지인 곳, 번화한 곳' 등의 의미[62]를 가진다고 한다. '황궁이 있는 곳'의 의미에서 '번화한 곳'의 의미가 파생되었음을 알 수 있다. 이러한 의미 파생 관계는 한어 都에서도 발견된다. 한어 都는 황제가 있는 國都의 의미뿐만 아니라 '도회지'의 의미까지도 가지고 있다.[63]

일본의 고사서에 실린 閪와 일본어 'ミヤコ'가 가진 의미 간의 관계에 대해 필자는 그 가부를 판단할 능력이 없다. 그러나 일본의 古辭書에 실린 閪의 의미 'ミヤコ'를 활용하여 한국 고유한자 閪의 의미를 추가하거나 그 조자 방식을 논의하기로 한다.

한국 고유한자 閪는 균여 향가인 『청전법륜가』에서 知良閪尸也와 같이 단독으로 사용되었을 뿐 이후의 자료에서는 항상 閪失로

---

61) 上代語辭典編纂委員會, 1992, p.716, "ミヤコ[都 京 皇都] (名) 皇居のある土地 皇居の町 宮と、場所を意味するコの複合か、"

62) 日本大辭典刊行會, 소화 56년, 1376-1377, "みやこ[都 京] みやは宮こは場所「1」皇居のある土地 (중략)「2」政治經濟文化などの中心として多くの人口を有する繁華な都會 (후략)."

63) 『漢語大詞典』, 都, "1.古稱建有宗廟的城邑. , 2.國都, 京都, 3.建都., 4.大城市 ; 著名城市."

사용되어 왔다. 闍과 闍失의 의미는 다음과 같이 알려져 왔다.

(17) 가. 闍 잃을 서 國字. 음은 서. 뜻은 잃다. 〈한국한자어사전〉
나. 闍失(서실) 잃어 버림. 〈한국한자어사전〉,
다. 서실(闍失) 「명사」 물건을 흐지부지 잃어버림 〈표준국어대사전〉
라. 일이 많아 바빠서 물건을 잃어버리는 것을 闍失이라 한다.[64] 〈晝永編 下〉

(17나)에서 闍失의 의미를 '잃어 버림'으로 설명한 것은 闍의 의미를 빼놓고 설명한 것이다. (17다)에서는 闍의 의미를 '흐지부지'로 설명하였고 (17라)에서는 闍의 의미를 '일이 많아 바빠서'로 설명하였다. 闍이 일본어로는 도회지의 뜻인 'ミヤコ'이고, 闍이 門과 西의 의미가 모아져 구성된 것이라는 가정을 해서 보면, (17다)보다는 (17라)의 의미가 보다 적합하기 때문이다. 이러한 주장은 闍이 門과 西(서울)로 구성된 회의자로 파악한 것에 근거한 것이다. '서울의 문'은 사람이 많아 복잡하기 때문이다. '수도'를 의미하는 '서울'이 '복잡하다'의 의미를 내포하고 있다는 것은 '서울 가서 김서방 찾기'란 속담에서 확인할 수 있다.

이제 문제는 闍의 구성소인 西가 '서울'의 의미임을 말하는 것이다. 西가 '서울'의 의미임은 다음 자료를 통하여 이기문(2008: 147-148)에서 논의된 바가 있다.

(18) 가. 국호는 徐羅伐이다. 또 徐伐이다[지금 세상에서 京字의 訓을 徐伐이라 말하는 것도 이 까닭이다.] 또 斯羅이다.[65] 〈三國

64) 『晝永編』 下, "倥傯失物稱闍[音서]失"

遺事 新羅始祖 赫居世王〉

나. 京을 西那라 한다.[66] 〈耽羅志 風俗 俚語難澁〉

이기문(2008: 147-148)은 (18가) 徐伐의 徐와 (18나) 西那의 西를 동일한 어휘로 파악하고 徐와 西는 '시라/시로(斯羅, 斯盧, 尸羅 등)'에서 변한 것으로 파악하였다. 이기문(2008: 147-148)의 이같은 주장을 뒷받침 해주는 이표기로 다음을 들 수 있다

(19) 가. 居瑟邯或作居西干 〈三國遺事 新羅始祖 赫居世王〉

나. 寓止嘉瑟岬[或作加西, 又嘉栖 皆方言也] 〈三國遺事 圓光西學〉

다. 今雲門寺東九千步許, 有加西峴, 或云嘉瑟峴 〈三國遺事 圓光西學〉

라. 溟州 本高句麗河西良(一作何瑟羅) 〈三國史記 卷35〉

마. 何瑟羅州(一云河西良 一云河西) 〈三國史記 卷37〉

'(19가), (19나), (19다)' 등은 모두 西가 瑟에 대응되는 예이고, (19라)는 西良가 瑟羅에 대응되는 예이며 (19마)는 西良가 西에 대응되는 예이다. (19마)의 西良가 西의 대응을 통해서 (18)의 徐와 西가 '시라/시로(斯羅, 斯盧, 尸羅 등)'에서 변한 것임을 확인할 수 있다.

'서울'의 '서'를 표기한 (18)의 徐와 西의 상대형인 '斯羅, 斯盧, 尸羅' 등의 본래 의미는 또 다른 논증이 필요한 것이지만 한국 고유한자 闁의 구성소인 西가 '서울'의 의미일 가능성은 찾은 셈이다.

---

65) 『三國遺事』, 新羅始祖, 赫居世王, "國號徐羅伐 又徐伐[今俗訓京字云徐伐 以此故也] 或云斯羅"

66) 『耽羅志』, 風俗, 俚語難澁, "以京爲西那"

2) 栍

일본의 고사서에 실린 栍에 대해 大原 望(2014)은 다음과 같이 언급하고 있다.

(20) 가. 栍 國字이다. [읽기] いのる(빌다) ぬるで(붉나무) ぬるでのき(붉나무) [解説] 『天文本字鏡鈔』·『永正本字鏡抄』·『龍谷大学本字鏡集』·『寛元本字鏡集』·『応永本字鏡集』·『白河本字鏡集』·『音訓篇立』에 「イノル」, 『篇目次第』에 「イノル无」, 『運歩色葉集』 등에 「ヌルデ」, 『弘治二年本節用集』에 「ヌルテノキ」, 『永禄二年本節用集』에 「ヌルテ」라고 함. 「白膠木 (ヌルデ) 」은 ウルシ科의 落葉小高木이다. 「扌生」 参照[67] 〈大原 望 2014〉

나. [扌生] 國字이다. [읽기] いのる(빌다) [解説] 『観智院本類聚名義抄』·『天文本字鏡鈔』·『龍谷大学本字鏡集』·『寛元本字鏡集』·『白河本字鏡集』·『音訓篇立』에 「イノル」라고 함. 國字「栍」의 異体字이다. 國字라고 생각된다. 『白河本字鏡集』은 「手部」에 있다. 「牲」처럼도 보이는 자형으로 있다. 「栍」 参照。[68] 〈大原 望 2014〉

(20가)에서 栍의 의미를 'いのる(빌다), ぬるで(붉나무)' 등의 의미로 설명하고 있고, (20나)에서는 [扌生]의 의미를 'いのる(빌다)'

67) 大原 望, 2014, 栍, "国字か [読み] いのる ぬるで ぬるでのき [解説] 『天文本字鏡鈔』·『永正本字鏡抄』·『龍谷大学本字鏡集』·『寛元本字鏡集』·『応永本字鏡集』·『白河本字鏡集』·『音訓篇立』に「イノル」、『篇目次第』に「イノル　无」、『運歩色葉集』などに「ヌルデ」、『弘治二年本節用集』に「ヌルテノキ」、『永禄二年本節用集』に「ヌルテ」とある「白膠木 (ヌルデ) 」は、ウルシ科の落葉小高木 「扌生」参照"

68) 大原 望, 2014, [扌生], "国字 [読み] いのる [解説] 『観智院本類聚名義抄』·『天文本字鏡鈔』·『龍谷大学本字鏡集』·『寛元本字鏡集』·『白河本(字鏡集』·『音訓篇立』に「イノル」とある 国字「栍」の異体字か 国字と考えられる 『白河本字鏡集』は、「手部」にあるが、「牲」のようにも見える字形である「栍」参照 "

로 설명하고 있다. (20나)에서 말한 것처럼 [扌生]은 栍의 이체자이다.

菅原為長에 의하여 寬元 3년(1245) 이전에 성립된 것으로 추정되는 『字鏡集』에 栍이 (20가) 처럼 'いのる(빌다)'의 의미로 실려 있는 것이 주목된다. 한국 고유한자 栍에도 일본 국자 栍의 의미와 유사성이 있는 것으로 추정되기 때문이다.

鮎貝房之進(1931: 95-103)은 한국 고유한자 栍의 의미를 다음과 같이 정리하고 있다. 이해를 위하여 관련 용례도 함께 제시한다.

(21) 가. 木標 : (원)표(대)덕은 법력으로 정사에 베풀어 그 때문에 乾元 2년(759) 특별히 명령하여 長生標柱를 세우게 하여 지금까지 남아 있다.[69] 〈寶林寺普照禪師彰聖塔碑(884)〉

나. 境界標 : 通度寺孫仍川國長生一坐段 〈通度寺國長生石標(1085)〉

다. 里程標 : 하루는 斯文 尹淡叟와 金海에서 밀양으로 돌아오는 길에 말고삐를 나란히 하여 이야기하다가 長栍을 보면 반드시 하인으로 하여금 里數의 遠近을 자세히 보게 하고, 말을 채찍질하여 달려도 오히려 더디감을 의심하더니 [70] 〈慵齋叢話 卷5〉

(22) 가. 簡子/座右銘 : 진표가 이에 가르침을 전하여 灌頂을 하고, 드디어 가사와 바리, 供養次第祕法 한 권, 日察善惡業報經 두 권과 189개 栍을 주었다. 또 미륵의 眞栍 9자와 8자를 주고[71] 〈三國遺事 卷四 義解第五 關東楓岳鉢淵藪石記(1199)〉

---

69) 「寶林寺普照禪師彰聖塔碑(884)」, "表德以法力施于有政 是以 建元二年 特教植長生標柱 至今存焉"

70) 『慵齋叢話』, 卷5, "一日與斯文尹淡叟 自金海還密陽 並轡而話 見長栍則必令卒往審里數之遠近 策鞭馳馹 猶恐不速也 忽見平郊縹緲 間有樓閣隱映之形 問諸卒曰此何處卒云嶺南樓也 "

71) 『三國遺事』, 卷4, 義解第五, 關東楓岳鉢淵藪石記. "師乃傳教灌頂, 遂與袈裟及鉢·供

/ 辛禑初, 擢拜大司憲, 封晋山君, 書"知非誤斷, 皇天降罰"八字於性, 〈高麗史 卷112 列傳 卷第25 諸臣 河允源(1322-1376)〉

나. 及籤 : 져비/씨 .四書中抽栍一書, 三經中自願一書,背誦。〈大典會通 禮典 諸科 別試文科初試 會講〉

다. 試驗等級 : 栍 사슬 不見字書盖俗文 〈才物譜〉

손진태(1948ㄷ: 249)는 (21)류의 경우에는 신라 및 고려 시대에는 長生이라 했으나 조선 초기에 들어서서 生을 栍으로 대체하여 長栍이라 했고, (22)류는 고려 중엽부터 '簡子, 木札' 등의 의미인 栍으로 사용되어 왔다는 근거 위에서 (21)과 (22)를 구분하고 있다. 그러나 鮎貝房之進(1931: 95-103)은 (21)과 (22)의 차이를 구별하지 못하였다. 이규경의 『오주연문장전산고』「東國土俗字辨證說」에서도 (21)과 (22)의 차이를 구별하지 못하여 東國土俗字인 栍의 의미를 '강의할 경서를 선택하거나 고을의 회계를 부분적으로 조사할 때 사용하는 대나무 쪽'과 '마을의 이정표로 사용되는 나무사람'으로 설명하고 있다.[72]

(22)류의 栍이 가지는 의미를 鮎貝房之進(1931: 95-103)은 '簡子/座右銘 及籤(져비/씨) 試驗等級(栍/사슬)' 등으로 설명하였다. 이러한 세 가지 의미는 '글자를 기록한 나무나 대나무 조각'을 뜻하는 簡子가 사용되는 문맥에 따라 그 의미가 해석된 것으로 생각된다.

養次第祕法一卷·日察善惡業報経二卷·一百八十九栍. 復與弥勒真栍九者八者"

72) 『五洲衍文長箋散稿』, 東國土俗字辨證說, "栍【音生 諺音承 講書抽籤曰抽栍 外邑反庫抽籤會計 亦稱抽栍 繕工監有栍竹進上 里堠木人曰長栍 諺呼長丞】"

(23) 가. 병조에서 武經習讀官을 取才할 때에 武經七書를 각기 栍에 써서 한 통 속에다 넣고 取才할 사람으로 하여금 스스로 (그 속에 든) 抽一栍하여(제비를 뽑게 하여), 병조와 무학 제조가 합동으로 考講하고, 능통한 자는 올려서 천거하게 하소서[73] 〈世宗實錄 1424년(세종 6) 3월 12일

나. 만일 강경한 후 栍을 낼 때에 이르러서는 조통·약통·통(通)·대통을 講栍의 수효가 많은 것에 따르고, 만일 栍의 수효가 서로 같으면 下栍에 따라 施行하게 하소서.[74] 〈世宗實錄 1444년(세종 26) 2월 9일〉

다. 石室을 만들라고 명하였다. 山陵의 期日이 가까웠는데 故事를 따르는 자는 석실을 만들자고 하고, 家禮에 의거하는 자는 灰隔을 쓰자고 하여, 兩說이 정해지지 않았다. 임금이 世子 李禔를 명하여 종묘에 나아가 探栍하여(栍을 쳐서) 石室로 정하였다.[75] 〈太宗實錄 1408년(태종 8) 7월 26일〉

(23가)의 抽一栍에 등장한 栍은 문맥에 의해 '제비'의 뜻을 가지게 된 것이다. 抽는 '빼다, 뽑다'의 의미[76]이므로 栍이 '제비를 뽑는 행위'에서 사용된 것이다. 그리고 (23나)의 下栍에 등장한 栍은 문맥에 의해 '시험등급'의 의미를 가지게 된 것이다. (23나)의 栍에는 '粗, 略, 通, 大通' 등의 등급 표시가 적혀 있으므로 이러한 경우에 栍이 '시험등급'의 의미를 뜻한 것으로 생각된다. 또한 (23다)의 探栍에 등장한 栍은 문맥에 의해 '점치다'의 파생적 의미를 가지게

73) 『世宗實錄』, 1424년(세종 6) 3월 12일, "兵曹啓 武經習讀官取才 請將武經七書各書于栍 合置一筒 令取才者自抽一栍 曹與武學提調一同考講 能通者上薦"

74) 『世宗實錄』, 1444년(세종 26) 2월 9일, "至如講經後出栍時 粗·略·通·大通講栍之數從多 若栍數相等 則從下栍施行"

75) 『太宗實錄』, 1408년(태종 8) 7월 26일, "命造石室 山陵期近 遵故事者 欲作石室 據家禮者 欲用灰隔 兩說未定 上命世子禔詣宗廟探栍 定爲石室"

76) 『光州千字文』, 32b, "抽 싸일 듀"

된다. '글자를 기록한 나무나 대나무 조각'을 뜻하는 簡子를 던져서 점을 치는 행위는 『三國遺事』 心地繼祖 조의 '높이 올라가 간자를 던져서 점을 쳐보다[77]'에서도 확인된다.

한편 『삼국유사』에는 栍의 또 다른 문맥적 의미가 발견된다.

(24) 가. 이에 지장·미륵보살이 [율사] 앞에 나타나고, 미륵보살이 진표의 정수리를 쓰다듬으면서 말하였다. "잘하는도다. 대장부여. 이와 같이 계를 구하여 신명을 아끼지 않고 참회를 간절히 구하는도다." 지장이 戒本을 주고 미륵은 다시 2개의 栍을 주었는데 하나는 9자(者)라고 쓰여 있었고 하나는 8자라고 쓰여 있었다.[78] 〈三國遺事 關東楓岳鉢淵藪石記〉

나. 또 처음처럼 근면과 용기를 냈더니 과연 점찰경 두 권과(이 경은 진나라 수나라 사이에 외국의 번역이요 여기서 처음 나온 것은 아니다. 미륵보살이 이 경을 준 것이다.) 證果 簡子 189개를 주면서 말하기를 "그 중에 8자는 새로 얻은 오묘한 계율을 말한 것이요, 9자는 더 얻은 자세한 계율인데"[79] 〈三國遺事 眞表傳簡〉

(24가)에서 栍으로 표현된 것이 (24나)에서는 證果 簡子로 표현되어 있다. 耘虛 龍下의 『불교사전』에 따르면 證果란 '修行한 결과로 얻는 과보'를 뜻한다. 따라서 (24가)의 栍은 문맥적 의미로 '간절히 구하다'의 의미를 가지게 된다.

(24가)의 문맥에서 한국 고유한자 栍이 '간절히 구하다'의 문맥

77) 『三國遺事』, 心地繼祖, "憑高擲簡以卜之"

78) 『三國遺事』, 關東楓岳鉢淵藪石記, "於是 地藏·慈氏摩師頂曰『善哉大丈夫! 求如是戒 不惜身命 懇求懺悔』地藏授與戒本 慈氏復與二栍 一題曰九者 一題八者"

79) 『三國遺事』, 「眞表傳簡」, "又懃勇如初 果感彌力現授《占察經》兩卷(此經乃〈陳〉·〈隋〉間外國所譯 非今始出也 慈氏以經授之耳)並證果簡子一百八十九介 謂曰: 「於中第八簡子 喩新得妙戒; 第九簡子 喩增得具戒"

의미를 가지듯이 (24나)의 문맥에서 한어 簡子 역시 '간절히 구하다'의 문맥 의미를 가지는 점이 주목된다. '글자를 기록한 나무나 대나무 조각'이라는 의미에서는 한국 고유한자 栍의 造字法을 설명할 수 없으나 '간절히 구하다'의 의미에서는 한국 고유한자 栍의 造字法을 설명할 수 있기 때문이다.

이규경의 『五洲衍文長箋散稿』의 「東國土俗字辨證說」에는 栍의 音을 生으로 제시하고 있다. 그러나 다음 자료는 한국 고유한자 栍이 우리말 '쇠' 정도를 표기했을 가능성을 열어 주고 있다.

(25) 가. 栍川 본부 남쪽 50리에 있으며, 지금은 金伊江津이라고 하니, 바로 長溪川의 하류이다. 〈新增東國輿地勝覽, 定平都護府 山川〉

나. 栍伊坊 〈輿地圖書 平壤府 坊里〉, 栍伊坊 〈戶口總數 平壤府 禮安部〉

다. ᄉᆞ로 쇠ᄂᆞᆫ 풍덕군 사ᄅᆞᆷ이라 / 私奴金伊豊德郡人 〈東國新續三綱行實圖 忠臣圖1:80b〉

(25가)의 栍川과 金伊江津의 대응은 栍과 金伊의 이표기 관계를 알려 주고 있다. 한편 (25나)의 栍伊에 나타난 伊도 栍과 金伊가 이표기 관계에 있을 가능성을 열어 주고 있다. 栍伊의 伊는 말음첨기자일 가능성이 있기 때문이다. 그런데 (26다)는 '쇠'와 金伊의 대응을 보여주고 있다. '(25가), (25나), (25다)' 등을 통해 볼 때, 한국 고유한자 栍은 우리말 '쇠' 정도를 표기한 것으로 생각된다.

우리말 '쇠' 정도를 표기한 한국 고유한자 栍이 앞에서 말한 바와 같이 '수행'의 의미를 가지고 있다면 栍이 표기한 '쇠'는 현대국어의 '쇠다'와 연관시킬 수 있다. 『표준국어대사전』에 따르면 '쇠다'의 의미가 '명절, 생일, 기념일 같은 날을 맞이하여 지내다'의 의미이기 때문이다. '명절, 생일, 기념일 같은 날을 맞이하여 지내다'의 의미는 '수행'의 의미와 부합되는 점이 있다고 생각된다.

따라서 한국 고유한자 栍의 조자법은 '쇠다'를 훈차 표기한 生에 木 符를 첨가한 형성자로 파악된다. 長生이 長栍으로 교체되었다는 관점에서 한국 고유한자 栍이 長生의 生에 기원을 두고 木 符를 첨가하여 조자된 형성자로 파악한 鮎貝房之進(1931: 100)의 주장은 성급했던 것으로 생각된다.

일본의 고사서에 실린 栍의 훈이 'いのる(빌다)'임은 앞에서 설명한 바 있다. 日本大辭典刊行會(소화 56년)에 따르면 일본어 'いのる(빌다)'는 'い(神聖, 斎)+のる(宣)' 정도로 구성된 것으로 '신께 기원하다[80]'의 의미라고 한다. 일본어 'いのる'의 의미는 앞의 (24)에서 진표 율사가 지장보살과 미륵보살에게 '참회를 간절히 구하다'의 의미와 관련이 있는 것으로 생각된다.

3) 㵛

大原 望(2014)은『法華三大部難字記』에서 㵛의 훈이 おさむ으로 제시되어 있다고 하였다.

(26) 㵛 [읽기] おさむ [解説]『法華三大部難字記』에 ヲサム라고 함[81]
〈大原 望, 2014〉

---

80)『日本國語大辭典(縮刷版)』, "いのる【祈る／祷る】[他動ラ五(四)](いは神聖, 斎の意, のるは宣るの意) (1) 神仏に請い願う (후략)"

81) 大原 望, op_cit., 2014, "㵛 [読み] おさむ [解説]『法華三大部難字記』に「ヲサム」とある"

'ヲサム'의 히라카나 형은 'をさむ'인데 (26)에서는 'おさむ'로 제시하였다. 이것은 'をさむ'를 'おさむ'로도 표기할 수 있음을 말한 것이다. 'をさむ'와 이것의 가능형 동사인 'おさめる'는 '사물이 안정된 상태가 되다'의 뜻과 '세금을 받다'의 뜻이 있는데, 『삼국유사』 향가인 「遇賊歌」에 나오는 㶒도 '사물이 안정된 상태가 되다'의 의미로 해석될 가능성이 있어 (26)의 자료는 한국 고유한자 㶒의 의미 파악에 도움을 줄 것으로 기대된다.

일본어 'おさめる'에 대해 日本大辭典刊行會(소화 56년)에서는 그 의미를 다음과 같이 풀이하고 있다.

(27) 가. おさむ/をさむ[治] → おさめる

나. おさめる/をさめる[治, 修, 納, 收] [1] (治 修) 사물이 안정된 상태가 되다. (중략) ① 주권자로서 나라의 정치를 맡다. 統治하다 (중략) 書記-孝德大化二年三月(北野本訓) 萬民을 통치하는 일은 (중략) ④ (병기, 굶주림 등을) 고치다. 治療하다 (중략) 西大寺本金光明最勝王經平安初期占點-九 能く衆の病と四大の增損とを療(をさむ)たまふと雖も (중략) [2](納, 收) 물건을 과부족 없이 안에 잘 넣다 (하략)[82] 〈日本國語大辭典(縮刷版)〉

(27가)의 설명은 일본어에서 'おさむ'와 'おさめる'의 의미가 유사함을 말하는 것이고, (27나)의 설명은 일본어 'おさめる'의 의미

---

82) 『日本國語大辭典(縮刷版)』, "おさめる/をさめる[治, 修, 納, 收] [1] (治 修) ものごとを安定した狀態にする (중략) ① 主權者として國の政治をとる 統治する (중략) 書記-孝德大化二年三月(北野本訓)万の民を宰(オサムル)ことは (중략) ④ (病氣 飢えなどを)なおす 治療する(중략) 西大寺本金光明最勝王經平安初期占點-九 能く衆の病と四大の增損とを療(をさむ)たまふと雖も (중략) [2](納, 收) 物をきちんと中にしまい入れる (하략)"

가 '統治하다, 治療하다'의 의미를 가지고 있음을 말하고 있다. 또 관련 자료의 예시는 일본어 'おさむ'가 고대 용법으로 '統治하다, 治療하다' 등의 의미를 가지고 있음을 말해 주고 있다.

『法華三大部難字記』에 실린 𪷓의 조자법을 이해하기 위해서는 𪷓의 조자법을 알려 줄 관련 자료가 있어야 한다. 그러나 『法華三大部難字記』에 실린 글자들의 출처에 대한 연구가 진행되지 않아 𪷓의 조자법을 알려 줄 관련 자료를 찾을 수 없다.[83] 다만 한어에서 善이 단독으로 改善의 뜻을 가지기[84]도 하므로 『法華三大部難字記』에 실린 𪷓의 기원이 善에서 비롯되었을 가능성을 생각해 볼 수 있다.

𪷓이 善에서 비롯되었을 가능성은 한국의 자료에서 찾아진다. 균여 향가에서는 '善陵等沙〈隨意功德歌〉, 一切善陵〈普皆廻向歌〉, 向乎仁所留 善陵道也〈總結無盡歌〉' 등과 같이 善陵으로 나타나나 『삼국유사』 향가인 「遇賊歌」에서는 '𪷓陵隱安支尙宅都乎隱以多'와 같이 𪷓陵으로 나타나서 𪷓이 善에서 비롯되었을 가능성을 시사해 준다.

일본어 おさむ가 '統治하다, 治療하다'의 의미를 가졌는데 이에 해당되는 한국어로 후기 중세국어와 '다ᄉᆞ리다'와 이에서 파생된 '다

---

83) 川瀨一馬(1955: 568)에 따르면, 일본의 고사서 『法華三大部難字記』는 중국의 智顗(538-597)가 강설한 『法華玄義』, 『法華文句』, 『摩訶止觀』 등에 대한 音義라고 한다. 또 川瀨一馬(1955: 568)에 따르면 『法華三大部難字記』承應 癸巳年 刊本이 전하고 있다. 그런데 川瀨一馬(1955: 568)는 『摩訶止観難字音義』 권3 말미에 기록된 다음과 같은 題書에 근거하여 『法華三大部難字記』가 應永 十四年(1408년) 무렵에는 성립된 것으로 판단하고 있다. 그런데 『法華三大部難字記』에 수록된 글자로 不可思議한 글자와 日本 國字가 일부 실려 있음이 笹原宏之(2012)에 의해 확인되었다. 따라서 笹原宏之(2012)의 논의에 따르면 『法華三大部難字記』에는 『法華玄義』, 『法華文句』, 『摩訶止觀』 등에 수록된 글자나 이들과 관련된 주석서에서 비롯된 글자뿐만 아니라 다른 출처의 자료에서 비롯된 글자도 수록되었을 가능성이 있다.

84) 『漢語大詞典』, 善 "7. 使之善 ; 改善. 《禮記·樂記》: "樂也者, 聖人之所樂也, 而可以善民心." 參見"善俗"

ᄉᆞ리다'가 있다. '다ᄉᆞᆯ다'와 '다ᄉᆞ리다'는 '統治하다, 治療하다' 등의 의미[85]를 가지고 있고 善陵과 𣼘陵에서 陵을 '다ᄉᆞᆯ'의 'ㄹ'을 말음첨기로 파악할 가능성이 있다. 하지만 善陵과 𣼘陵을 '*다ᄉᆞᆯ'로 판독하는 것은 단지 가능성의 제시에 불과하다. 善陵과 𣼘陵을 '*다ᄉᆞᆯ'로 판독하기 위해서는 예컨대 治陵 정도의 차자 표기 자료가 발견되어야 한다.[86]

3. 결언

이 글은 日本 國字와 韓國 固有漢字의 고유성 판단 기준 설정의 필요성을 네 가지 측면에서 논의하면서 일본에 유입된 한국 고유한자를 발굴하였으며, 한국 고유한자 闣와 栍에 적용된 조자법의 단서를 찾았으며 한국 고유한자 𣼘의 의미가 '치유하다'의 의미일 가능성을 열어 놓는 성과를 거두었다.

이 글에서는 첫 번째로 일본 국자와 한국 고유한자의 판단에 있어서 착오를 제거하기 위하여 일본 국자와 한국 고유한자의 고유성 판단 기준 설정이 필요함을 언급하였다. 일본 국자와 한국 고유한자의 판단에 착오가 있었던 사례로 일본의 경우에는 한자 症과 喰

85) 후기 중세국어에서 '다ᄉᆞᆯ다'와 '다ᄉᆞ리다'는 흔히 '통치하다'의 의미로 쓰인다. 한편『月印釋譜』17:19a의 '聖賢ㅅ 그처 다ᄉᆞ리시논 藥ᄋᆞᆯ 求ᄒᆞ며/求聖賢斷治之藥'의 경우에는 '다ᄉᆞ리다'가 '치료하다'의 의미로 쓰인 경우이다.

86) 이에 대한 의견은 서울대학교 황선엽 교수가 제안해 준 것이다.

을, 한국의 경우에는 한자 䑸과 艍를 제시하였다.

두 번째로 同形異義 일본 국자와 한국 고유한자의 차이를 이해하기 위하여 일본 국자와 한국 고유한자의 고유성을 판단하는 기준의 설정이 필요함을 언급하였다. '垈, 侤, 鐥, 魟, 鱐' 등은 일본 국자와 한국 고유한자에 모두 존재하지만 조자법의 차이에 말미암아 그 의미가 다른 것임을 이 글에서 언급하였다. 일본 국자의 경우에는 '垈(ぬた, 沼田) 侤(はたらく, 생각해서 일하다) 鐥(みずかね, 水銀), 魟((ど)じょう, 미꾸라지), 鱐(はも, 갯장어)' 등의 의미를 가지나 한국 고유한자의 경우에는 '垈(터), 侤(다짐), 鐥(복자), 魟(가물치), 鱐(삼치)' 등의 의미를 가지는 것으로 설명하였다. 한편 䋄의 경우에는 한국 고유한자의 의미가 분명치 않아 후일의 연구로 미루었으며, 일본 국자 椧과 한국 고유한자 椧은 그 의미가 유사할 가능성을 제안했으나 근거 자료가 충분치 않아 후일의 연구로 미루었다.

세 번째로 한국 고유한자와 일본 국자 간의 수수 관계를 파악하기 위하여 일본 국자와 한국 고유한자의 고유성 판단 기준 설정이 필요함을 언급하였다. 이러한 측면에서 고대의 시기에는 한국 고유한자 '椋(창고), 獤(담비), [金瓮](금속제 장군), 鎰(자물쇠)' 등이 일본으로 유입되어 사용되었으며, 19세기 말 20세기 무렵부터는 일본의 국자인 '峠(とうげ, 고개), 畑(はたけ, 밭), 働(はたらく, 일하다), 柾(まさめ, 나무의 곧은 결), 鱈(たら, 大口魚), 叺(かます, 가마니), 籾(もみ, 벼), 込(こめる, 속에 담다), 鰯(いわし, 정어리, 멸치), 腺(분비샘), 膵(췌장)' 등이 한국으로 유입되어 사용되었음을 언급하였다.

네 번째로 일본 자료에 남겨진 한국 고유한자의 흔적을 찾아 한국 고유한자의 특성을 이해하기 위하여도 일본 국자와 한국 고유한

자의 고유성 판단 기준 설정이 필요함을 언급하였다. 이 글에서는 한국 고유한자 '閪, 栍, 澔' 등과 자형이 동일한 글자의 훈이 일본 자료에 남아 있는 것을 한국 고유한자 유입의 흔적으로 추정하여 한국 고유한자 '閪, 栍' 등의 조자법을 이해하였고, 한국 고유한자 澔의 의미를 추정하였다. 閪의 경우 일본어 훈이 'ミヤコ(도회지)'인 것에 착안하여 閪이 門(문)과 西(서울)로 구성된 회의자로 파악하였으며 그 의미가 '복잡하다'임을 확인하였다. 栍의 경우 일본어 훈이 'いのる(신께 빌다)'인 것에 착안하고, 지명 栍川의 이표기로 金伊江津이 존재한 것을 근거로 栍에서 生이 '근신하며 지내다'의 의미인 '쇠-'를 훈차 표기한 것으로 파악하고, 훈차 표기 '生/쇠'에 木 符를 첨가한 형성자인 것으로 추정하였다. 한편 澔의 경우 善에 기원한 形聲字일 가능성과 그 의미는 '치료하다'일 가능성을 제안했다.

〈참고 문헌〉

1. 자료

『康熙字典』(http://tool.httpcn.com/KangXi)

『高麗史』(아세아문화사, 1972)

『고문서집성 19 -하회 풍산유씨편-』(한국정신문화연구원, 1994)

『(校訂)大明律直解』(朝鮮總督府中樞院調查課 編, 1936)

『光州千字文』(東洋學叢書 第三輯, 1973, 단국대학교 동양학연구소 영인본)

『大典通編』(국립중앙도서관, 한古朝33-9)

『同文類解』(홍문각, 1995)

「寶林寺普照禪師彰聖塔碑(884)」(盧明鎬 외, 『韓國古代中世古文書研究(上)』, 2000, 서울대학교출판부.)

『三國史記』(대제각, 1987)

『三國遺事』(대제각, 1987)
『惺所覆瓿稿』(한국고전번역원정보시스템, http://db.itkc.or.kr)
『續日本紀』(국사편찬위원회 한국사데이터베이스,
http://db.history.go.kr)
『新增東國輿地勝覽』(전국지리지, 아세아문화사, 1983)
『輿地圖書』(국사편찬위원회, 1979)
『五洲衍文長箋散稿』(한국고전번역원정보시스템,
http://db.itkc.or.kr/itkcdb/mainIndexIframe.jsp)
『龍龕手鑑』(대만 교육부 이체자자전,
http://dict.variants.moe.edu.tw)
『吏文輯覽』(국립중앙도서관 古3116-1)
『倭語類解』(대제각, 1985)
『慵齋叢話』(한국고전번역원정보시스템,
http://db.itkc.or.kr/itkcdb/mainIndexIframe.jsp)
『月印釋譜 合本 21-23』(弘文閣, 1984)
『儒胥必知』(국립중앙도서관 한古朝31-7-2-8)
『六典條例(규장각 소장 자료, 가람古340.091-Y95-v.6)
『字典釋要』(池錫永, 1909)
『朝鮮賦』(국립중앙도서관, 古古5-79-다1)
『朝鮮王朝實錄』(국사편찬위원회 한국사데이터베이스,
http://db.history.go.kr)
『晝永編』(국립중앙도서관 소장 자료, 古3638-27-1-2)
『中華字海 上 下』(中國友誼出版公司, 2000)
『天治本新撰字鏡』 (日本 京都大學校)
『표준국어대사전』(국립국어원, http://stdweb2.korean.go.kr)
『韓國漢字語辭典』(단국대학교 동양학연구소, 2002)
『訓蒙字會』(東洋學叢書 第一輯, 1971, 단국대학교 동양학연구소)
『耽羅志』(국립중앙도서관, 古2749-1)

2. 논저

菅原義三(1990),『国字の字典』, 東京堂出版.

권인한(2018),「한국 고유한자의 생성과 전파」,『한국 고유한자 연구의 현황과 과제 제9회 사전학 학술회의 발표 자료집』, 단국대학교 동양학연구원.

金種權 역주(1976, 2001),『雅言覺非』, 一志社.

金斗河(1990),『벅수와 장승 : 法首와 長栍의 資料와 解說』, 集文堂

남풍현(1989, 2014),「한국의 고유한자」,『韓國語와 漢字·漢文의 만남』, 도서출판 월인, 575-592.

남풍현(2014),「密陽小台里 五層石塔 造成緣由記의 판독과 해독」,『구결연구』 33, 구결학회, 229-248.

檀國大東洋學研究所 編(1999-2008),『漢韓大辭典』, 단국대 동양학연구소.

大原 望(2014),『和製漢字の辞典2014』, http://ksbookshelf.com/nozomu-oohara /WaseikanjiJiten/

稲葉岩吉(1936).「百濟の椋及び椋部」,『釋椋』, 大阪屋號書店.

飛田良文(1990),『國字の字典』, 東京堂出版.

上代語辭典編纂委員會(1992),『時代別 國語大辭典 上代編』, 三省堂.

笹原宏之(2007),『国字の位相と展開』, 三省堂.

笹原宏之(2012), 「漢字の現在 第218回 お化けの字？エイ·フン」, https://dictionary.sanseido-publ.co.jp/column/kanji_genzai218.

笹原宏之(2017),『ビジュアル国字字典』, 株式會社世界文化社.

손진태(1948ㄱ),「蘇塗考」,『朝鮮民族文化의 研究 ; 朝鮮 及 中國의 民俗 研究 論集』, 乙酉文化社, 182-223.

손진태(1948ㄴ),「長栍考」,『朝鮮民族文化의 研究 ; 朝鮮 及 中國의 民俗 研究 論集』, 乙酉文化社, 224-246.

손진태(1948ㄷ),「栍考」,『朝鮮民族文化의 研究 : 朝鮮 及 中國의 民俗 研究 論集』, 乙酉文化社, 247-263.

新潮社(2007),『新潮日本語漢字辞典』, 株式会社新潮社.

오미영(2008), 「일본의 고사전에 대하여」, 『한국사전학』 11, 한국사전학회, 31-63.
운허 용하(1961, 1994), 불교사전, 동국역경원.
윤선태(2006), 「雁鴨池 出土 門號木簡과 新羅 東宮의 警備」, 『韓國古代史硏究』 44, 한국고대사학회, 269-296.
이건식(2009ㄱ), 「한국 고유한자의 발달-지명의 후부 요소 표기를 중심으로-」, 『구결연구』 22, 구결학회, 219-259.
이건식(2009ㄴ), 「朝鮮 前期 文獻 資料에 나타난 魚類名 表記에 대한 硏究」, 『국어학』, 55, 국어학회, 125-172.
이건식(2012), 「한국 고유한자 자형 구성 방법 연구 二題-기존 연구의 비판적 검토와 形聲으로 만들어진 한국 고유한자의 몇 가지 사례」, 『東洋學』 52, 단국대 동양학연구원.
이건식(2013), 「한국 고유한자 구성 요소 辶의 의미와 특수성 형성 배경」, 『한민족문화연구』 42, 한민족문화학회.
이건식(2015), 「통합 漢韓大辭典』의 國字 처리에 대하여」, 『東洋學』 59, 단국대학교 동양학연구원, 143-167.
이기문(2008), 「신라의 어원」, 『새국어생활』 18권 2호, 국립국어원, 141-149.
이성규 역(2012), 『広辞苑日韓辞典』, 도서출판 어문학사.
日本大辭典刊行會(소화 56년), 『日本國語大辭典(縮刷版)』, 小學館
日本大辞典刊行委員會(소화 59년), 『日本國語大辞典[縮刷版]』, 小學館.
鮎貝房之進(1931), 『俗字攷』, 雜攷, 東京: 圖書刊行會.
中國友誼出版公司(2000), 『中華字海』, 北京.
川瀨一馬(1955), 『古辭書の硏究』, 東京: 講談社.
築島 裕編(2007), 『訓點語彙集成 第 7卷』, 汲古書院,
漢語大詞典編輯委員會 編(1991-1993), 『漢語大詞典』, 漢語大詞典出版社.
橫山七郎(1965) 「和製漢字新考」, 『帯広畜産大学学術研究報告』 第II部 3(1), 50-82.

제2장
훈차 표기 기반 일본 국자와 음차 표기 기반 한국 고유한자에 대하여

1. 서언

漢文의 읽기 측면에서 한국은 조선 시대 이후로 音讀만의 전통을 유지하여 왔다. 그러나 일본은 오늘날까지도 漢文의 읽기 측면에서 訓讀과 音讀의 두 방법을 가지고 있다. 읽기 측면에서 音讀만의 전통이 유지되어 왔다는 것은 쓰기 측면에서 訓借 表記의 방법이 유지되지 못했음을 말해 주는 것이며, 읽기 측면에서 訓讀의 방법이 유지되었다는 것은 쓰기 측면에서 訓借 表記의 방법이 유지되었음을 말해 주는 것이라고 생각된다.

漢文의 읽기와 쓰기 측면에서 일본과 한국의 이 같은 차이는 일본 국자와 한국 고유한자의 造字法에도 그대로 적용되었을 것으로 추정된다. 따라서 이 글에서는 日本 國字의 造字法은 훈차 표기에 기반을 두고 있고, 한국 固有漢字의 조자법은 음차 표기에 기반을 두고 있음을 구명하고, 나아가 음차 표기에는 존재할 수 없는 훈차 표기의 부가적 특성에 대해 고찰하고자 한다.[1)]

일본 國字의 연구사에 대해서는 이건식(2019: 98-99)에서 정리한 바가 있다. 그런데 菅原義三(1990)에서는 1,554자[2)], 笹原宏之(2017)에서는 1,502자[3)]의 일본 國字가 논의된 점이 주목된다.[4)] 정확한 통계는 없지만 한국 고유한자로 논의되는 것들이 넉넉하게 잡아도 240여 자 정도[5)]에 불과한 것에 비하면 일본 국자의 수는 많다고 할 수 있다. 물론 이건식(2019)에서 일부 밝혀진 바 있듯이 菅原義三(1990)과 笹原宏之(2017)에서 일본 국자로 논의된 것들의 일부는 漢字인 경우도 있고, 한국에서 전파된 것들도 있지만 그 수는 많지 않아 한국 고유한자의 수보다는 일본 국자의 수가 상대적으로 많다고 할 수 있다.

이 연구에서는 한국 고유한자보다 상대적으로 일본 국자의 수가 많게 된 요인을 분석하기 위하여 제2장에서는 일본 국자와 한국 고유한자의 제 유형을 비교하여 일본 국자의 조자법은 훈차 표기에

1) 日本에서는 國字를 일본에서 만든 한자의 개념으로 사용하고 있다. 한국에서 만든 한자를 李圭景은 『五洲衍文長箋散稿』에서 東國土俗字라 한 바 있다. 土俗이란 한국의 固有性을 내포한 말이므로 이 연구에서는 남풍현(1989, 2014)이 사용한 固有漢字를 사용한다.

2) 菅原義三(1990)의 본문에서 제시한 일본 국자의 수를 말한다.

3) 笹原宏之(2017)의 부록에서 제시한 일본 국자의 수를 말한다.

4) 大原 望(2014)는 한자의 異體字도 포함하여 3,316개의 일본 국자에 대해 논의하고 있다.

5) 이 연구에서 '한국 固有漢字'의 개념을 두 측면에서 사용하였다. '넓은 의미'와 '좁은 의미'의 그것이다. '넓은 의미'의 한국 고유한자는 漢字를 변개하여 사용한 것을 말한다. '넓은 의미'의 한국 고유한자에는 자형 상 고유성이 인정되는 글자는 물론, '漢字의 異體字, 한국어의 발음 표기 글자인 口訣字와 吏讀字, 한자의 의미를 확장하여 사용한 漢字' 등을 포함한다. 여기에서 말한 240여 자는 자형 상 고유성이 인정되는 글자이며 동시에 字義를 가진 '좁은 의미'의 한국 고유한자에 국한한 것이다. 한국 고유한자에 대한 기존의 연구에서 논의된 '좁은 의미'의 한국 고유한자의 수에 대해서는 이건식(2015: 144)에 정리된 바 있다.

기반하고 있고, 한국 고유한자의 조자법은 음차 표기에 기반하고 있음을 말하고자 한다.

이 연구의 제3장에서는 日本 國字가 가진 훈차 표기의 부가적 특성을 분석하고자 한다. 이러한 분석을 위하여 笹原宏之(2017)에서 제안한 '語彙場 표기, 多重的 조자법, 현재성' 등의 일본 국자가 가지는 특성을 활용하고자 한다. 그리하여 이 연구에서는 笹原宏之(2017)에서 제안한 일본 국자의 특성을 유발시킨 요인을 분석하고자 한다. 일본 국자가 가지는 語彙場 표기의 특성은 自國語 표기의 특성에서, 多重的 조자법의 특성은 작성 주체의 다양성의 특성에서, 현재성의 특성은 의미의 인코딩(encoding) 특성에서 비롯된 것임을 언급하고자 한다.

'鮎貝房之進(1931), 김종훈(1983), 남풍현(1989, 2014), 이건식(2009ㄱ, 2009ㄴ, 2012, 2013, 2015, 2019)' 등에서 한국 고유한자의 조자법을 규명하고자 하였으나, 아직도 많은 한국 고유한자의 조자법이 밝혀지지 못한 실정에 있다. 따라서 일본 국자의 특성을 이해하고자 하는 이 연구의 결과는 한국 고유한자의 조자법을 정확하게 밝히는 데에 활용될 수 있을 것으로 생각된다.

2. 일본 국자와 한국 고유한자의 유형 비교

2.1. 日本 國字와 한국 固有漢字에 나타난 여러 類型의 파악 방법

일본 국자의 유형에 대해서는 飛田良文(菅原義三, 1990: ii)에서 전반적으로 언급되었다. 그리고 笹原宏之(2007)과 大原 望(2014)에서 일본 국자의 유형을 보충하여 언급하였다.

〈표 1〉 일본 國字의 유형

유형	세부 유형
(A) 漢字를 合字한 것	① 의미를 조합하여 합친 것(會意字)
	② 음을 조합하여 합친 것(麿←麻呂 따위)
(B) 한자를 省劃하거나 변형한 것	③ 省劃字(略字)
	④ 片假名 平假名
(C) 한자의 省劃하거나 변형한 것을 합한 것	⑤ 省劃字의 合字
	⑥ 假名의 합자(𪜈 따위)
	⑦ 假名과 漢字의 合字
(D) 篇傍을 부가하거나 추가한 것	⑧ 意符를 부가하거나 추가한 것
(E) 한자와 형태는 같으나 뜻이 다른 것	⑨ 國訓

①-⑥의 일본 국자 유형은 飛田良文(菅原義三, 1990: ii)이 제안한 것이고, ⑦과 ⑨는 大原 望(2014)에서 제안한 것이며, ⑧은 笹原宏之(2007)이 제안한 것이다. 한편 笹原宏之(2007: 225-228)은 ⑨의 國訓을 '漢字의 字義에서 派生되거나 轉用된 것'으로 구체화하여 파악하고 있다.

설명의 편의를 위하여 日本 國字 '凪(なぎ, 바람이 잠잠함)'는 風

의 생획자 冂과 止가 합자된 것이지만 '① 의미를 조합하여 합친 것(會意字)'의 유형으로 다룬다. 또한 '漢字의 字義에서 派生되거나 轉用된 것'은 字形의 문제가 아니라 字義의 문제이므로 이 글에서는 논의하지 않기로 한다.

다음 절에서는 일본 國字의 유형을 설명하면서 한국 고유한자의 유형과 대조하여 日本 國字와 한국 固有漢字에 나타난 類型을 확장하고 차이점을 설명하도록 한다.

2.2. 漢字를 合字한 유형

2.2.1. 漢字를 合字한 유형의 확장

飛田良文(菅原義三, 1990: ii)은 漢字를 合字한 日本 國字의 유형으로 會意字와 '음을 조합하여 합친 것'의 두 가지만을 제시하고 있다. 그러나 飛田良文(菅原義三, 1990: ii)의 구분을 더 세분화하여 일본 국자의 유형을 파악할 필요가 있다.

(1) 가. 凪[なぎ] [解說] 바람이 멎은 것으로부터 風과 止를 合字시킨 것인가[6] 〈菅原義三, 1990: 9〉, 颪[おろし] [解說]大字典에도 國字라 하여 山 위로부터 아래로 부는 바람의 뜻으로 下와 風을 合한 것이라고 함.[7][8] 〈菅原義三, 1990: 138〉

나. 働 大字典에서 會意形聲이라고 했다. 일하다(はたらく)이다. 勞

---

6) 菅原義三, 『國字の字典』, 東京堂出版, 1990, p.9, "凪[なぎ] [解說] 風が止んでなぐことから風と止を合字したものか"

7) 菅原義三, ibid., p.138, "颪[おろし] [解說] 大字典にも國字とあり山上より吹き下ろす風の義にて下と風を合すとある"

8) 필자가 일본어를 한국어로 번역한 것을 단국대학교 일어일문학과의 한원형 교수가 교정을 해주었다. 한원형 교수께 감사를 드린다.

働이라는 것은 身을 움직이는 것이기에 人과 動을 合한 것이다고 했다.[9] 〈菅原義三, 1990: 7〉

다. 畠[はた/밭] [解說] 畑과 같다. 広辞苑의 'はたけ/밭'에(畠는 白田의 二字를 합한 것) 물을 많이 가지지 못해서 蔬菜나 穀類를 栽培하는 農耕地. 'はた/밭'라고 함.[10] 〈菅原義三, 1990: 71〉, 畑[はた/밭] 大字典에 水田에 대응하는 火田. 卽 물 없는 'ハタ/밭'. 풀을 태워 개간한 것으로부터 火와 田이 합한 것이라고 함.[11] 〈菅原義三, 1990: 71〉

라. 杢[もく] [倭字攷, 倭字] 大字典에서 木과 工의 音을 취하여 'もく'라고 읽는다고 했다. [解說] 木工의 合字이다.[12] 〈菅原義三, 1990: 43〉, [善惡][13] 國字 [읽기] ぜんあく [解說] 天明 5年(1785) 4月 처음 공연된 가부키의 外題, '[善惡]女恋妬(ぜんあく おんなのつつしみぐさ)'로 사용되었다. 外題의 문자 수를 짝수로 만들기 위해 善悪을 합자한 것.[14] 〈大原 望, 2014, [善惡]〉

마. 麿 人名漢字 まろ이다. 麻와 呂의 合字이다.[15] 〈菅原義三, 1990: 165〉, まろ[麿·麻呂] 1. [代](1인칭, 주로 平安 시대

9) 菅原義三, op.cit., p.7, "大字典に會意形聲 はたらく也 勞働は身を動かす故に人と動を合すとある"

10) 菅原義三, op.cit., p.71, "畠[はた] [解說] 畑と同じ 広辞苑のはたけに(畠は白田二字のを合わせたもの)水をたたえないで蔬菜や穀類を栽培する農耕地 はたとある"

11) 菅原義三, op.cit., p.71, "畑[はた] 大字典に水田 對する火田 卽ち水なきハタのこと 草を燒すき開墾するより火と田合すかとある"

12) 菅原義三, op.cit., p.43, "杢[もく] [倭字攷, 倭字] 大字典に木工の音をとって(木)と読むとある [解說] 木工の合字"

13) 이 글에서 입력할 수 없는 漢字의 경우에는 '[ ]'과 한자를 활용하여 표기하였다. 예컨대 '[善惡]'은 善과 惡이 합자되어 한 글자로 된 것을 표기하는 방식이다. 상하로 구분되는 한자 자형은 '/'로 구분하여 제시하였다. 예컨대 [[興興]/[興興]]와 같이 표기하였다.

14) 大原 望 『和製漢字の辞典2014』, 2014, http://ksbookshelf.com /nozomu-oohara /WaseikanjiJiten, [善惡], "国字 [読み] ぜんあく [解說] 天明5年(1785) 4月初演の歌舞伎の外題、[善惡]女恋妬(ぜんあくおんなのつつしみぐさ)に使われている 外題の文字数を奇数にするため、「善悪」を合字にしたもの"

15) 菅原義三, op.cit., p.165, "麿 人名漢字(まろ) (중략) 麻と呂を合字"

이후 상하 남녀 모두에 사용됨)나, 저. 〈이성규 역, 2012〉, 広辞苑日韓辞典, まろ〉, 粂[くめ] [解説] 大字典에 ①クメ라고 읽는다. 久와 米의 合字이다. 姓名과 地名에 사용한다. ② 齋의 略字라고 함.[16] 〈菅原義三, 1990: 165〉

바. [日古](ひこ) [漢字の研究 和作] (解説) 日子(ひこ)의 뜻인가. 彦(男子의 美稱)과 같다.[17] 〈菅原義三(1990: 40)〉, [日古] 國字 [읽기] ひこ [解説] 『文教温故』「ヒコ는 出雲風土記」, 『漢字の研究』(我國에서 제작한 漢字)에서 「ヒコ」라고 함. 男性의 이름에 사용하는 「彦(ひこ)」 뜻의 國字.[18] 〈大原 望, 2014, [日古]〉

편의 상 (1가)-(1바)의 여러 유형에 대해서는 다음 항목부터 설명하도록 한다.

2.2.2. 의미를 조합하여 합친 유형(會意字)

(1가)에서 일본 국자 凪의 의미는 일본어로 'なぎ'를 의미하는데, 'なぎ'는 '바람이 멎고 물결이 잔잔해짐'의 의미이다. 결국 風과 止의 의미를 결합시켜 일본 국자 凪을 조자한 것이다. 이러한 조자 방식은 會意이다. 한편 颪(おろし, 山 위로부터 아래로 부는 바람)도 下와 風의 의미를 결합한 것으로 會意에 의한 방식으로 조자된 것이다. 會意에 의해 조자된 일본 국자인 凪과 颪 등은 字義는 가지

16) 菅原義三, op.cit., p.85, "粂 [くめ] [解説] 大字典に ①クメと訓む 久米の合字 姓名､地名に用う ② 齋の略字とある "

17) 菅原義三, op.cit., p.40, "[日古](ひこ) [漢字の研究 和作] (解説) 日子(ひこ)の意か 彦(男子の美稱)と同じ "

18) 大原 望, op.cit., [日古], "[日古] 国字 [読み] ひこ [解説] 『文教温故』に「ヒコ見出雲風土記」､『漢字の研究』(我國にて制作したる漢字)に「ヒコ」とある 男性の名に用いる「彦(ひこ)」の意の国字か "

나 字音을 가지지 못하는 특징이 있다.

한국 고유한자의 경우에도 (2가)와 같은 회의 방식으로 조자된 것이 있다. 이건식(2013: 112)에서 '迚/변방의 울타리'를 '守[울타리]+辶(邊)[가장자리]' 정도로 구성된 회의자로 파악하였으며, 또 이건식(2013: 118)에서 '迯/말밋'을 '斗[말]+辶(邊)[가장자리, 밑]' 정도로 구성된 회의자로 파악하였고, 이건식(2013: 120)에서 '遞/구덩이'를 '地[땅]+辶(邊)[가장자리, 밑]' 정도로 구성된 회의자로 파악하였으며, 이건식(2015: 154)에서는 '騝/기마자세'를 '馬[말]+奄[가리다, 걸터 타다]' 정도로 구성된 회의자로 파악하였다.

會意의 방식으로 조자된 일본 국자의 예로 [金水]와 鐥을 들 수 있다. 이 일본 국자는 모두 'みずかね(水銀)'를 뜻하며 이들은 모두 901년에 성립된 『天治本新撰字鏡』 金部第六十八 「小學篇」에 나온다. 이러한 사실은 회의에 의한 일본 국자를 조자하는 방법이 오래된 것임을 말해 주는 것이다.

會意의 방식으로 조자된 한국 고유한자 가운데에 연원이 오래된 것으로 迚를 들 수 있다. 迚의 경우에는 『三國史記』 권37의 高句麗 漢山州 조에 '迚城郡[一云加阿忽]'으로 나타나고 있어 會意에 의한 한국 고유한자 조자법도 오래 전부터 존재했음을 말하여 주고 있다.

회의의 조자법이 적용된 일본 국자는 字音을 가지지 못하나 회의의 조자법이 적용된 한국 고유한자는 字音을 가진다. 한국 고유한자 迚의 경우 오늘날 '수'의 자음을 가지고 있다. 이것은 일본 국자의 조자법이 훈차 표기법에 기반을 두고 있음을 말해 주는 것으로 생각된다. 훈차 표기의 결과, 의미의 표기 목적을 실현했으므로 字音이 필요치 않았던 것으로 생각된다. 이에 반해 한국 고유한자의 경우에는 字義는 물론 반드시 字音을 갖추게 된다. 이것은 음차 표기 기반적 특성이 한국 고유한자에 첨가되었음을 말하는 것이다.

2.2.3. 形聲字

(1나)의 働은 텍스트 문맥 상 인접되지 않은 의미인 人과 動의 의미 결합이다. '일하다(はたらく)'의 의미를 표현한 일본 국자 '侤(はたらく)'와 대비하여 笹原宏之(2017: 123)는 '働(はたらく)'의 고유성을 설명하고 있다. 笹原宏之(2017: 123)는 '働(はたらく)'이 육체 노동의 의미인 반면에 '侤(はたらく)'는 두뇌 노동의 의미임을 설명하고 있다. 그런데 字義만 가지고 자음을 가지지 못하는 凪과는 달리 일본 국자 働은 字音으로 'ドウ'를 가지고 있다.[19] 働의 字音인 'ドウ'는 動에서 온 것이므로 일본 국자 働은 人과 動을 합한 形聲字가 된다.

笹原宏之(2017: 52)은 働 이외에 '腺, 鱇, 鋲' 등을 形聲字로 소개한 바 있다. 腺은 에도(江戶) 시대 후기에 네덜란드 醫學者 宇田川玄眞(1769-1834)이 번역을 하면서 만든 글자[20]로 腺의 자음은 'せん'이고, 字義는 '신체의 분비샘'이라고 한다. 菅原義三(1990: 92)은 腺은 肉과 綫의 省劃字 泉이 합자된 것이라 하였다. 따라서 腺이 形聲字인 것은 분명하다. 鱇은 '鮟鱇(あんこう)'로 연용해서 쓰이는데[21], 鮟이 『康熙字典』에 등재된 것을 고려하면[22] 鱇은 일본

---

19) 『新潮日本語漢字辞典』에서 働의 음과 훈을 'ドウ, はたらく'으로 제시하고 있다.
20) 大原 望, op.cit., 腺, "腺, [読み] セン [解説] 笹原宏之著『国字と位相』(國語學163所収)に「江戸時代後期に蘭医の宇田川玄眞(1769-1834年)が訳に用いた造字"
21) 菅原義三, op.cit., p.156, "鱇[あんこう] [解説] 大字典に鱇(あんこう) 鮟鱇と連用す 琵琶魚とある"
22) 『康熙字典』, 鮟, "【集韻】於旰切音按 魚名 ○按卽字之譌"

국자가 아니라 漢字일 가능성이 있다. '鋲(びょう)'은 '머리가 큰 못'을 말하는데 笹原宏之(2017: 52)에서 '鋲(びょう)'이 形聲字인 근거는 제시하지 못하였다.

한국 고유한자의 경우에도 形聲의 조자법이 적용된 것이 있다. 이건식(2013: 196)에서 '飛褙/비비다'의 문맥에서 후행하는 衣의 영향으로 𧙕褙가 형성되어 형성자 𧙕가 발생된 것으로 파악하였고, 이건식(2013: 196)에서는 '縷飛/縷非/누비다'의 문맥에서 선행한 糸의 영향으로 縷䬠가 형성되어 형성자 䬠가 발생된 것으로 파악하였고, 이건식(2009ㄱ: 240-241)에서는 '空代/빈터'와 '家垈/집터'의 대응 자료를 통하여 垈를 '代/장소'에 意符 土가 첨가된 형성자로 파악하였다. 또한 이건식(2009ㄴ)에서는 '亡魚/망둥이'와 '魟魚/망둥이'의 대응 자료를 통하여 魟을 '亡/망둥이'의 亡에 意符 魚가 첨가된 형성자로 파악하였다.[23] 迲의 경우는 이건식(2013: 127)에서 차자 표기 去乃로부터 발달된 형성자[24]로 파악하였다.

형성의 조자법이 적용된 일본 국자 働과 한국 고유한자 垈 사이에는 차이가 있다. 일본 국자 働은 漢字 또는 훈차 표기자 動에 意符 人을 첨가한 형성자이지만 한국 고유한자 垈는 '장소'를 뜻하는 한국어 'ᄃᆡ'를 음차 표기한 代에 意符 土를 첨가한 형성자라는 점이다. 이러한 차이 역시 일본 국자의 기반은 훈차 표기임을 말해 주는 것이며, 아울러 한국 고유한자의 기반은 音借 表記임을 말해 주는 것이다.

---

23) 鮎貝房之進(1931: 202)에서 이러한 견해를 먼저 제시했다.
24) 이때 첨가된 意符 辶는 '邊(가장자리)'의 뜻으로 迲의 조자 방식은 '회의 겸 형성'이라고 할 수 있다.

2.2.4. 漢語의 合字

(1다)의 畠과 畑에 적용된 조자법을 (2가)처럼 '白과 田', '火와 田' 등의 의미를 회의 방식으로 결합한 것으로 이해하기보다는 漢語 白田과 火田 등의 두 글자가 하나의 글자에 合字된 것으로 파악하는 것이 적절하다고 생각된다. 白田[25]과 火田[26]이 漢語이기 때문이다. 漢語 白田과 火田을 音讀하지 않고, 일본어 'はた/밭'로 訓讀하여 두 글자가 하나의 글자로 합해져 畠과 畑의 자형이 형성된 것으로 생각된다. 畠과 畑도 字義만 있고 字音은 없다.

한국 고유한자의 경우에도 漢語가 합자된 것이 있다. 즉 '畓/논, 太/콩' 등이 있다. '畓/논'의 合字法은 '水田으로 파악될 수 있는 것이지만 '太/콩'의 경우에는 그 합자법을 쉽게 파악하기가 어려웠다. '太/콩'가 한어 大斗에서 합자된 것임은 남풍현(1989, 2014: 577-580)에서 밝혀진 바 있다.

일본 국자 畠의 경우 한국에서 유입되었을 가능성을 배제할 수 없으나[27] 大原 望(2014: 畠)에 따르면 일본 국자 畠은 承平年間(931-938)에 편찬된 일본 古辭書인 『眞福寺本倭名類聚抄』에 출현한다고 한다. 한편 한국 고유한자 畓은 『大安寺寂忍禪師照輪清淨塔碑』(872년)에 '田畓柴, 田畓並四百九十結' 등으로 출현한다. 일본 국자 畠은 'はた/はたけ/밭'라는 字義는 가지고 있으나 字音은 없다. 이에 반해 한국 고유한자 畓은 字義로 '논', 字音으로 '답'을 가지고 있다.

---

25) 『漢語大詞典』, 白田, "1. 旱田., 2.種白谷的田, 3.荒田"

26) 『漢語大詞典』, 火田, "1.以火焚燒草木而田獵.《禮記·王制》: "昆蟲未蟄, 不以火田." 《爾雅·釋天》: "火田爲狩." 2.火耕之田.《晉書·食貨志》: "往者東南草創人稀, 故得火田之利." 唐白居易《東南行一百韻寄通州元九》: "吏徵魚戶稅, 人納火田租."

27) 이에 대해서는 이건식(2019: 112)을 참조할 수 있다.

(1라)의 일본 국자 杢는 한어 木工이 하나의 글자로 합자되어 형성된 것이다. 한어의 인접한 두 글자가 하나의 글자로 합자된 방식은 (1다)의 畠과 畑이 합자된 것과 동일하다. 다만, 杢는 합쳐진 두 글자를 음독하여 'もく/목공'로 읽는 점에서 차이가 있다. '[大/工](だいく, 목수)'도 杢과 동일한 방식으로 조자된 일본 국자이다. 한편 (1라)의 일본 국자 [善惡]도 杢와 동일한 조자 방식을 가졌다. (1라)에서는 '가부키' 外題의 문자 수를 짝수로 만들기 善과 惡을 하나의 글자로 합자한 것으로 설명하고 있다.

한국 고유한자의 경우 '⿱乙夫/⿱乙夫/⿱乙夫/⿱乙夫/일꾼'가 일본 국자 杢와 유사한 유형이라 할 수 있다.[28] 한국 고유한자 ⿱乙夫는『高麗史』권27, 元宗世家 조에 役⿱乙夫로 나타난다.

일본 국자 杢은 'もく/목공'로 漢字의 字義와 字音이 통합되어 있으나 한국 고유한자 ⿱乙夫의 경우에는 '일꾼 부'로 字義와 字音이 분리된 차이가 있다.

일본 國字 杢의 경우 'もく/목공'라는 字義만 가지고 있으나 한국 고유한자 ⿱乙夫의 경우 '일꾼 부'로 字義는 물론 子音까지 가지고 있다. 이러한 점에서도 일본 국자는 훈차 표기에 기반을 두고 있고, 한국 고유한자는 음차 표기에 기반을 두고 있음을 알 수 있다.

2.2.5. 音借 表記字의 合字

일본 국자의 경우 음차 표기의 合字로 麿와 粂을 들 수 있다. (2마)에 보이는 'まろ'는 고대 일본어로 이성규 역(2012)의『広辞苑日韓辞典』에서는 'まろ'의 의미를 '(1인칭. 平安 시대 이후 상하 남

28) 이에 대해서는 鮎貝房之進(1931: 108-109)에서 논의한 바 있다.

녀 모두에 사용됨) 나, 저'로 풀이하고 있다. 麻呂는 일본어 'まろ'를 음차 표기한 것이고, 麿는 麻와 呂를 합자한 것이 된다. 일본 국자 麿 역시 字音은 없다. (1마)의 粂도 久와 米의 合字로 일본의 성명과 지명을 음차 표기한 것이다.

일본 국자의 경우 음차 표기의 合字는 麿와 粂의 두 개만 있으나 한국 고유한자의 경우에는 일본 국자보다는 음차 표기의 合字를 상대적으로 많이 보여 주고 있다. 음차 표기자의 합자에 대해서는 남풍현(1989, 2014)에서 언급된 바 있다. 남풍현(1989, 2014: 580)에 따르면 「南山新城碑」(591)에 '[大/舍](大舍), [小/舍](小舍), [上/干](上干) [一/伐](一伐), [一/尺](一尺), [大/烏](大烏), [小/烏](小烏), [上/人](上人)' 등의 자형이 나타나고, 「新羅華嚴經寫經造成記」(755)에 '[大/舍](大舍)'의 자형이 나타나며, 「永川菁堤碑貞元銘」(798)에 '[乃/末](乃末), 巭(功夫)' 등의 자형이 나타나며 「興法寺眞空大師塔碑陰記」(940)에 '[大/等](大等), [大/末](大末)' 등의 자형이 나타나고, 「龍頭寺幢竿記」(962)에 '[大/等](大等), [大/末](大末)' 등이 나타난다.

일본 국자보다는 한국 고유한자가 음차 표기 합자를 다수 보여 주는 사실 역시, 한국 고유한자의 조자법이 음차 표기에 기반하고 있음을 말해 주는 것으로 생각된다.

2.2.6. 訓借 表記字와 音借 表記字의 合字

(1바)의 [日古]는 訓借 表記와 音借 表記가 合字된 것이다. 일본어에서 남자의 미칭은 'ひこ(彦)', 여자의 미칭은 'ひめ(姫·媛)'라고 한다고 한다. 일본 국자 [日古]는 'ひこ'의 'ひ'를 日로 훈차 표기하고 'こ'는 한자 古의 음을 빌어 [日古]의 자형을 구성한 것으로 생각된

다. 訓借 表記字와 音借 表記字가 合字된 일본 국자 [日古]와 유사한 유형으로 한국 고유한자 乭을 들 수 있다. 乭은 '돌/石'을 표기한 것인데 우리 말 '돌'을 '石'으로 훈차 표기하고 'ㄹ'을 乙로 음차 표기하여 결합한 것이다.

일본 국자 [日古]와 한국 고유한자 乭이 각각 自國語의 발음형을 표기한 점에서 동일한 것으로 생각된다. 그러나 [日古]와 같은 유형의 일본 국자는 다른 예를 찾기가 어렵다. 그러나 한국 고유한자 乭과 같은 유형으로 '乬/글 浮乙/뜰, 朴叱/밧' 등을 더 들 수 있다. 또한 한국 고유한자의 경우 '乺/솔, 乻/얼, 乯/올, 乤/올' 등과 같이 음차 표가와 음차 표기의 合字를 보여 주고 있다.29)

자국어의 발음형을 표기하기 위한 일본 국자의 경우는 드물다. 그러나 한국 고유한자의 경우에는 상대적으로 그 수가 많다. 이것은 한국 고유한자의 조자법이 音借 表記에 기반을 두고 있음을 말해 주는 것으로 생각된다. 나아가 일본 국자의 조자법이 훈차 표기에 기반을 두고 있음을 간접적으로 말해 주는 것으로 생각된다.

2.3. 漢字를 變形하거나 省劃한 유형

飛田良文(菅原義三, 1990: ii)은 한자를 변형하거나 省劃한 것으로 省劃字(略字)와 假名의 두 유형을 다음과 같이 제시하고 있다.

(2) 가. 省劃字(略字)

29) 이러한 유형의 한국 고유한자로 『한국한자어사전』에서는 모두 53자를 수록하고 있는데, 이 53자의 유형은 이건식(2015: 149-150)에서 정리한 바 있고, 이러한 유형의 한국 고유한자를 國音字라 하여 金鍾塤(1983)에서 상세하게 논의하였고, 그 목록은 金鍾塤(1983: 169-171)에 소개되었다.

·国 國(くに)과 같다.[30] 〈菅原義三(1990: 17)〉

나. 假名

·片假名

·平假名

(2가)의 国이 한자 國의 省劃字(略字)임은 주지의 사실이다. 그런데 省劃字(略字) 国은 중국에서도 쓰인다는 점에서 일본의 고유성은 없다고 생각된다.

한국 고유한자의 경우에도 省劃字(略字)가 다수 발견된다. 이에 대해서는 남풍현(1989, 2014: 583-585)에서 자세한 연구가 이루어졌다. 남풍현(1989, 2014: 583-585)은 생획에 의한 고유한자로 佛家에서 발생한 약체자들을 정리하여 제시하고 있다. 正字의 뒷부분을 생획한 것, 正字의 앞 부분을 생획한 것, 正字의 중간 부분을 생획한 것, 其他 유형을 제시하고 있다. 이를 간략히 소개하면 다음과 같다.

(3) 가. 俗字 : 建[결필자](建), 惕(怯), 佯(擊), 苦(桔), 坍(壇), 弥(旀), 旀(彌), 夛(夢), 於(彌), 皈(歸), 覀(覆), 旹(時), 伩(儒), 曺(曹), 柒(漆), 呑(吳), 湏(須), 匜(匜), 尓(稱), 喆(銜), 囙(因), 旀(彌), 毷(毹), 与(與), 牪(玳), 鵉(鵉), 跕(蹲), 軸(軸), 迠(風)

나. 略體字 : 帘(幕), 旮(暮)[31], 戔(錢), 吅(嚴)

(2나)의 片假名과 平假名의 경우 일본어를 차자 표기 하는 것이므로 일본 고유성은 의심의 여지가 없다. 일본 국자와 마찬가지로

30) 菅原義三, op.cit., p.17, "国 國(くに)と同じ"

31) 『韓國漢字語辭典』에서 帘를 '幕의 약자', 旮를 '暮의 속자'로 풀이하고 있다. 帘이 '幕의 약자'라면, 旮도 '暮의 약자'일 것이다.

한국 고유한자의 경우에도 한국어를 차자 표기하는 문자로 口訣字가 있다. 일본의 片假名과 平假名 자형 구성 원리와 한국의 구결자 자형 구성 원리가 유사한 성격을 가졌음은 주지의 사실이다.

2.4. 漢字를 省劃하거나 變形한 것을 합한 유형

한자를 생획하거나 변형한 것을 합하여 이루어진 일본 국자는 다음과 같다.

(4) 가. 省劃字의 合字

·佡(さいぶつ) [文教温故] 佛家에서 고래부터 사용해 온 省字라고 함. [解說] 西仏(さいぶつ). 西와 仏의 省劃合字.[32] 〈菅原義三(1990: 6)〉

나. 假名의 合字

·𪜈 : (とも:조사) ト와 モ의 合字[33] 〈菅原義三(1990: 3)〉

·𪜊 : (때/とき) ト와 キ의 合字[34] 〈菅原義三(1990: 3)〉

다. 假名과 漢字의 合字

·[｜云] 라고 한다(といぅ) (大辭典 國字) ト와 云의 兩字를 합친 國字라고 한다[35] 〈菅原義三(1990: 3)〉, [｜云] 假名과 漢字의 合字[읽기]라고 한다(といぅ의 뜻).[36] 〈大原 望(2014, [｜云])〉

(4가)의 佡은 西仏에서 온 것으로 人과 西가 합자된 것이다. 佡

---

32) 菅原義三, op.cit., p.6, "佡(さいぶつ) 佛家に古來より 用いるところの省字とある [文教温故] [解說] 西仏(さいぶつ) 西と仏の省画合字"

33) 菅原義三, op.cit., p.3, "(とも)トとモの合字"

34) 菅原義三, op.cit., p.3, "(とき)トとキの合字"

35) 菅原義三, op.cit., p.3, "[｜云] (といぅ) (大辭典 國字) トと云の兩字を合わせし國字とある"

36) 大原 望, op.cit., [｜云], "[｜云] 仮名と漢字の合字 [読み] といぅ"

는 西와 仏을 생획하여 합자한 것으로 일본의 불교계에서는 오래 전부터 사용하여 왔다고 하는데 이러한 유형으로 '𦬇[菩薩], 釗[金剛]' 등을 더 들 수 있다.

그런데 𦬇의 경우에는 한국 문헌인 『均如傳』(1075)에도 𦬇論以爲訂의 문맥에 나오는 것을 고려하면 이러한 유형의 일본 國字가 가지는 고유성을 검토할 필요가 있다. '𦬇論以爲訂'의 𦬇은 菩薩의 생획한 자형을 합한 자형이다.

(4나)의 ト モ와 ト キ는 각각 히라카나 'ト와 モ', 카타카나 'ト와 キ'의 合字이다. 이러한 방식의 한국 고유한자는 현재 알려진 바가 없다. 유니코드 516F로 등재된 兯는 '흔'을 표기한 것으로 ッ/爲'와 '阝/隱'으로 구성된 두 글자로 파악해야 한다. 일본 국자 トモ는 두 글자가 좌우로 결합된 점에서 상하로 결합된 兯와는 차이를 가진다.

(4다)의 [丨云]는 'ト'와 '云/いう'가 합자된 것이다. [丨云]에 대해 假名과 漢字의 合字라고 설명하고 있으나 일본의 차자 표기가 훈차 표기를 중시한다는 점에서 음차 표기와 훈차 표기의 혼합 형태라고도 할 수 있다. 음차 표기와 훈차 표기의 혼합 형태로 [力田/ナ]를 들 수 있다. [力田/ナ]는 'かたな'로 읽히고 [力田/ナ]는 '刀劍을 감정할 때 쓰는 글자'라고 한다.

일본 국자 [丨云]와 유사한 유형으로 한국 고유한자의 '㗇/각, 乶/산, 乶/밤' 등을 들 수 있다. '㗇/각, 乶/산, 乶/밤' 등은 음차 표기자와 한글 표기자가 합자된 것이다.

일본 국자 '[丨云], [力田/ナ]' 등의 경우에는 한자를 훈차 표기자로 사용하는데 반해서 한국 고유한자 '㗇/각, 乶/산, 乶/밤' 등의 경우에는 한자를 훈차 표기자로 사용하기도 하지만 한자를 음차 표

기자로도 사용한다는 점에서 일본 국자는 훈차 표기에 기반을 두고 있고, 한국 고유한자는 음차 표기에 기반을 두고 있음을 확인할 수 있다.

2.5. 篇旁을 부가하거나 치환한 유형

笹原宏之(2007: 229-231)에서 篇旁을 치환하여 일본 국자를 조자한 몇 가지 사례를 들고 있다. 그러한 사례의 하나로 '鋸(ほこ, 미늘창)'에서 篇旁 金을 木으로 치환하여 '梌(ゆのみ, 찻잔)'가 형성된 것으로 파악하고 있다. 그러나 鋸와 梌[37]는 모두 漢字라는 점에서 문제가 있다. 이러한 방식으로 일본 국자가 형성되었는지는 불투명하다.

한편 笹原宏之(2007: 231)은 [女感]이 感에다 篇傍 女를 부가한 일본 국자일 가능성을 제안하고 있다. 일본 국자 [女感]는 'おとめ/소녀'의 의미를 가지는데, 『萬葉集』第十九巻의 桃の花紅色 조에 '朝影見都追 [女感]嬬良我'로 나타나고 있다. 일본 국자 [女感]의 형성 과정에 대해 笹原宏之(2007: 231)은 木村正辞(1904)의 다음과 같은 견해를 소개하고 있다.

(5) 木村正辞(1904)는 感嬬의 連字에 篇旁을 더하는 습관에 따른 것, 다시 말하면 문자의 자체 상에서 일어난 것으로 일종의 역행동화에 따라 篇旁을 부가한 것으로 파악되는 것, 感은 感動의 뜻이므로 春心에 감동하는 여자라고 말하는 뜻이므로 ヲトメ(의 뜻)을

37)『漢語大詞典』, 梌, "① [yúㄩˊ] [《集韻》雲俱切, 平虞, 云.] 同"杅". 盛湯漿或食物的器皿.《儀禮·既夕禮》"兩敦兩杅" 漢鄭玄注 : "杅, 盛湯漿……今文'杅'作'梌'"

빌린 것이라고 말한다. 感嬬라 가정한 설정은 疑問이 있다. 〈山田孝雄(1928)〉

(5)에서 木村正辞(1904)의 주장은 感嬬(春心에 감동하는 여자)의 문맥 속에서 嬬의 영향으로 편방 女가 感에 부가되어 일본 국자 [女感]이 형성되었다는 것이다. 물론 山田孝雄(1928)의 견해에서 보는 것처럼 이러한 견해가 의심되고 있기는 하지만 '衣對/옷 한 벌'의 문맥 속에서 '임금의 옷'을 뜻하는 한국 고유한자 襨가 형성된 것[38]을 고려하면, 感嬬의 문맥 속에서 일본 국자 [女感]이 형성되었을 가능성이 있다.

한국 고유한자의 경우에도 '襨, 繝, 蜣, [金瓮]' 등은 한자 '對, 彌, 恙, 瓮' 등에 意符가 첨가된 것이다. 이건식(2013: 197)에서는 '衣對/임금의 옷'의 문맥에서 선행한 衣의 영향으로 衣襨가 형성되어 형성자 襨가 발생된 것으로 파악하였다. 한편 이건식(2015: 152)에서는 彌縫(분규를 중재함. 알선함)과 繝縫의 대응을 통해서 후행한 糸의 영향으로 彌에서 繝의 자형이 형성되었음을 밝혔으며, 또 이건식(2015: 152)에서는 無恙(몸에 병이나 탈이 없다)의 문맥에서 意符 虫이 첨가되어 형성자 蜣이 형성된 것으로 파악하였으며, 이건식(2015: 160)에서는 '鍮瓮/놋쇠로 만든 독'의 문맥에서 意符 金이 첨가되어 형성자 [金瓮]이 형성된 것으로 파악하였다.

篇旁을 부가하거나 치환한 일본 국자의 유형으로 파악될 수도 있는 繧이 漢字일 가능성을 언급하도록 한다. 일본 국자의 연구에서 繧에 대해 다음과 같이 설명하고 있다.

38) 이건식, 「한국 고유한자 자형 구성 방법 연구 二題-기존 연구의 비판적 검토와 形聲으로 만들어진 한국 고유한자의 몇 가지 사례」, 『東洋學』 52, 단국대 동양학연구원, 2012, pp.153-154.

(6) 가. 纐 國字 [읽기] コウ [解説] 『早川流石写伊呂波字類抄』에 「纐纈(カウケツ) 또는 交纈(下略)」라고 한다. 「纐纈(こうけつ)」이라는 것은 「홀치기 염색」·「묶음 염색」을 말함.39) 〈大原 望(2014, 纐)〉

나. 繧 國字〔읽기〕ウン [解説] 『永禄八年寫二卷本色葉字類抄』에 「繧栔 ウンケン」、『明応五年本節用集』에 「繧繝 ウンケン」、『惠空編節用集大全』에 「繧栔 うんげん」이라고 함. 「繧繝彩色(うんげんさいしき)」은 동일 계통의 색으로 엷은 색에서 짙은 색으로 断層的으로 濃淡을 달리한 일본의 전통적인 채색 방법40) 〈大原 望(2014, 繧)〉

(6가)의 纐와 (6나)의 繧은 중국 자서나 운서에 수록되어 있지 않은 것이다. 2000년에 간행된 『中華字海』에도 수록되어 있지 않다. (6가)의 纐는 纐纈의 문맥으로만 사용되는 것인데, 纈는 '무늬를 염색한 絲織品(染有彩文的絲織品)'을 말한다. 그리고 纐는 (6가)에서 설명한 것처럼 '실을 묶다'의 뜻이다. 따라서 纐纈은 '묶음 염색한 絲織品'의 뜻이다. 그런데 『漢語大詞典』에서는 용례의 제시없이 '묶음 염색한 絲織品'을 絞纈41)로 제시하고 있다.

일본의 纐纈와 중국의 絞纈를 대비해 보면 纐纈은 絞纈 또는 交纈의 문맥에서 意符 頁이나 [糸頁]이 첨가되어 纐이 형성되었을 것

---

39) 大原 望, op.cit., 纐, "纐 国字 [読み] コウ [解説] 『早川流石写伊呂波字類抄』に「纐纈 カウケツ 亦作交纈(下略)」とある 「纐纈(こうけつ)」とは、「絞り染め」·「くくり染め」のこと"

40) 大原 望, op.cit., 繧, "繧 国字 [読み]ウン [解説] 『永禄八年写二巻本色葉字類抄』に「繧栔 ウンケン」、『明応五年本節用集』に「繧繝 ウンケン」、『恵空編節用集大全』に「繧栔 うんげん」とある 「繧繝彩色(うんげんさいしき)」は、同系色で、淡から濃へ断層的に濃淡をつける日本の伝統的な彩色方法"

41) 『漢語大詞典』,【絞纈】, "稱染纈. 絲織品的一種染色方法. 先在織品上描成花紋, 然后用縫、紮等方法加以絞結, 保留其底色, 染后再解去縫線, 即可出現種種花紋. 我國東晉時已開始使用, 唐代最爲盛行."

으로 생각된다. 일본의 '묶음 염색법'이 일본 자체에서 발생한 것이 아니라 중국으로부터 전달받은 것이므로 형성에 의해 조자된 일본 국자 纐은 일본에서 발생하지 않았을 가능성도 내포하고 있다. 훈차 표기와 훈독의 전통을 유지하고 있는 일본에서 纐纈을 'カウケツ'으로 음독하는 것도 그러한 가능성을 뒷받침하고 있다.

이러한 가능성의 하나로 한국의 [糸夾頁]纈42)을 들 수 있다. [糸夾頁]纈은 '판을 짜서 활용하는 염색법'으로43) [糸夾頁]纈은 『三國史記』 33, 色服志에 金銀泥[糸夾頁]纈으로 나타난다. 한편, '판을 짜서 활용하는 염색법'은 『漢語大詞典』에서는 夾纈44)으로 제시되어 있다. 한국의 [糸夾頁]纈과 중국의 夾纈을 대비해 보면 夾纈의 문맥에서 [糸頁]이 첨가되어 [糸夾頁]의 자형이 형성되었을 것으로 생각된다.

일본의 纐와 마찬가지로 한국의 [糸夾頁] 역시 중국 자서나 운서에 수록되어 있지 않으며 2000년에 간행된 『中華字海』에도 수록되어 있지 않다. 한국의 경우 형성에 의한 조자 방법은 고려 시대 이후에 발생했다는 사실을 고려하면 한국의 [糸夾頁] 역시 중국에서 발생했을 가능성이 높다. 이와 마찬가지로 일본의 纐도 중국에서 발생했을 가능성이 높다.

(6나)의 繧은 (6나)의 설명에 있듯이 '동일 계통의 색으로 엷은 색에서 짙은 색으로 断層的인 濃淡을 붙이는' 채색법인데, 繧繝이

42) 이건식, 「통합 漢韓大辭典』의 國字 처리에 대하여」, 『東洋學』 59, 단국대학교 동양학연구원, pp.143-167.

43) 정구복 외, 『개정증보 역주삼국사기 주석편 4』, 한국학중앙연구원 출판부, 2012, pp.120-121.

44) 『漢語大詞典』, 【夾纈】 "我國古代印花染色的方法, 唐以后更爲普遍. 用兩塊木板雕刻同樣花紋, 將絹布對折夾入二板中, 然后在雕空處染色, 成爲對稱的染色花紋. 后來發展爲用鏤花油紙版塗色刷印. 其染成的織物叫夾纈. 唐白居易《玩半開花贈皇甫郎中》詩 : "成都新夾纈, 梁漢碎燕脂.""

'ウンケン'으로 음독된다는 점에서 일본에서 발생한 것이 아니라 중국에서 발생했을 가능성이 높다.

3. 훈차 표기 기반 일본 국자의 부가적 특성

3.1. 훈차 표기의 부가적 특성 분석 방법

笹原宏之(2017)는 일본 國字가 세 가지 특성을 가지고 있음을 보여 주었다. 즉 '語彙場 표기, 多重的 조자법, 현재성' 등이다. '語彙場 표기, 多重的 조자법, 현재성' 등의 용어를 笹原宏之(2017)가 사용하지 않았지만 이러한 특성을 명시적으로 언급한 것으로 생각된다. 이 글에서는 笹原宏之(2017)의 연구에 힘입어 일본 국자가 가지는 '語彙場 표기, 多重的 조자법, 현재성' 등의 특성을 유발시킨 요인을 분석하고자 한다.

3.2. 自國語 表記 기반과 語彙場 표기 지향

일본 국자가 어휘장 표기를 지향하여 생성되고 있음은 笹原宏之(2017)에서 명시적으로 논의되었다. 어휘장이란 어떤 개념 범주에 대한 유관한 단어들의 집합을 말하는데, 笹原宏之(2017)은 일본 국자에 보이는 어휘장의 종류를 다음과 같이 나누어 제시하였다.

〈표 2〉 일본 국자에 의한 일본어의 어휘장 표기

대분류	중분류	용례	수량[45]
육상의 풍경	사계절의 기상	凪(なぎ, 바람이 멎고 물결이 잔잔해짐)	20
	대지를 빛내는 식물	杣(そま, 재목을 쓰기 위해 나무를 심은 산)	139
	국자가 전하는 나무의 모습	[木集](あいおい, 같은 뿌리에서 돋아 나옴)	9
동물의 표정	바다에 서식하는 어류	鰯(いわし, 정어리)	127
	강에 서식하는 어류	[魚氷](ひお, 은어의 치어)	57
	땅 위의 동물	鵤(いかる, 斑鳩)	101
	벌레의 종류	蚸(はたおりむし, 여치 벌레)	22
인간의 심신	사람과의 교류	婄(むかいめ, 본처)	57
	사람에게 갖추어진 기능	[口閉](おし, 벙어리)	40
	몸짓에 표현된 마음	[吉/共](うつむく, 고개를 숙이다)	176
	상용한자에 없는 국자	峠(とうげ, 고개)	10
일상생활의 原点	휴식과 사색	柾(まさめ, 곧은 결의 나무)	42
	직업에서 보이는 정경	[金西](いもの, 주물)	68
	몸을 치장하는 기구	裃(かみしも, 江戸 시대의 무사의 예복 차림. 풀이 센 肩衣와 袴가 한 빛깔로 염색되어 있음)	39
	전승된 무사의 정신	鑓(やり, 창)	56
	획수가 많은 국자	[[興興]/[興興]](せい, 의미 불명)	7
실리가 풍부한 생활	맛집	[魚司](すし, 초밥)	66
	일상생활의 윤택	[木開](たらい, 대야)	79
	신을 경배하는 마음	[ネ而](たたり, 신의 재앙)	32
명칭을 붙여 측량하는 대지	지형	[土共](ぬかり, 땅이 질퍽거림)	32
	지명	椥田(はばた, 지명 이름)	146
	이름	[海/土]泊(あまどまり, 성씨)	364
	도량형의 단위	[竍](1리터의 10배)	41
歌舞伎와 淨瑠璃	外題	[色景](けしき, 경치)	32

45) 여기에 제시된 수량은 笹原宏之(2017)의 본문에서 제시된 것을 파악한 것이다. 지명과 인명의 경우 중복하여 제시한 것도 별 건으로 파악한 것이다. 따라서 笹原宏之(2017)이 본문에서 밝힌 일본 국자의 전체 글자 수를 제시하는 것은 어렵다. 다만 앞에서 말한 바 있듯이 笹原宏之(2017)의 부록에서 제시한 일본 국자는 1,502자이다.

〈표 2〉는 일본 국자가 7개의 대분류 범주와 24개의 중분류 범주의 어휘장을 표현하고 있음을 보여 주고 있다. 24개의 중분류 범주도 보다 더 세분시켜 어휘장을 생각해 볼 수 있다. 여기에서는 '여성 명칭'과 '바람 명칭'의 어휘장에 대해 소개하도록 한다.

'여성 명칭'과 '바람 명칭' 어휘장 내에 속한 일본 국자의 일부 사례는 다음과 같다.

(7) 가. 娝[むかいめ] [新撰字鏡, 和字] むかいめ는 嫡妻, 正妻, 本妻이다.46) 〈菅原義三(1990: 25)〉

나. [女君][こなみ] [新撰字鏡, 和字] 一夫多妻 時代에 먼저 아내로 맞이한 妻이다. 前妻.47) 〈菅原義三(1990: 24)〉

다. [女長][おみな] [新撰字鏡, 和字] [解說] 嫗(おみな)와 동일하다. 老女 婆.48) 〈菅原義三(1990: 25)〉

라. [女蜀][やもめ] [新撰字鏡][解說] 寡婦(やもめ)와 동일하다. 남편이 없는 여자.49) 〈菅原義三(1990: 26)〉

(8) 가. 凩[こがらし, 초겨울이나 늦가을의 찬바람] [解說] 廣辭苑에 木枯, 凩(바람으로 나무를 말리다의 의미), 가을부터 초겨울에 부는 바람이라고 함. 바람이 나무를 말리는 의미로 風과 木을 合字시킨 것인가.50) 〈菅原義三(1990: 9)〉

나. 凪[なぎ, 바람이 없어 바닷물의 풍랑이 없음] [解說] 바람이 멎

---

46) 菅原義三, op.cit., p.25, "娝[むかいめ] [新撰字鏡, 和字] むかいめは嫡妻正妻本妻"

47) 菅原義三, op.cit., p.24, "[女君][こなみ] [新撰字鏡, 和字] 一夫多妻の時代に先に娶った妻 前妻のこと"

48) 菅原義三, op.cit., p.25, "[女長][おみな] [新撰字鏡, 和字] [解說] 嫗(おみな)と同じ 老女 婆"

49) 菅原義三, op.cit., p.26, "[女蜀][やもめ] [新撰字鏡] [解說]寡婦(やもめ)と同じ 夫のいないの女"

50) 菅原義三, op.cit., p.9, "凩[こがらし] [解說] 廣辭苑に木枯 凩(木を吹き枯らす意) 秋から初冬に吹く風とある 風が木を吹き枯らす意味で風と木を合字したものか"

은 것으로부터 風과 止를 合字시킨 것[51] 〈菅原義三(1990: 9)〉

다. [几雪] [ふぶき, 눈보라] [解說] 吹雪과 동일하다. 바람이 눈을 휘날리는 것으로 風과 눈을 合字시킨 것인가.[52] 〈菅原義三(1990: 9)〉

라. 颪[おろし, 산에서 내려 부는 바람] [解說] 大字典에도 國字라 하여 山 위로부터 아래로 부는 바람의 뜻으로 下와 風을 合한 것이라고 함.[53] 〈菅原義三(1990: 138)〉

(7)에 제시된 일본 국자 '婄, [女/君], [女背]' 등에 대해서는 일본 국자 연구에서 그 조자법을 명확히 설명하지 않고 있다. 그러나 [女長]와 [女蜀]에 대해서는 笹原宏之(2017: 114)에서 그 조자법을 설명하고 있다. 즉 笹原宏之(2017: 114)에서 [女長]은 長과 女가, [女蜀]은 蜀(〈獨)과 女가 합쳐진 글자로 설명하고 있다. (7가)의 'むかいめ'는 '본처', (7나)의 'こなみ'는 前妻, (7다)의 'おみな'는 老女, (7라)의 'やもめ'는 '과부'의 의미이다. 결국 'むかいめ, こなみ, おみな, やもめ' 등은 일본어의 여성을 구분하는 명칭 어휘장을 구성하는 어휘들이다.

(8가)의 凩은 風과 木으로 구성한 회의자이고, (8나)의 凪은 風과 止로 구성한 회의자이며, [几雪]은 風과 雪로 구성한 회의자이며, 颪은 下와 風이 合한 것이다.[54] (8가)의 'こがらし'는 '초겨울이나

51) 菅原義三, op.cit., p.9, "凪[なぎ] [解說] 風が止んでなぐことから風と止を合字したものか"

52) 菅原義三, op.cit., p9, "[几雪][ふぶき] [解說] 吹雪と同じ 風が雪を吹きつけるということで風と雪を合字したものか"

53) 菅原義三, op.cit., p.138, "颪[おろし] [解說]大字典にも國字とあり山上より吹き下ろす風の義にて下と風を合すとある"

54) 여기에서 제시한 일본 국자의 설명에 대해서는 앞에서 이미 제시한 바 있다.

늦가을의 찬바람', (8나)의 'なぎ'는 '바람이 없어 바닷물의 풍랑이 없음', (8다)의 'ふぶき'는 '눈보라', (8라)의 'おろし'는 '산에서 내려 부는 바람'의 의미이다.

(7)과 (8)에 제시한 바와 같이 일본 국자가 일본어의 어휘장을 표기하고 있다는 것은 일본 국자가 일본어를 표기하기 위한 수단으로 활용되었음을 말해 주는 것으로 생각된다. 그리고 (7)은 『新撰字鏡』의 사례들이다. 『新撰字鏡』은 昌泰年間(898-900)에 성립된 것이므로 일본 국자는 적어도 일본의 10세기 초에는 일본어를 표기하기 위한 수단으로 활용된 것으로 파악할 수 있다.

3.3. 作成 主體의 多樣性 기반과 多重的 造字法

菅原義三(1990)은 부록으로 일본 국자의 훈을 정렬하여 제시하고 있다. 이 부록을 살펴보면 일본 국자가 가지는 多重的 造字法 특성을 쉽게 파악할 수 있다. 일본 국자가 가지는 多重的 造字法은 동일한 일본어가 여러 개의 일본 국자로 표현되는 것을 말한다. 즉 일본어 'あらし'는 '폭풍'을 의미하는데, 이 'あらし'를 일본 국자로는 '[山/下], [阿/下]' 등으로 표현한다.

笹原宏之(2017)은 일본 국자가 가지는 多重的 造字法에 본격적으로 주목하여 동일한 訓을 가지는 일본 국자를 묶어서 설명하고 있다. 다음은 笹原宏之(2017)에서 논의된 것 중에서 유형별로 하나의 사례만 제시한 것이다.

〈표 3〉 일본 國字에 의한 일본어의 多重的 造字法

대분류	중분류	일본어	일본 국자
육상의 풍경	사계절의 기상	あられ(싸라기눈)	[雨/丸], [丸雪]
	대지를 빛내는 식물	もみじ(단풍)	[木/赤], [木/丹], [木/色], 椛
	국자가 전하는 나무의 모습	あいおい(같은 뿌리에서 돋아 나옴)	[木集], [生合]
동물의 표정	바다에 서식하는 어류	いしもち(석수어)	[魚[又/友]], [魚夢]
	강에 서식하는 어류	まごい(몸 빛깔이 검은 보통 잉어)	[魚度] [魚[竹/开]]
	땅 위의 동물	なまず(메기)	鯰, [魚片], [魚行], [魚佗], [魚車], [魚都], [魚符]
	벌레의 종류	없음	없음
인간의 심신	사람과의 교류	こころ(느낌)	[心/心], [忄盡]
	사람에게 갖추어진 기능	もも(넓적다리)	[䑚], [䑛]
	몸짓에 표현된 마음	ねらう(겨누다)	[穴/鬼], [身忍]
	상용 한자에 없는 국자	없음	없음
일상생활의 原点	휴식과 사색	まき(훌륭한 나무)	槙, [木信]
	직업에서 보이는 정경	さび(녹)	[金莊], [金腐], [金宿]
	몸을 치장하는 기구	かずら(담쟁이 덩굴을 머리 장식으로 한 것)	[髟/[元寸]], [髟/環[55]], [糸稟]
	전승된 무사의 정신	はばき[鎺] (칼이나 창의 마구리)	鎺, [金元]
	획수가 많은 국자	불명	불명
실리가 풍부한 생활	맛집	からし(가라시)	荅[56], [酉辛]
	일상생활의 윤택	すだれ(발)	[竹/[氵句]], [竹/珠]
	신을 경배하는 마음	くぼて(求菩提)	[++/[石衣]], [++/依], [++/[衤衣]], [++/[氵[卌/卌]]]
명칭을 붙여 측량하는 대지	지형	めた(습지)	垈, [氵土]
	지명[57]		
	이름		
	도량형의 단위	トン(ton)	瓲, [瓦頓]
歌舞伎와 淨瑠璃	外題	없음	없음

55) 玉이 없는 자형이다.
56) 合의 아래 부분은 日의 글자이다.

〈표 3〉은 일본어가 2개 이상의 일본 국자로 표기되고 있음을 보여 주고 있다. 또한 (11)은 어느 한 종류의 어휘장에 국한되지 않고, 일본어 어휘장 전체에 균등하게 일본 국자의 다중적 조자법이 적용된 사실을 말해 주고 있다.

일본어 'もみじ'는 '단풍'을 뜻하는데, 일본 국자 '[木/赤], [木/丹], [木/色], 椛' 등으로 다양하게 표기되었다. [木/赤]은 '붉다', [木/丹] 역시 '붉다', [木/色]은 '색깔의 노화58)', 椛는 '꽃'의 관점에서 '단풍'을 형용한 것으로 생각된다.

'단풍'이라는 한 개념을 여러 개의 일본 국자로 표현한다는 것은 일본 국자의 작성 주체가 각기 다르다는 사실을 말해 준다. 城을 뜻하는 'しろ' 이외에 신라에서 유입된 sasi와 백제에서 유입된 ki가 동시에 일본어 어휘 체계에 존재하는 것은 주지의 사실인데, 이와 동일한 현상으로 파악된다.

다음은 일본 국자가 가지는 다중적 조자법이 매우 이른 시기부터 존재한 것임을 알려 준다.

(9) 가. [金水]/みずかね(水銀)
나. 鐥/みずかね(水銀)

(9)에 제시된 일본 국자 [金水]와 鐥은 'みずかね(水銀)'의 의미를 나타낸다. 앞에서 설명한 바 있듯이 [金水]는 '수은'이 '액체 상태의 금속'임을 표현한 것이고, 鐥은 '수은'이 가지는 다용도 특성을 표현한 것이다.

57) 지명과 인명의 경우 다중적 조자법으로 일본 국자가 형성되지 않았을 것으로 생각된다. 지명과 인명의 의미는 유일성을 전제하기 때문이다.

58) 笹原宏之, 『ビジュアル国字字典』, 株式會社世界文化社, 2017, p.36.

[金水]와 鐥이 모두 901년에 성립된 『天治本新撰字鏡』 金部第六十八 「小學篇」에 나오는 일본 국자라는 점이 주목된다. 이것은 하나의 일본어 어휘를 다른 방식의 조자 방식을 적용하여 표현하는 전통은 매우 오래된 것임을 말하여 주는 것이다.

한편 笹原宏之(2017: 140)에 따르면 일본어의 多義가 여러 개의 일본 국자로 표현되어 주목된다.

(10) 가. 躾/しつけ
　　나. [身花]/しつけ
　　다. [身益]/しつけ

(10가)의 '躾/しつけ'는 '예의 범절을 가르침'의 의미임은 주지의 사실이다. 笹原宏之(2017: 140)는 일본 국자 躾가 身과 美의 뜻이 합쳐져 '예의 범절을 가르침'의 뜻을 가지게 된 것으로 설명하고 있으며, 또한 일본 국자인 [身花]을 身과 花, [身益]을 身과 益이 합쳐져 구성된 것으로 파악한 바 있다. 그런데 笹原宏之(2017: 140)의 이러한 분석은 일본어 'しつけ'가 가지는 多義와 일치하고 있어 주목된다. 이성규 역(2012)의 『広辞苑日韓辞典』에 제시된 'しつけ'의 다의를 제시하면 다음과 같다.

(11) しつけ/仕付け
　　가. 만들어 붙이는 것
　　나. (躾라고도 씀) 예의 범절을 가르치는 것.
　　다. 시집가는 것. 고용살이
　　라. (躾라고도 씀) 재봉에서의 시침질
　　마. (벼의 묘를 가로세로에 맞게 구부러지지 않도록 심는 것에

서) 모내기

일본 국자 '躾/しつけ'는 (11나)의 의미이고, '[身花]/しつけ'는 (11라)의 의미이며, '[身益]/しつけ'는 (11마)의 의미를 표현한 것이 아닌가 한다. '사람의 몸을 아름답게 하는 것'은 '예절'과 관련되며, '몸을 꽃처럼 단장하는 것'은 '옷'과 관계된 '시침질'과 관련되며, '몸을 이익되게 하는 것'은 '벼를 이익되게 모내기 하는 것'과 관계될 것으로 생각된다.

이상으로 논의한 바와 같이 일본 국자가 가지는 다중적 조자법은 일본 국자를 작성하는 주체가 다양한 것에서 비롯된 것으로 생각된다.

3.4. 의미의 인코딩 기반과 현재성 지향

한 사람 또는 두 사람을 태우고 사람이 끌던 수레인 人力車는 19세기 중반에 서양인에 의해 발명되어 한국, 중국, 일본 등지에 보급되었다고 한다. 이 人力車에 대해 한국과 중국은 人力車라는 어휘를 사용하였지만 일본의 경우 人力車를 의미하는 일본 국자 俥를 만들어서 사용하여 왔다. 이것은 일본 국자의 조자 방법이 현재성을 가지고 있음을 말하는 것으로 일본 고대로부터 현재에 이르기까지 일본 국자의 조자법이 지속되고 있음을 말하는 것이다.

일본 국자의 조자법이 가지는 현재성은 서구의 도량형 단위를 일본 국자로 표현한 것에서 두드러지게 나타난다.

〈표 4〉 도량형 일본 國字와 漢字

일본						중국	
거리		부피		무게		무게	
일본 국자	의미	일본 국자	의미	일본 국자	의미	일본 국자	의미
粁	킬로 미터	竏	1000 리터	瓩	1000 그램	兛	1000 그램
粨	헥토 미터	竡	100 리터	瓸	100 그램	兡	100 그램
籵	데카 미터	竍	10 리터	瓧	10 그램	兙	10 그램
(米)	1 미터	竔	1 리터	(瓦)	1 그램	(克)	1 그램
粉	데시 미터	竕	1/10 리터	瓰	1/10 그램	兝	1/10 그램
糎	센티 미터	竰	1/100 리터	甅	1/100 그램	兣	1/100 그램
粍	밀리 미터	竓	1/1000 리터	瓱	1/1000 그램	兞	1/1000 그램

〈표 4〉에서 '길이'의 단위 관련 일본 국자는 'meter'를 米로 음차 표기하고 이 米를 기준으로 '1000배, 100배, 10배, 1/10배, 1/100배, 1/1000배' 등의 길이를 각각 '千, 百, 十, 分, 厘, 毛' 등으로 그 의미를 표현한 것이다. '粁, 粨, 籵, 粉, 糎, 粍' 등은 合字이며 형성자가 된다.

또 〈표 4〉에서 일본 국자 竔은 서구 도량형의 '부피' 단위인 'liter'를 나타낸 것이다. '되'를 나타내는 升를 훈차하고 '立方'의 立을 '부피'를 표시하는 것으로 하여 '부피'의 단위인 '리터'를 竔으로 표현한 것이다. '1000배, 100배, 10배, 1/10배, 1/100배, 1/1000배' 등의 부피는 각각 '千, 百, 十, 分, 厘, 毛' 등으로 그 의미를 표현한 것이다. '竏, 竡, 竍, 竔, 竕, 竰, 竓' 등 역시 合字이며 형성자가 된다.

한편 〈표 4〉에서 '무게'의 단위인 'gram'을 瓦로 표기하고[59] 이

59) 『新字典』 新字新語部의 瓦 조에 '瓦[그람] 祥見克'의 설명이 있다. 克 조에는 '克

瓦를 기준으로 '1000배, 100배, 10배, 1/10배, 1/100배, 1/1000배' 등의 무게를 각각 '千, 百, 十, 分, 厘, 毛' 등으로 그 의미를 표현한 것이다. '瓩, 瓸, 瓧, 瓰, 瓼, 瓱' 등 역시 合字이며 형성자가 된다. 중국에서는 무게의 단위를 克(gram)을 사용하여 그램의 '1000배, 100배, 10배, 1/10배, 1/100배, 1/1000배' 등의 무게를 '兛, 兡, 兙, 兝, 兣, 兞' 등으로 그 의미를 표현한다.

일본 국자가 가지는 현재성은 일본 국자에 적용된 조자법이 의미의 인코딩 수단의 특성을 가진 것임을 말하는 것으로 생각된다. 이러한 특성에 말미암아 '육체 노동'을 뜻하는 '働(はたらく, 일하다)'의 존재에 근거하여 '정신 노동'을 뜻하는 '⿰亻考(はたらく, 고민해서 일하다)'가 생성된 것으로 이해된다. 또한 '怺(こらえる, 견디다)'와 같이 자음은 없고 자의만 가진 일본 국자를 다량으로 생성한 기반으로 생각된다.

4. 결언

이 연구는 일본 국자와 한국 고유한자의 유형을 비교하여 일본 국자는 자국어의 훈차 표기에 기반을 두고 있고, 한국 고유한자는 자국어의 음차 표기에 기반을 두고 있음을 밝혔다.

일본 國字와 한국 固有漢字의 유형을 대조한 내용을 요약하여 제

[그람] 法國衡制以此爲單位 ○ 日本用瓦字代之'의 설명이 있다.

시하면 다음과 같다. 편의 상 세부 유형의 명칭은 일본 국자 연구에서 제시된 것을 사용하도록 한다. 새로운 용어를 사용하면 혼동의 우려가 있기 때문이다.

〈표 5〉 일본 國字와 한국 固有漢字의 유형 대조

유형	세부 유형	일본 國字	한국 固有漢字
漢字를 合字한 것	① 의미를 조합하여 합친 것(會意字)	颪(おろし, 山 위로부터 아래로 부는 바람)	迲(가장자리 울타리)
	② 形聲字	働(はたらく, 일하다)	⿰衤飛(누비다)
	③ 한어 단어의 합자(訓讀)	畠(はた, 밭)	畓(논)
	④ 한어 단어의 합자(音讀)	杢(もく, 목공)	太(콩)
	⑤ 음을 조합하여 합친 것	麿(まろ, 나/저)	⿱乃末(나마, 신라 관직명)
	⑥ 훈차 표기와 음차 표기의 혼합 형태	[日古](男子의 美稱)	乭(돌)
한자를 省劃하거나 변형한 것	⑦ 省劃字(略字)	国(國)	敀(歸)
	⑧ 片假名, 平假名	片假名, 平假名	口訣字
한자를 省劃하거나 변형한 것을 합한 것	⑨ 省劃字의 合字	𦬇[菩薩]	𦬇[菩薩]
	⑩ 假名의 合字	⿰トキ(トキ, 때)	없음
	⑪ 假名과 漢字의 合字	[力田/ナ](かたな, 刀劍을 감정할 때 쓰는 글자	巪(걱)
篇傍을 부가하거나 추가한 것	⑫ 意符를 부가하거나 추가한 것	[女感](おとめ/소녀)	襨(임금의 옷)

일본 국자의 경우에는 상대적으로 한국 고유한자보다는 '① 의미를 조합하여 합친 것(會意字)'의 조자법을 적용한 경우가 많다. 이것은 일본 국자의 조자법이 훈차 표기에 기반하고 있음을 말해 주는 것으로 생각된다.

한국 고유한자의 경우에는 상대적으로 일본 국자보다는 '② 形聲

字'의 조자법을 적용한 경우가 많다. 이것은 일본 국자의 조자법은 훈차 표기에 기반을 둔 것이고, 한국 고유한자의 조자법은 음차 표기에 기반을 둔 것에서 비롯된 것으로 생각된다.

'③ 한어 단어의 합자(訓讀)'과 '④ 한어 단어의 합자(音讀)'의 경우에 있어서 한국 고유한자의 경우에는 字義와 字音을 가지고 있으나 일본 국자의 경우, '③ 한어 단어의 합자(訓讀)'의 유형에 있어서 字音은 없고 字義만 가지는 특성이 일본 국자의 조자법이 훈차 표기에 기반을 둔 것에서 비롯된 것으로 파악하였다.

'⑤ 음을 조합하여 합친 것'과 '⑥ 훈차 표기와 음차 표기의 혼합 형태'의 측면에서 한국 고유한자의 경우 상대적으로 일본 국자보다는 더 많은 글자를 가지고 있다. 이것은 한국 고유한자의 조자법이 음차 표기에 기반을 둔 것에서 비롯된 것으로 파악하였다.

'⑦ 省劃字(略字), ⑧ 片假名, 平假名, ⑨ 省劃字의 合字' 등의 측면에서는 일본 국자와 한국 고유한자가 유사한 양상을 보여 주고 있는 것으로 파악하였다.

한국 고유한자의 경우 일본 국자에 보이는 '⑩ 假名의 合字'의 유형은 없음을 언급하였다.

'⑪ 假名과 漢字의 合字'의 측면에서 일본 국자의 조자법은 훈차 표기에 기반한 특성을 보이나 한국 고유한자의 경우 음차 표기에 기반한 특성을 보이고 있음을 말하였다.

'⑫ 意符를 부가하거나 추가한 것'의 측면에서 한국 고유한자는 상대적으로 일본 국자보다는 다수의 글자를 보여 준다는 점에서 한국 고유한자의 조자법은 음차 표기에 기반을 두고 있는 것으로 파악하였다.

이 연구에서는 笹原宏之(2017)의 연구 결과로 제안된 '語彙場 표기, 多重的 조자법, 현재성' 등의 일본 국자가 가지는 특성을 바탕으로 이 연구에서는 훈차 표기법에 기반한 일본 국자의 경우에는 '自國語 表記, 作成 主體의 다양성, 의미의 인코딩 수단' 등의 특성을 부가적으로 가지나 음차 표기법에 기반한 한국 고유한자의 경우에는 이러한 특성을 가질 수 없음을 주장하였다.

일본 국자 '凩(こがらし, 초겨울이나 늦가을의 찬바람), 凪(なぎ, 바람이 없어 바닷물의 풍랑이 없음), [几雪](ふぶき, 눈보라), 颪(おろし, 산에서 내려 부는 바람)' 등은 '바람' 관련 語彙場의 어휘를 일본 국자로 표현한 것인데, 이 연구에서는 일본 국자가 가지는 이러한 특성이 자국어 표기를 위한 노력에서 유발된 것으로 파악하였으며, 이러한 자국어 표기 특성을 일본 국자가 가지는 훈차 표기법의 부가적인 특성으로 파악하였다.

이 연구에서는 일본어를 多重的으로 造字하는 일본 국자의 특성이 일본 국자의 작성 주체가 다양한 것에서 비롯된 것으로 파악하였다. 즉 '단풍'을 뜻하는 일본 국자에는 '[木/赤], [木/丹], [木/色], 椛' 등이 있는데, 이것은 일본 국자의 다중적 조자법 특성을 말하는 것이며, 이 특성은 작성 주체의 다양성에서 비롯된 것으로 파악하였다. 또한 일본 국자가 가지는 작성 주체의 다양성은 일본 국자가 가지는 자국어 표기의 부가적 특성으로 파악하였다. 그리고 일본 국자의 다중적 조자법이 『新撰字鏡』에 나타나는 것을 근거로 일본 국자 작성 주체의 다양성이 오래 전부터 유지되어 온 것임을 주장하였다.

이 연구에서는 일본 국자의 조자법이 오늘날까지도 現在性을 유지하고 있는 것은 일본 국자가 의미를 인코딩(encoding)하는 수단인 것에서 비롯된 것으로 파악하였다. 19세기 발명품인 人力車가 일본 국자 俥로 표현된 것은 일본 국자가 현재성의 특성을 가지며 이로 인하여 일본 국자가 의미의 인코딩 수단임을 말해 주는 것으로 주장하였다.

〈참고 문헌〉

菅原義三(1990), 『國字の字典』, 東京堂出版.

金鍾塤(1983), 『韓國固有漢字硏究』, 集文堂.

남풍현(1989, 2014), 「한국의 고유한자」, 『韓國語와 漢字·漢文의 만남』, 도서출판 월인, 575-592.

檀國大東洋學硏究所 編(1999-2008), 『漢韓大辭典』, 단국대학교 동양학연구소.

檀國大東洋學硏究所 編(1992-1996), 『韓國漢字語辭典』, 단국대학교 동양학연구소.

大原 望(2014), 『和製漢字の辞典2014』, http://ksbookshelf.com/nozomu-oohara /WaseikanjiJiten/

笹原宏之(2007), 『国字の位相と展開』, 三省堂.

笹原宏之(2011), 第2章7節 国字と国訓, 『图解日本の文字』, 株式會社三省堂.

笹原宏之(2012), 「漢字の現在 第218回 お化けの字？エイ·フン」, https://dictionary.sanseido-publ.co.jp/column/kanji_genzai218.

笹原宏之(2017), 『ビジュアル国字字典』, 株式會社世界文化社.

新潮社(2007), 『新潮日本語漢字辞典』, 株式会社新潮社.

이건식(2009ㄱ), 「한국 고유한자의 발달-지명의 후부 요소 표기를 중심으로-」, 『구결연구』 22, 구결학회, 219-259.

이건식(2009ㄴ), 「朝鮮 前期 文獻 資料에 나타난 魚類名 表記에 대한 硏究

」, 『국어학』, 55, 국어학회, 125-172.
이건식(2012), 「한국 고유한자 자형 구성 방법 연구 二題-기존 연구의 비판적 검토와 形聲으로 만들어진 한국 고유한자의 몇 가지 사례」, 『東洋學』 52, 단국대 동양학연구원, 187-211.
이건식(2013), 「한국 고유한자 구성 요소 辶의 의미와 특수성 형성 배경」, 『한민족문화연구』 42, 한민족문화학회, 101-139.
이건식(2015), 「통합 漢韓大辭典』의 國字 처리에 대하여」, 『東洋學』 59, 단국대학교 동양학연구원, 143-167.
이건식(2019), 「日本 國字와 韓國 固有漢字의 고유성 판단 기준 설정의 필요성」, 『東洋學』 75, 단국대학교 동양학연구원, 97-127.
이기문(2008), 「신라의 어원」, 『새국어생활』 18권 2호, 국립국어원, 141-149.
이성규 역(2012), 『広辞苑日韓辞典』, 도서출판 어문학사.
日本大辞典刊行委員會(昭和 47年), 『日本國語大辞典[縮刷版]』, 小學館.
鮎貝房之進(1931), 『俗字攷』, 雜攷, 東京: 圖書刊行會(『原本 향약채취월경·俗字攷·俗文攷·借字攷』, 대제각, 1987).
정구복 외(2012), 『개정증보 譯註三國史記 주석편 4』, 한국학중앙연구원 출판부.
中國友誼出版公司(2000), 『中華字海』, 北京.
漢語大詞典編輯委員會 編(1991-1993), 『漢語大詞典』, 漢語大詞典出版社.
橫山七郎(1965) 「和製漢字新考」, 『帯広畜産大学学術研究報告』 第II部 3(1), 50-82.

〈부록 1〉 연구 대상 한국 고유한자와 차자 색인

- 연구 대상 한국 고유한자와 차자만 수록한 것이고, 38쪽에 제시한 구결 이두 합자는 여기에 제시하지 않았다.
- 이 책에서 한국 고유한자가 아니라 한자로 판정한 것도 수록하였다.
- '( )' 속에 약자의 정자를 제시하였고, '[ ]'로 좌우 결합 구성소를 표기하였으며, '/'로 상하 결합 구성소를 표기하였다.
- 한자의 한글 음순에 따라 배열하였다.

〈부록 2〉 연구 대상 이체자, 생획자, 약자 색인

- 이 책에서 논의한 이체자, 생획자, 약자 등만 수록하였다.
- '( )' 속에 이체자, 생획자, 약자 등의 정자를 제시하였다.
- 정자의 한글 음순에 따라 배열하였다.

〈부록 3〉 연구 대상 일본 국자 색인

- 연구 대상 일본 국자만 수록하였다.
- 일본 국자의 경우 처음 구성 한자의 획수에 따라 배열하였다.
- '[ ]'는 좌우 결합의 구성소를 표기한 것이고, '/'는 상하 결합의 구성소를 표기한 것이다.

〈부록 4〉 사항 색인

〈글의 출처〉

「통합 漢韓大辭典의 國字 처리에 대하여」, 『東洋學』 59, 2015.

「한국 고유한자 字形 構成 方法 연구 二題-기존 연구의 비판적 검토와 形聲으로 만들어진 한국 고유한자의 몇 가지 사례-」, 『東洋學』 52, 2012.

「韓國 固有漢字의 發達-地名의 후부 요소 表記를 중심으로-」, 『口訣硏究』 22, 2009.

「韓國 固有漢字 구성요소 辶의 의미와 특수성 형성 배경」, 『한민족문화연구』 42, 2013.

「한국에서의 한자 표기 乑의 原始的 意味와 用法에 대하여」, 『口訣硏究』 25, 2010.

「한국 고유 한자 唜의 시대별 용례와 始原的 意味」, 『國文學論集』 21, 2011.

「日本 國字와 韓國 固有漢字의 고유성 판단 기준 설정의 필요성」, 『東洋學』 75, 2019.

「訓借 표기 기반 日本 國字와 音借 표기 기반 韓國 固有漢字에 대하여」, 『口訣硏究』 43, 2019.

李建植

1960년 서울에서 태어났다. 서울 우신고등학교와 단국대학교 문리과대학 국어국문학과를 졸업하고, 같은 대학 대학원에서 국어사 전공으로 문학박사 학위를 받았다. 한국학중앙연구원 전문위원과 연구원을 역임하였으며, 현재 단국대학교 국어국문학과 교수로 구결과 차자를 연구하고 있다.
『고려 시대 석독 구결의 조사에 대한 연구』 외에 구결 및 차자, 한국 고유한자, 어휘론, 지명, 국어정보학 등 관련 여러 논문이 있다.

한국 고유한자의 구성법 연구

2021년 4월 15일 초판 인쇄
2021년 4월 20일 초판 발행

지은이 _ 이건식
펴낸이 _ 김수복
기 획 _ 김남필
편 집 _ 성두현
마케팅 _ 김민배
펴낸곳 _ 단국대학교출판부
등 록 _ 1968.2.27 : No. 제03-00095호
주 소 _ 경기도 용인시 수지구 죽전로 152
전 화 _ 031-8005-2405
팩 스 _ 031-8021-7154

값 25,000원

ISBN 978-89-7092-740-4 93710